刘鹏飞 著

御风法则

社会注意力风暴研判

HARNESSING PUBLIC OPINION

ANALYSIS AND ASSESSMENT

中国工人出版社

图书在版编目（CIP）数据

御风法则：社会注意力风暴研判 / 刘鹏飞著.
—北京：中国工人出版社，2021.8
ISBN 978-7-5008-7692-2

Ⅰ.①御… Ⅱ.①刘… Ⅲ.①突发事件—公共管理—研究—中国 Ⅳ.①D630.8

中国版本图书馆CIP数据核字（2021）第134998号

御风法则：社会注意力风暴研判

出 版 人	王娇萍
责任编辑	孟　阳
责任印制	黄　丽
出版发行	中国工人出版社
地　　址	北京市东城区鼓楼外大街45号　邮编：100120
网　　址	http://www.wp-china.com
电　　话	（010）62005043（总编室）
	（010）62005039（印制管理中心）
发行热线	（010）62005996　82029051
经　　销	各地书店
印　　刷	三河市国英印务有限公司
开　　本	710毫米×1000毫米　1/16
印　　张	17
字　　数	236千字
版　　次	2021年8月第1版　2021年8月第1次印刷
定　　价	68.00元

目录 Contents

自　序　御风而行

每当漫步在海滩上之时，我常常想起美国报业大亨约瑟夫·普利策（Joseph Pulitzer）曾说过的一句话："倘若一个国家是一条航行在大海上的船，新闻记者就是船头的瞭望者，他要在一望无际的海面上观察一切，审视海上的不测风云和浅滩暗礁，及时发出警报。"从这一点来看，媒体人士与"御风而行者"有几分相似。

何止新闻从业者们是这样，其实每一个人每天都必须密切关注与己有关的重要信息。社会注意力和舆论关注是我们在社会意义上的生活与存在方式。德国学者哈贝马斯（Habermas）提出"交往行为理论"，他理想中的社会是"交往合理化"的社会。要实现这一目标，人们就必须承认和重视社会中存在的共同规范标准，而社会注意力和舆论就一直在追逐这个标准。

研究社会注意力背后的社会需求心理及其风险，应该深入今天我们所处的历史阶段、区域传统、地理环境、地缘政治、本土文化和新媒介环境里。现代社会是契约社会，所以我们要关注契约精神，这是现代社会存在和发展的文化与法律基础。

费孝通曾经在《乡土中国》一书中描绘了中国社会的特质，涉及乡土社会的人文环境、组成结构、权力分配、道德体系、宗派礼法、血缘地缘等方面的内容。传统中国走向现代中国的过程中，乡规民约和公序良俗调节着人们的社会生活，契约精神既有历史传承，又有发展创新。

中国人无论走到哪里，显达或落魄，攀升或跌落到何种位置，内心深处仍然有一份农业文明的"乡土情结"。我们观察社会注意力和舆论现象，都离不开这种社会文化语境。契约精神是一种内核，虽然有时候你看不见它，但这并不代表它不存在。相反，契约精神弥漫在社会空气里，渗入社会交往的毛孔中。

社会的契约关系扎根于公理人心，大自然的契约关系则是科学规律。顺应公理人心，我们就能得到大家的肯定和拥护；尊重科学规律，我们就能驾驭暴风骤雨，御风翱翔。

“好风凭借力，送我上青云。”十几年前，我第一次看宫崎骏的电影《风之谷》，电影中的风之谷存在于千年后遭遇破坏的人类世界，是一个地处边缘的山地国家，那里最不缺的是风、山地、森林和巨大的风车。每当我想到御风者的形象时，风之谷的公主娜乌西卡就会浮现在我的脑海里。她御风飞翔，穿梭于天地山谷、瘴气虫群和腐海森林之间。风向，在飞翔的时候很重要。每年，北方的黑颈鹤和斑头雁成群结队地迁徙，它们最大的挑战就是要克服瞬息万变的气象困难，借助高空气流翻越青藏高原和喜马拉雅山。如果飞翔的技术不行，那么这些候鸟或许就飞不过八千多米的高山，等待它们的就是天大的难关。

明代航海家郑和在永乐三年（1405 年）至宣德八年（1433 年）的 28 年间，率领百余艘船舶和两万七千多人组成的庞大船队，七次远航“西洋”，遍访了亚非 30 多个国家和地区。为了保证航海安全，郑和的船队配备各种专业的航海人员，在远航过程中综合运用多种航海技术，所用的帆船能够更好地借助不同方向的风力保证航行。那个时候世界上连蒸汽机都没有，更不用说内燃气轮机，郑和的风帆宝船就是有效地利用了自然界中的风能，这也进一步说明能量是可以转移的。

马可·波罗（Marco Polo）于 1275 年从意大利到达中国，于 1292 年离开中国。《马可·波罗游记》不仅详细记录了元代中国的政治事件、物产风俗，也使西方人认为东方遍地是黄金、财宝。受其影响，欧洲的封建主、商人、航海家开始冒着生命危险远航，开辟到东方的新航路。

于是，人类迎来了大航海时代。当时科技并不发达，所以借助自然力进行御风航海的技术性问题就显得非常关键。迪亚士（Dias）、达·伽马（Da Gama）、哥伦布（Columbo）、麦哲伦（Magellan）的船队闻名世界，也是源于这些航海家和探险家们擅长“御风航行”。

天气和风向无时无刻不参与着地球和人类的历史。1519 年 9 月，葡萄牙航海家麦哲伦率领探险队从西班牙西渡大西洋，开始环球航行。他们一路顶着惊涛骇浪，经历了人员内讧等无数艰难险阻，仅剩下三条船，队员也损失了一半。此后，船队又从南美洲越过关岛，在菲律宾群岛没有遇到一次风浪，海面十分平静，原来船队已经进入赤道无风带。船员高兴地说：“这真是一个太平洋啊！”从此，这片大洋便以此为名。

其实太平洋上的吼啸狂风和汹涌波涛很著名，在寒暖流交接的过渡地带和西风带里，多有狂风和骇浪。而其中部较平静，终年利于航行。因此，只能说麦哲伦的航海技术和运气都不错。我们在舆论场中所经历的与海洋航行何其相似。如果你询问那些新闻发言人，他们一定对新闻舆论场的风险有深切的体会和感触。

水和风是大自然中最能比拟舆论现象的事物。如果我们要在互联网舆论信息大爆炸的时代成为淡定从容的弄潮儿，就必须懂得“上善若水”，学会“御风而行”。很多人看惯了互联网舆论的汹涌澎湃，视其为“洪水猛兽”。然而，面对水的变幻莫测和冲击，西方传说中有“诺亚方舟”的故事，中国古代也有“大禹治水”的传说。

因此我们也可以看出，同样是面对滔天洪水，中西方文化有着不同的思维方式。“诺亚方舟”是让滔天洪水涤荡人间的污秽和罪过，采取彻底摒弃和战略转移的思维，从而使人类获得新生和救赎。中国则是从大禹治水、愚公移山、精卫填海等神话传说中，表达“人定胜天”和艰苦奋斗的革命大无畏精神。“大禹治水”更是蕴含了中国人善于变通的创新思维，因为人们能够将洪水危害化危为机，把水资源合理利用起来，变害为利，造福子孙。

风则是变动不居的能量，正因为有变化，才会有机遇和风险。风险往往是与机会伴生的，危险和机遇也是同一个事物的不同侧面。一件事对有的人来说是危险，而换个情势或因应得宜，则有可能能变成机遇。御风的人会利用法则，因地制宜、因势利导，风险本身亦因人、因时、因事而异。表面的风是外在的，而大自然和社会发展的科学规律则在表象之下起着决定性作用。因此，不仅是大自然需要遵循规律，而且人文社会同样必须具有契约精神。

《荀子·王制篇》说：“水火有气而无生，草木有生而无知，禽兽有知而无义；人有气、有生、有知，亦且有义，故最为天下贵也。力不若牛，走不若马，而牛马为用，何也？曰：人能群，彼不能群也。人何以能群？曰：分。分何以能行？曰：义。故义以分则和，和则一，一则多力，多力则强，强则胜物，故宫室可得而居也。故序四时，裁万物，兼利天下，无它故焉，得之分义也。”

荀子认为，人类能超越水火草木和禽兽，是因为人有生命、有知觉，最重要的是有道义。人在体力上输于禽兽，但是因为有名分和道义为关系基础，就能够结成社会群体，即人与人之间能够达成合作。很显然，这里说的道义和名分在一定程度上也反映出了社会契约精神。

群体心理学，正是我们打开社会注意力规律的钥匙。舆论的世界里也时刻发生着“风雨雷电”的气象变化，社会注意力的心理运化法则，往往在一些特殊的情境下变得显而易见。舆论气候的变化，也是有“二十四节气”的。如果想要御风而行，就需要了解舆论环境的温度、湿度、密度、构成元素和风云变化的源头走向，以及生态环境循环和相关关系。

科幻作家刘慈欣在《三体》里曾描述了未来人类太空军从海军转型，军舰在二维的海平面上破浪前行，而太空飞船是在三维甚至四维的大气和宇宙真空中游弋飞行。在水里游和在风里游异曲同工，只是变换了时空维度。置身于舆论的多维时空，每一位御风而行的人都需要时刻了解时空方位、自然规律、社会心理和行为习惯。无论是在清末民初还是在新中国改革开放时代，是在纽约唐人街还是在北京天安门广场，是在长江边上还是在太平洋里……在舆论气候的风险条件与类型完全相异的情况下，我们的应对方式也截然不同。

今天，我们身处21世纪第四次工业革命中的互联网时代，随着世界多元化格局和国家治理体系的变化，社会舆论意义上的“御风者”面临的风险环境无疑是空前复杂的，其复杂程度已经远远超过我们历史上的农耕时代，也不同于蒸汽和电气工业时代。那么，就让我们一起寻找社会注意力风暴正确的打开方式吧。

刘鹏飞

2021 年 6 月 27 日于北京

第一章

契约:“风之谷”与“地球村”

电影《风之谷》里有句话："火在一天之内把森林烧成灰烬，水和风却需要一百年以上的时间来造林。"人类在相当久远的历史长河里，处于刀耕火种、采集渔猎的原始时期和奴隶制时期。进入有文化记载的历史以来，游牧和农耕以及在此基础上出现的手工业劳动，成为我们社会经济文化生活的生产基础和形态。考古学家们常常将远古时代社会舆论传播的形式归结于口耳相传的"人肉传播"。

在极不发达的科技条件下，甚至连"科技"概念都完全是天方夜谭的阶段，人类使用生理意义上的发音器官包括嘴巴、喉咙以及表情、肢体动作等进行生物学意义上的交流。在远古群体的原始部落，当第一个猿人希望通过生物技能吸引种群中其他个体的关注时，历史就开始从这里向我们走来。

新科技革命与全媒体时代到来

18 世纪中叶以来，人类历史上先后发生了三次工业革命。它们都发源于西方国家及其他衍生国家，并由它们主导创新。

第一次工业革命以蒸汽机的发明为标志，开创了"蒸汽时代"。

第二次工业革命的代表性工业技术是电力和内燃机的广泛应用，为"石油时代"和"汽车时代"的到来提供了物质技术条件。[①] 世界也因此

① 金碚．世界工业革命的缘起、历程与趋势[J]．南京政治学院学报，2015（01）．

逐渐形成一个全球化的国际政治、经济体系。

第三次工业革命是信息革命，开创了“计算机和信息科技时代”。这一时代包括从第一代到第四代计算机的研发、计算机的出现、互联网的出现、智能手机和移动互联网的出现。

从 21 世纪第二个十年开始，我们看到了第四次工业革命关联的一系列技术的产生，包括人工智能、物联网、区块链、虚拟现实、类脑计算、基因技术等，其中最为关键的技术是人工智能。第四次工业革命对社会具有颠覆性的影响，但其对第三次工业革命中最关键的信息产业仍具有高度的依赖性，也可以看成是第三次工业革命的进一步升级。① 而生物、物理和数字技术的融合将改变我们今天所认知的世界。

纪录片《人类消失后的世界》是一部科幻片，讲述了人类消失之后的地球逐渐变化的故事。如果世界突然遭遇一次惊天危机，人类失去了绝大多数科技和文化成果，图书馆和光盘被付之一炬，文明就会一下子退化到刀耕火种的蛮荒时代。据说光盘最多可以保存 100 年，残存的人类会眼睁睁地看着这些辉煌的文明成就永远离去，但他们手足无措却又无可奈何。而好奇的人不禁要问，如果到了那个尴尬的时刻，还能有哪些可以借以传播文明的方式呢？

我们可以把这种想法视为对人类文明可能遗失的未雨绸缪。无论何时，保持社会注意力都是人的一种本能。

媒介：人体的延伸，注意力经络

社会注意力的观察发生在新媒介环境中。在互联网时代，加拿大传播学者马歇尔·麦克卢汉（Marshall McLuhan）的学说可以帮助我们加深对媒介的理解。麦克卢汉曾运用神话学的方法来研究传播，其知名的观点是“媒介即讯息”。

麦克卢汉认为，每一种媒介发出的信息，其规模、速度或是类型的变

① 高奇琦．人工智能、四次工业革命与国际政治经济格局[J]．当代世界与社会主义，2019（12）．

化，所有这些无不介入人类的生活。每一种新媒介一旦出现，无论它传递的内容如何，这种媒介的形式本身就会给人类社会带来某种信息，并引起社会的某种变革。从这个意义上来说，媒介本身就代表着某种时代的信息，媒介就是信息。①

麦克卢汉提出，媒介是人体的延伸。媒介的任何发展都能延伸人类五官的功能。例如，印刷品是眼睛的延伸，广播是耳朵的延伸，电视是耳朵和眼睛的同时延伸，电话是声音和耳朵的延伸，按键和拨号盘是人类思想力量的延伸，轮子是脚的延伸，计算机不仅是眼睛的延伸，也是人类整个中枢神经系统的延伸，等等。他把所有的媒介都视为人体的延伸。②

社会注意力可以通过任意一种媒介或全媒体延伸并展现。在麦克卢汉的眼中，衣服、房屋、钟表、交通工具、武器自动化系统，连同广播、电视、卡通连环画、互联网等，都成了媒介。而只有善于使用各种新媒介的人才不会落伍于这个时代。所有这些媒介都深刻影响并改变着人们的生活方式、工作方式和思维方式。

说到今天的媒介，我们就不得不提到互联网。这是一个互联网的时代，和传统媒介相比，互联网有以下的优点：

是技术的融合。它采用图文声像等各种人类所能掌握的符号进行传播，打破了传统媒介之间泾渭分明的界限，信息的表现形式和内容更加丰富。

二是信息的双向流动。互联网打破了传受双方的地位和关系，这是一场革命性的变革。

三是边界传播容量及界限的打破。互联网突破传统媒介容量的限制，打破了媒体的垄断门槛。各方受众都可以通过链接的方式，寻找自己感兴趣的内容，大众传播似乎又回到了最初的部落化、人际传播的状态。

① [加]马歇尔·麦克卢汉著，何道宽译. 理解媒介：论人的延伸[M]. 南京：译林出版社，2019. 4.

② [加]埃里克·麦克卢汉、弗兰克·秦格龙编，何道宽译. 麦克卢汉精粹[M]. 南京：南京大学出版社，2000. 10.

四是跨越时间和空间限制。互联网智能媒体在某种程度上甚至会超越人类生理、心理、时空和意识的限制。在网络上受众可以在任何时间、任何地点访问任何站点，并与任何在线的网络用户交流，进行聊天通话和互动。

随着5G时代的到来，借助视频、音频等共时、实时的形象化、沉浸式和智能化传播，信息传播将超越文字、图片等碎片化、静止态的形式，内容的容量和效果或将产生巨变。

地球村：重新部落化和超级意识体

麦克卢汉认为，人类历史由三个阶段组成：第一是部落文化阶段，人们以群居的方式生活，彼此十分接近，用口头方式进行传播；第二是个人阶段，人们通过印刷的文字进行传播，传播思维也随之变得具有线性、连续性的特点；第三是新部落文化阶段或电子文化阶段，在这个阶段中，电子计算机、电视及其他电子传播媒介使人类又重新通过新媒介连接起来，人们更加接近彼此。

麦克卢汉预言的“地球村”由此成为现实。互联网已经最大限度地利用这一巨大的信息交流系统，使人类社会的生产力得到空前提升，也进一步影响人与人、人与自然、人与社会之间的关系。今天，人工智能、大数据、云计算、区块链、5G技术、虚拟现实、地球卫星、量子计算机、生物计算机等的出现，必将使我们迎来一个智能化的立体传播时代。

世界正经历百年未有之大变局，大变革时代已经拉开序幕，我们很难再回到过去。美国经济学家托马斯·弗里德曼（Thomas L. Friedman）关注当代世界发生的重大变化，在其所著的《世界是平的：21世纪简史》中提出“世界是平的”，展示了“全球化正在滑入扭曲飞行的原因和方式”。他敏锐地发现了这些快速的改变是如何透过科技进步与社会协定的交合，诸如手机、网络、开放原码程式等而产生的。[①]

① [美]托马斯·弗里德曼著，何帆、肖莹莹、郝正非译. 世界是平的：21世纪简史[M]. 长沙：湖南科学技术出版社，2016. 1.

站在智能化媒体时代的前沿，我们已经能够清晰地感受到，这颗被各种媒介信号网络包围的蓝色地球、有70多亿数量的人类作为一个整体，通过各种媒介越来越联结形成一个复杂而富有生机活力的超意识生命体。而人类的集体意识，未来也将会以某种延伸的媒介形态，传播到宇宙中更远的地方。

媒体融合与媒介融合

与社会注意力息息相关的新媒介发展狂飙突进，于是不同媒介的直接融合成为主题。2020年媒体融合迈入了一个全新的发展阶段。据不完全统计，截至2021年3月，全国已有2 400多个县级融媒体中心挂牌成立，北京、天津、上海、江西等多个省市已实现"县级融媒体中心"建设全覆盖。媒体融合已从基于政策进行的被动整合，到互联网上半场的行业融合，再到如今依托5G和AI技术的智能媒体新生态建设。

人民在线的总经理董盟君认为，媒体融合既是一场由技术迭代推动的媒体内生转型，也是一场由国家层面谋划和推动的深刻变革。伴随着媒体融合发展的不断深入，传媒业乃至整个互联网行业生态也在进行着裂变与重组。①

复旦大学教授李良荣认为，媒体融合是指在通信技术、网络技术、数字技术等基础上，通过媒介所有权的融合，实现不同媒介内容传播形态的融合，传播渠道的融合，媒介终端的融合。②

关于媒体融合和媒介融合，《中国记者》杂志主编陈国权则指出，2014年8月18日推出的《关于推动传统媒体和新兴媒体融合发展的指导意见》中提及的是"媒体融合"，一个字的差别，内涵却完全不同。③ 也就

① 董盟君．智媒时代媒体融合的思考与实践——人民在线"1+5+N"融媒体方案[J]．传媒，2020（15）．

② 李良荣．网络与新媒体概论（第二版）[M]．北京：高等教育出版社，2019.5.

③ 陈国权．媒体融合・媒介融合一字之差 立意有别[N]．中国新闻出版广电报，2016-08-31.

是说，一个传媒集团拥有多个媒介平台，实现内容的多平台出口，让传播能力最大化，这是媒体融合模式的典型特征。提升传播力的明确指向，坚守舆论阵地的核心诉求，是媒体融合的主要目的。

媒介融合概念的提出始于 20 世纪 80 年代的美国。美国麻省理工学院教授尼葛洛庞帝（Negroponte）提出，媒介融合（Media Convergence）是各种各样的技术和媒介形式汇集在一起。①

美国马萨诸塞州理工大学教授浦尔（Pool）认为“媒介融合”是指各种媒介呈现多功能一体化的趋势。美国新闻学会媒介研究中心主任安德鲁·纳奇森（Andrew Nachison）将媒介融合定义为“印刷的、音频的、视频的、互动性数字媒体组织之间战略的、操作的、文化的联盟”。②

丹麦著名传播学者克劳斯·布鲁恩·延森（Klaus Bruhn Jensen）跳出了学界、业界主流的技术视角，他独到地提出：“媒介融合是三种不同维度媒介平台的融合，即作为人际交流媒介的人的身体、经典的大众传播媒介以及数字化信息传播技术为核心的平台。”③ 他将媒介融合描述为三者互相叠加和广延，实现交流和传播跨越不同的物质技术和社会机构的开放式迁移。

北京师范大学教授喻国明认为：“媒介融合是指报刊、广播电视、互联网所依赖的技术越来越趋同，以信息技术为中介，以卫星、电缆、计算机技术等为传输手段，数字技术改变了获得数据、现象和语言三种基本信息的时间、空间和成本，各种信息在同一个平台上得到了整合，不同形式的媒介彼此之间的互换性与互联性得到了加强，媒介一体化日益明显。”④

---

① [美]尼古拉·尼葛洛庞帝著，胡泳、范海燕译. 数字化生存[M]. 北京：电子工业出版社，2021. 3.

② 蔡雨廷 . 媒介融合趋势下传统报业面临的困境与机遇[J]. 今传媒，2013（02）.

③ [丹麦]克劳斯·布鲁恩·延森著，刘君译. 媒介融合：网络传播、大众传播和人际传播的三重维度[M]. 上海：复旦大学出版社，2020. 4.

④ 喻国明、丁汉青、支庭荣、陈瑞、曲慧 . 传媒经济学教程（第二版）[M]. 北京：中国人民大学出版社，2019. 12.

"四全" 媒体的新挑战、 新机遇

2019 年 1 月 25 日上午，中共中央政治局就全媒体时代和媒体融合发展到人民日报社、人民网举行第十二次集体学习。习近平总书记指出："全媒体不断发展，出现了全程媒体、全息媒体、全员媒体、全效媒体，信息无处不在、无所不及、无人不用，导致了舆论生态、媒体格局、传播方式发生深刻变化，新闻舆论工作面临新的挑战。"

从来没有一个时代像今天这样，我们在感知社会舆论风向时会面临这么多元繁复的局面。如果要用一个精辟的概念来阐释我们面临的规律变化，把握住社会注意力的走向，那么"全媒体"就是一个比较恰当的基础性概念。全媒体主要依据传播途径和传播介质而言，是媒体形态的一种复合，它包括报纸、广播、电视、网络、手机、户外视频、电子纸移动报等多种媒体形态。从时间维度、空间维度、主体维度、效能维度来观察，全媒体有四个基本特征，即全程媒体、全息媒体、全员媒体、全效媒体，也称为"四全"媒体。

全程媒体，是指由于信息传输技术和移动网络技术的发展，媒体基本上可以同步记录、传输，新闻报道、信息传播无时不有，实现了信息或事件的全程记录和同步传播。过去我们举行一场新闻发布会，会议结束后工作就告一段落，而现在新闻发布会的结束往往意味着社会注意力才刚刚聚焦，舆论才刚刚开始热议。

全程媒体的兴起也意味着传统媒体时代所谓的"黄金时段"规律被打破。网络直播大行其道，城市的交通设施和公共场所被监控摄像头全覆盖，这也让实时新闻的传播成为常态。此外，预测性话题也成为可能，计算机仿真模拟和沙盘推演以及多地云端连线打破了纵向时间和横向地理空间的局限，往往让全程媒体效应发挥到最大值。

全息媒体，是指由于互联网、物联网、图文声像、多维成像、虚拟现实、无人机、微型纳米机器人、无线遥控等技术的成熟和大数据技术的应用，物理空间智能仿真呈现度大幅提高，物理信息源的失真误差大幅减少，标准化、数据化记录，多角度、多方位再现，新闻报道、信息传播几乎实现了信息或物体在空间的全方位呈现和多角度同步传播。

全息媒体的表现手段达到最大值，社会注意力的感知能力也遇到了新的挑战。能否及时全面地通过全息媒体感知自然和社会，触及群体心理和个体意识，决定着我们是否能够到达第一现场，获得充分的沉浸式的体验，达到最大的共情情境。

全员媒体，是指由于手机等智能终端的普及应用，媒体的进入门槛大大降低，参与主体显著增加，一元主导、强力引导的舆论场变成多元共治、柔性制衡的公众舆论广场，单向传播转化为多向互动、同频共振，人人都是媒体，个个都有话筒，成为媒体生态和舆论场的现实场景。

随手拍及传播信息几乎无人不会，新闻媒体内部也面临随时须在现场、专业报道不能缺席的新要求，呼唤涌现更多全媒型、专家型记者，更好地发挥引领主流舆论的作用，促进全民媒介素养的提高。全员媒体也意味着我们感知社会舆论必须要“抓大放小”，更要善于使用大数据技术，观察亿万人群和分散个体。

全效媒体，是指多种媒体载体、技术的丰富应用，特别是各类智能终端、传感器、可穿戴设备、测量仪器、定位导航、区块链和二维码等新技术的普及应用，给受众更广泛的体验认识并释放更强大的效能。具体来看：

一是文字、图片、声音、图像等信息交叉综合，效果更丰富、更立体、更全面。

二是移动化、分众化、碎片化融合传播使人们感受更直观、更鲜明、更快捷。

三是功能区分、集成、创新使信息、社交、政务、商务等服务功能融为一体，使内容形式更符合需要，方法手段更适应需求，媒体受众效益更满足期待。

四是因为受众不同程度的参与、互动、联动使媒体传播效果较过去更全面，更有体验感和获得感。在大数据时代，人类社会和“万物互联”，让一切事物和言论行为都可以被数据记录、描述、运用与存证，传播影响效果变得更加立竿见影，不仅能够辨析事物的性质变化，更便于量化统计和科学把握。

在全媒体时代，我国新闻舆论的主要矛盾已经逐步转变为人民日益增长的高质量新闻信息需求同媒体不能充分满足社会多元需求的矛盾。进一步来说，是全媒体新闻生产和网络传播能力不足，媒体融合发展不平衡、不充分之间的矛盾，更是媒体竞争加剧的同时，需要在网络多元舆论市场牢牢把握舆论阵地主导权，通过媒体融合赢得更广泛受众的矛盾。①

面对全媒体的发展，我们首先要深刻认识和把握舆论生态、媒体格局、传播方式发生深刻变化的时代特征；其次要从党治国理政和国家事业发展全局来认识新闻舆论工作的重要意义；再次要抓青年、抓人才，锻造新闻舆论人才队伍。

互联网舆论面临的临界点

互联网已经成为人类生活和工作形影不离的工具。"万物互联"的技术手段为几十亿普通人"赋能"，打破了传统媒体垄断的门槛，甚至带来了社会权力结构的变迁。

互联网会不会如同普罗米修斯从天上盗取送到人间的火一样，给文明的发展提供新的跃升？有媒体称，科技使世界变得更小，脸书（Facebook）、推特（Twitter）、照片墙（Instagram）、微信、微博、抖音、快手等社交应用，无疑已经改变了人们的工作、生活和交流方式。

我们很少看到同一个事物能够激起人们那么多的热情，爱它的人爱不释手，而担忧它的人则想放下。互联网社交媒体时代，有这样一对截然相反的社交媒体节日，一个是要拥抱它，一个是要远离它。6 月 30 日被定为"社交媒体日"，以表彰社交媒体做出的贡献。8 月 8 日是"世界

① 刘鹏飞．全媒体时代更要抓青年、抓人才[N]．中国青年报，2019-03-18.

无手机日”，倡导大家树立“放下手机，享受生活；关爱健康和家庭”的意识。互联网的发展也面临诸多临界点，直接为人类未来带来新的问题与挑战。

1. 人类即将进入与人工智能共生的时代

随着机器人从弱人工智能时代演进到强人工智能时代，人与机器之间互相加强的正反馈循环不断加快，最终的结果是将产生“智能爆炸”。2016 年，谷歌阿尔法围棋（AlphaGo）以 4∶1 的总比分战胜世界围棋冠军、职业九段棋手李世石。曾经作为科幻词汇的“赛博格技术（义体技术）”如在全球特别是在美国与日本已经有了巨大的发展。

2012 年，英国一名 29 岁色盲男子尼尔·哈比森（Neil Harbisson）成为世界上首个政府承认的半机械人，他能利用一个与头部结合的摄像头装置“听颜色”。

2. 网络社会与即将到来的场景时代

美国传播学者曼纽尔·卡斯特尔（Manuel Castells）指出，信息技术革命和资本主义的重构已经诱发了一种新的社会形式——网络社会。[①] 目前，传统行业纷纷拥抱互联网，从饭食、烹饪调料、杂货到文件快递、邮递服务、打车都能通过互联网订购。网络对社会的改变已充分体现在缺场交往、传递经验与社会认同等方面。人类社会即将经历又一次重大转型，甚至有人认为，其意义可以同工业化引起的从农业社会转入工业社会的社会结构再次转型相比。

美国记者罗伯特·斯考伯（Robert Scoble）和《财富》杂志专栏作家谢尔·伊斯雷尔（Shel Israel）提出，所谓“场景时代”，就是借助大数据、移动设备、社交媒体、传感器和定位系统，使人们以一种“看得见”“记得住”“可感知”的方式工作、学习、生活。这是一种有别于传统的生

① 谢俊贵. 当代社会变迁之技术逻辑——卡斯特尔网络社会理论述评[J]. 学术界，2002(04).

活方式。[1]

3. 互联网发展模式进入商业伦理反思期

在长期的野蛮生长后，我国互联网即将进入提质增效的新阶段。近年来，全球的互联网反垄断和资本布局也悄悄来临，各类争议层出不穷。社会对系列事件与现象的聚焦，不仅客观反映了当下的互联网商业伦理问题，更体现了民众对过去中国互联网粗放式发展提出的更高质量的要求。

4. 大数据时代和“信息核武器”

维克托·迈尔-舍恩伯格（Viktor Myer-Schönberger）于数年前提出，我们进入了一个大数据时代。大数据带来的信息风暴正在变革我们的生活、工作，大数据开启了一次重大的时代转型，引发思维变革、商业变革和管理革命。维克托最具洞见之处在于，他提出大数据时代最大的转变就是，放弃对因果关系的渴求，取而代之的是关注相关关系。也就是说只要知道“是什么”，而不需要知道“为什么”。这就颠覆了千百年来人类的思维惯例，对人类的认知和与世界交流的方式提出了全新的挑战。[2]

数据变得像空气、水和阳光一样普遍，任何事物都能转化为数据，能够以数据的形态被感知、记录、测量和预测，数据紧密连接着万事万物的价值和意义，成为自然和人类社会变化发展的存储器和记录仪。有了大数据，社会注意力很快通过各种社交媒体、新闻网站和网络终端应用转化为源源不断的用户流量。这种流量代表着社会注意力的规模、集中度和未来流向。

当下我们已经生活在场景时代的“前夜”。如今，只要带着联网的手机或平板电脑，无论你走到哪里，互联网公司都能分析你的衣食住行等信息；只要知道了你的位置信息，就能预测社会发展或某一方面

① [美]罗伯特·斯考伯、谢尔·伊斯雷尔著，赵乾坤、周宝曜译. 即将到来的场景时代[M]. 北京：北京联合出版公司，2014. 6.

② [英]维克托·迈尔-舍恩伯格、肯尼思·库克耶著，盛杨燕、周涛译. 大数据时代：生活、工作与思维的大变革[M]. 杭州：浙江人民出版社，2013. 1.

的变化。

然而，数据泛滥也带来了严峻的管理挑战。许多互联网公司，很容易就能拥有这种超政府能力的“信息核武器”。任何个体、组织和机构都对“信息核武器”无能为力。因此，如何保障数据信息的正当使用，就需要管理者与使用者共同思考，相关的法律法规更是需要走在问题爆发的前面。

5. 网络代际更替和国际、国内人才流动加快

近年来，中国海外留学生约有160万人，而且留学学生出现低龄化趋势。此外，“00后”“95后”等大量年轻人主导着网络的新概念和新消费，二次元虚拟社区文化正在流行，百度贴吧、B站、微信群和QQ空间等年轻人聚集的社区，形成多元化的网上亚文化社群，网络代际更替和国际、国内人才流动加快。

网红文化和直播文化愈演愈烈，成为一种世界级现象，改变了传统媒体时代的“造星机制”。“Z世代”互联网原住民在网上最爱做的事情是点赞、分享、评论和吐槽，最认同当下互联网上流行的宅、逗比、呆、高冷等流行价值观，追求敢想、敢说、敢做的风格，注重娱乐和社交，热衷于弹幕、美颜相机，聊天必备“表情包”。作为网络社交平台最重要的用户，年轻人的心态也为网红的成长提供了社会基础。

6. 新冠肺炎疫情加速了数字化生存时代的到来

新冠肺炎疫情的发生，前所未有地加速了人们“数字化生存”的实现。尼葛洛庞帝于1995年提出了“数字化生存”，描绘了数字科技为我们的生活、工作、教育和娱乐带来的各种冲击以及其中值得深思的问题。人类生存于一个虚拟的、数字化的生存活动空间里，应用数字技术（信息技术）从事信息传播、交流、学习、工作等活动，这便是数字化生存。尼葛洛庞帝认为，数字化生存时代“让弱小孤寂者也能发出他们的声音”。①

① [美]尼古拉·尼葛洛庞帝著，胡泳、范海燕译. 数字化生存[M]. 北京：电子工业出版社，2021. 3.

从全球疫情大流行的情况来看，媒体环境也发生了重大变化。疫情反弹和全球疫情形成对国家全面立体的考验，疫情和舆情也将逐渐产生从局部向全局和全球多点交叉的影响，智能化的信息发布也将进一步压缩信息真空的出现。

新冠肺炎疫情从根本上加速了智能化、场景化、数字化、意识流和物理化融合传播时代的到来。以人工智能、信息科技、生物技术、新能源、新材料和工业互联网为代表的第四次工业革命将至少提前5年。在新冠肺炎疫情态势下，新的工业革命将在较发达国家或地区呈提速状态，而在欠发达地区则可能发展缓慢。①

在此次疫情报道中，智能媒体成为最大的亮点，在技术的驱动下，媒体的服务功能更加凸显。《人民日报》、人民健康、封面新闻、腾讯新闻、今日头条等报纸和新闻资讯平台，在疫情暴发后纷纷上线实时舆情地图、紧急寻人、智能位置地理查询、疫情风险等级查询、智能辟谣等各种"云服务"，极大地便利了读者与群众，有效地提升了网络社会治理能力与基层治理的效率与水平。多地对发生的疫情反弹情况通过视频平台进行相关信息的传播、交流、分享，用户体验丰富，又有层次性，这也让舆论传播格局变得更加深层化、圈层化，同时也变得更加复杂。

在后疫情时期，互联网条件下的舆情引导和社会治理会是怎样的呢？随着人工智能、区块链、云计算、大数据、5G等技术的出现，我们即将迎来数字科技和"万物互联"，传播将突破时间尺度、空间距离、地域甚至生理层面的限制，真正来到智能化时代，社会治理形式也将迎来更多的创新。

要在智能化媒体时代做好社会治理，就要在社会注意力风险的管理和疏导方面下功夫。我们的社会正处于不同于传统风险特征的新型风险社会，从过去以自然灾害、自然因素占主导地位的社会风险，转变为人为不确定性因素占主导地位的社会风险，这在疫情防控中表现得尤为明显。而

① 刘鹏飞．疫情加速智能化传播和社会治理模式到来[EB/OL]．人民网舆情频道，2020-06-19.

社会注意力在风险社会当中是非常易变的因素。社会注意力聚焦和舆论生成、演变的过程中，各种传播学意义上的“噪声”“反馈”大量出现，开始成为常态。这种复杂状态将使舆论传导存在“电阻”效应，即社会情绪、摩擦、误解、隔阂、冲突等能量释放和扩大，为形成舆论共识和高效协同带来挑战。

第二章

群氓：风险社会与乌合之众

一个多世纪前，法国学者勒庞（Le Bon）曾断定“我们将要进入的时代是一个群氓的时代”。① 所谓群氓，即聚集起来的表现为同质均一心理意识的人类群体，他们拒绝理性而复杂的思考，对提供给他们的各种意见、想法和信念，只简单地选择两个极端，或者全盘接受，或者一概拒绝，将其视为绝对真理或绝对谬误。

2003 年，“非典”事件初期，我国公共卫生事件应对体系还不健全。尽管广东省和北京市政府迅速组织协调救灾，但信息发布不足、处置不力本身就会成为风险因素。处埋不及时，就会演变成危机之源、舆情之源，反而成为“制度化”的风险。

我国地域广阔，是一个多自然灾害的国家。2018 年，我国应急管理部成立后，防灾、减灾、救灾相结合，使很多具有复杂性的问题有了一个相对系统全面的因应举措，以消除制度化风险隐患。改革开放 40 多年来，我们用几十年走过了西方国家二三百年才走过的历程。当今世界，如美国、俄罗斯等国家都有联邦层级的应急管理机构配套。实际上，对有些工业时代以后的社会治理的方式方法和风险特征，欧美学者能给我们提供一些启发。

---

① [法]古斯塔夫·勒庞著，夏小正译. 乌合之众：大众心理研究[M]. 天津：天津人民出版社，2017.7.

风险社会理论的新发现

20世纪80年代，德国社会学家乌尔里希·贝克（Ulrich Beck）提出“风险社会”的概念。随着各种环境灾难、生态污染以及人为造成的核事故等越来越多，如1986年4月26日切尔诺贝利核事故，该理论开始引发全球学术界的广泛关注。贝克发现，在传统社会，自然灾害等风险占主导地位，而在后工业社会，社会管理体系等各方面的协调变得更加复杂，社会结构也更加复杂。风险社会就是指那些局部或者突发事件可能导致或引发一系列连锁反应与社会灾难。①

风险社会的主要特点是由传统的自然风险占主导逐渐演变为人为的不确定性风险因素占主导。人类对社会生活和自然世界的干预范围扩大了，决策和行为成为风险的主要来源，人为风险超过自然风险，成为风险结构的主要内容。工业社会中以财富和权力分配占主导，具有科层化的特征。贝克也强调过技术性的风险，互联网作为一种技术，可以改变社会舆论格局和社会结构，也会滋生风险因素。

英国学者安东尼·吉登斯（Anthony Giddens）研究了后现代全球化过程中英国及欧洲主要国家面临的重要风险考验及国家社会问题。② 作为一个具有地缘政治和全球影响力的大国，英国近年来面临着脱欧话题、难民话题、经济问题，以及很多社会治理和社会群体的问题。

英国学者斯科特·拉什（Scott Lash）对风险、环境和现代性进行了深入研究，以一种批判的角度看待制度化分析，提出“风险文化”概念。风险文化是依存于非制度性，甚至反制度性的状态之中，其传播不是依赖程序性的规则规范，而是依赖实质意义上的价值。③

---

① [德]乌尔里希·贝克著，张文杰、何博闻译. 风险社会：新的现代性之路[M]. 南京：译林出版社，2018.2.

② 杨雪冬. 风险社会理论述评[J]. 国家行政学院学报，2005（01）.

③ 王晓楠. 自反性现代化与风险社会：贝克、吉登斯和拉什思想比较[J]. 广东开放大学学报，2015（04）.

此外，美国政治学者约瑟夫·奈（Joseph Nye）提出“敏感性”概念，这一概念是指事物的传染性、蔓延性。中国也有学者曾研究互联网上的各类解构主义和亚文化现象。

“制度化风险”是风险社会理论的重要组成部分。人为的不确定因素最容易形成风险，包括风险应对的制度化。风险是如何形成的？最常见的现实情形是，缺乏制度和权力支撑，局部难以成功应对全局问题，从而变成一种低效率的退而求其次的治理策略，形成层层仿效的现实或制度激励，最终造成社会治理机制的整体性失灵。

组织再造和人类共同体

针对欧洲当时出现的生态环境污染问题，贝克在《解毒剂》一书中提出了一个“有组织地不负责任”的概念。[①] 他认为，在环保和生态污染等问题上，很多部门治理出现被动的局面，每个孤立的部门都可能是无能为力的，整体上形成了低效的、缺乏协调联动的治理结构。

公司、政策制定者和专家组成了联合体，这本身就变成了风险因素，又建立了一套话语体系来“推卸责任”，反映了现代治理形态在风险社会中面临的治理困境。孤立的职能部门或政策制定者，如大型企业、上市公司、地方政府，往往在信息浩如烟海的互联网中，或在面对一些带有全局性、系统性的问题时是弱小的，这些问题可能超出他们自身的能力范围，需要调动行业的力量。

针对上述种种风险和问题，专家们提出几条思路。

第一条是“再造政治”，希望通过全局体制机制等调整，责权利的整合理顺，发挥整体优势，实行更加强有力的治理。贝克认为，制度化风险、技术性风险会成为后工业社会新的风险。这种风险结构诱发全社会、全人类形成了全球风险意识，使人类有了整体的风险认同。

社会注意力风险观察，既要重视传统风险，更要重视新生风险。互联

① 张海波．风险社会视野中的公共管理变革[J]．南京大学学报，2017（04）．

网有记忆效应，过去出现过的舆情，在某个时空节点，一旦有相似因子出现，刻板印象或连锁记忆就会被网民的记忆唤醒。

传统风险包括自然灾害、事故灾难、公共卫生事件、社会安全事件等。在社会舆论场曾经大量出现过的征地拆迁、司法公正、反腐倡廉、道德失范、房价物价、弱势群体、教育改革等，都是舆情的高发领域。近年来涉外舆情态势有所上升，跟国际环境变化有关系。

社会注意力风险处理要重视再造组织和统一领导。有些舆情不是某一个部门或局部能够解决的，需要各部门整体协同。比如，事故救灾就涉及很多部门，在突发事件发生后，部门与部门之间的协调联动效率值得研究。应对事件的各部门之间必须要有整体认同，通过一些方法来改变被动的局面。

现在公众对城市治理的要求不断提高，从管理型向服务型转变，因此，如果政府在安全、管理、服务等方面做得不到位，就容易在网上引发争议。中国在应对自然灾害、气象灾害方面，处置次生灾害、预测预报的能力有了长足进步。而在突发社会公共事件的应对上，需要加强管理。

第二条是决策的开放性。建立网络综合治理体系，其重要特点就是决策和治理参与的开放性。面对任何风险，权力越大则责任越大。而且开放性也涉及一定程度的赋权。

当面对风险社会的非传统风险和复杂性问题的时候，如果政府不联合社会各方面的力量，不建立网民参与和举报的渠道，不发挥互联网企业的主体责任，不调动社会群体的积极参与，就难以高效地解决治理问题。

开放性原则强调有序、有规则地开放参与权，明确各方的责任、权利和义务，将整个社会的力量调动起来，使复杂性问题更容易得到解决。当面对风险和灾难的时候，以积极开放的姿态，要首先向民众普及救灾、防灾、减灾的知识，及时通报真实权威的重要信息。比如，南方各地曾遭遇过超强台风“山竹”登陆，政府相关部门在灾害前就及时发布天气预警信息，提示市民注意防灾减灾，减少外出，储备生活和救灾物资等，把有关灾害预防和应对的重要知识第一时间告知公众。

如果灾难或风险来临时，各方面的决策、行动和应对举措都来源于单一部门，这样是很难做到全面兼顾、滴水不漏的。在这种情况下，社会也很难成为一个救灾应急状态下理想的自发的有机整体。健全完善的社会应该是有应急的反应能力和对风险的强大免疫力，能够自发地预防和消除某些社会风险。

第三条是先进的技术手段。今天，先进的大数据、智能化技术已经开始应用于社会风险处理。据了解，不少城市能够结合往年各景区人流量的情况，以及社交媒体关键词词频和当地热门话题人群的大数据分析，提前预判重要节日活动期间不同景区的人流量分布，据此对当地安保力量进行合理配置。春运期间，各地也实施智慧交通举措，“天眼”、智能机器人引导、刷脸进站等便利化措施，极大地提升了通行效率，避免人为造成的风险。

第四条是加强诚信和法治社会建设。国家为了建设诚信社会、法治社会，在很多敏感风险领域实施有更精细的政策和举措，以形成有效而公平的社会激励。比如，信用社会的建设已经广泛应用到金融、治安、营商环境等领域。

从全景监狱到共景监狱

在互联网时代，网络围观现象有很多，这是一种常见的社会注意力风险。围观现象的功能和影响已经不同于过去。英国思想家边沁（Bentham）是监狱改革的倡导者，曾提出过全景敞视建筑的构想。对于近现代工业社会以来的社会结构的变化，法国学者福柯（Foucault）就曾在《规训与惩罚》一书中利用“全景监狱”的隐喻做出过解读。①

在传统社会，社会管理者或精英阶层主要通过信息不对称的方式来实现成本更低、效率更高的社会治理。这种控制形式恰如古罗马人发明的一

① [法]米歇尔·福柯著，刘北成、杨远婴译. 规训与惩罚[M]. 北京：生活·读书·新知三联书店，2020.10.

种金字塔式的监狱，再具体一点，就好比罗马环形斗兽场的中央放置一个砖石砌成的高高的瞭望塔，被监视者分布在周围密密麻麻不同的房间里，监视者则处于最高一层瞭望塔顶端的监视室内，他可以看到所有被监视者，而大量被监视者却看不到他，并且犯人之间也缺少有效沟通和传递信息的渠道。在这种情况下，无论监视者是否缺位，被监视者都假定他的存在，因而不得不接受外在控制，同时也自觉地规训和惩罚自己。

在网络时代，人们参与信息传播的力度大大加强，每个人都可以成为信息的传播者与分享者，这就大大削弱了政府掌握信息传播的局势，从而形成了一种与传统“全景监狱”理论相对的“共景监狱”理论。如果我们继续套用金字塔式的“全景监狱”模型来描述，不变的是环形牢房和中央的瞭望塔，变化的是每一个房间都多了一个联网的电脑，瞭望塔不透明的围墙也变得透明化，信息不对称的局面从根本上得到了改变。

“共景监狱”是一种典型的围观结构，是众人对监视者展开的凝视和控制，个体由之前的“被监视者”转变为“监视者”，同时自己也有“被监视者”的身份。舆论监督的权利转变为每一位个体平等所有，虽然现实中可能依然存在不少限制信息自由流动的约束，但这并不影响整体格局的巨变。因此，监督主体的扩大可形成对某一对象的监督和讨论，使这一对象成为公众议题并产生相应的舆论。

“全景监狱”是塔状的，是一对多的俯视；“共景监狱”更像是现代的体育场，是多对一、多对多的凝视与观看。福柯对目光这个词有一个形象的比喻，即“权力的眼睛”。他认为观看是一种权力的实施，是“一种虚构的关系自动地产生出一种真实的征服”。

除了“被围观者”个体的自我规训外，根据美国社会学家库利（Cooley）的“镜中人”理论，在网络围观过程中，人们围观的目光有意无意间构建了这样一种巨大的“社会之镜”：无论是“围观者”还是“被围观者”，所有人都可以在这面“社会之镜”中照见自己；在“观照”别人的过程中，围观者自身的“异常行为”受到了警示，并通过确认他人的荒谬而预先“矫正”了自己，无形之中使每一次网络围观都成为一次“全民规训”的契机。

有观点称，千万别小瞧“吃瓜群众”。传统社会建立在信息资源垄断基础上的社会治理模式发生了从“全景监狱”到“共景监狱”的根本性转换与变革，而“吃瓜群众”们就是这场变革的最大主体。①

社会注意力渐渐上升为一种权力，围观成为一种社会力量。互联网带给亿万普通人空前的信息解放，一个真正的大众时代和群氓时代彻底地到来了。

精英、群氓与乌合之众

大众麦克风时代的精英

“我们已进入传媒聚光灯和大众麦克风时代。”中国经济改革研究会常务理事、互联网与新经济专业委员会主任祝华新曾提出，“在网络时代，每个人都可能成为信息渠道，都可能成为意见表达的主体。有个形象的比喻，就是每个人面前都有一个麦克风”。②

与传统时代不同，在大众麦克风时代，数以亿计的网民有了表达渠道。伴随着以“所有人对所有人的传播”为特征的新媒体的长足发展，中国社会正在涌现一个“新意见阶层”——关注新闻时事、在网上直抒胸臆的网民。③ 在这种情况下，我们对国家、社会和各行各业精英决策者们的管理能力和领导艺术也将产生新的变化和要求。

精英泛指社会的高知、高收入或高地位人士，他们在能力、文化、财富、权力等诸多方面超越大众，在不同范围、不同程度上对社会的发展产生重要的影响和作用，他们被大众认为是处在社会金字塔的尖端。

一般来说，有史以来，人类在封建和资本主义社会中，往往把政治、

① 吃瓜改变世界：从“全景监狱”到“共景监狱”[EB/OL]. 传媒实验室，2017-08-24.

② 祝华新. 给地方政府应对网络舆论的10条建议[N]. 中国青年报，2009-07-24.

③ 祝华新、单学刚、胡江春、许诚. 网络舆情折射热点 各级政府积极应对[J]. 民主与科学，2009（01）.

经济、宗教、文化等领域的权威高层人士或统治阶级人物看作精英群体。而在现代社会，严格意义上的精英即社会财富和影响力顶端的人，包括高端商界人士和政治人物、科学家、教授和社会名流等。

随着社会的发展与进步，很多过去对精英的物质生活、价值判断、文化偏好、教育传承和社会印象也在发生巨变，精英的概念和标准也具有相对性，与大众不再泾渭分明，精英和大众之间的界限和壁垒已经冰消瓦解，二者之间相互转化的可能性大幅上升。

从福柯的研究成果来看，在相当长的历史时期内，人类的信息传播技术受制于生产力发展水平，长期处于不发达状态，而社会精英的统治往往借助信息不对称来实现高效的治理。

从一定程度上来说，精英一词常常与高智、理性、权威等特征和印象相联系。这与我们今天探讨的社会注意力范畴具有高度相关性。精英是相对于大众和普通人而言的，人们的观点行为会因为社会角色和阶层的变化而发生转变。

传统时代因为信息传播技术欠发达，考察民意基础的信息手段往往是低效率、多噪声、高成本的。从国家精英和贤能执政者的角度来说，过去他们从事国家治理和社情民意上传下达的任务，其方式方法具有一定的客观性和必要性，这也为他们全面掌控信息工作提供了现实条件和理论条件。

而今天，互联网舆论演变为网络民意的反映，成为社会舆论的一部分，客观呈现的可见性、参与度和批判性很高，精英治理模式反而要迎接互联网信息技术带来的新挑战和新机遇。

自 20 世纪 90 年代互联网进入中国以来，中国已成为全球用户最多的最大互联网市场。中国互联网用户热衷于网络发言和交流，也使这个全球最大的网络舆论场热闹非凡。

仅用“网民”这一个词汇，很难精准和细分这个复杂的概念。社会心理学家研究视野中的“群氓”现象，与非特定方式聚集的网民特征开始呈现交集，但在新的历史条件下，二者仍存在大量的相近和相异之处。

在大众麦克风的环境下，社会群体心理规律与个体状态下的心理规律其实是两个不同的世界。我们从一些舆论热点现象中往往能够敏锐地感知到网络圈子分层。相对来讲，网民中的群体心理比个体心理复杂，性状也大不相同，所以我们要加深对社会心理和群体心理的研究。

“乌合之众”这个成语出自《后汉书·耿弇传》一书，意思是像一群暂时聚合的乌鸦，比喻杂凑在一起的毫无组织纪律的人群。群体这个词，则更为客观和中性。对于社会非特定群体的聚集，线上线下的心理机制也是相通的。网络的非直接、匿名、非现场等特点，给网民群体心理和精神交往增添了新特点。而我们仍然要回到大众群体心理分析的原点去进行研究。

“群氓”的时代到来了

勒庞的《乌合之众：大众心理研究》是一本研究“群体心理学”的著作，在中国颇受欢迎。在书中，勒庞曾阐述了群体以及群体心理的特征，指出当个人是一个孤立的个体时，他有着自己鲜明的个性化特征，而当这个人融入群体后，他的所有个性都会被这个群体淹没，他的思想立刻就会被群体的思想取代。而当一个群体存在时，他就有着情绪化、无异议、低智商等特征。①

在传统社会因素消亡、工业时代巨变的基础上，大众群体时代已经到来。勒庞所经历的那个时代，由于法国大革命改变了原有的社会政治结构，随着民众登上历史舞台，欧洲开始进入“群氓”的时代。勒庞表明：“我们所有的陈旧观念都处于风雨飘摇之中。社会的古老支柱也正在一个个地倒塌。群体的力量成了唯一没有受到任何威胁的力量，而且它的权威正处于不断的上升之中。我们将要进入的时代是一个群氓的时代。”②

国内外学者注意到，勒庞不仅洞察到历史进程的奥秘，而且经过思索

① [法]古斯塔夫·勒庞著，夏小正译. 乌合之众：大众心理研究[M]. 天津：天津人民出版社，2017. 7.

② [法]古斯塔夫·勒庞著，夏小正译. 乌合之众：大众心理研究[M]. 天津：天津人民出版社，2017. 7.

与加工发现，群氓心理（the mind of the crowd）成了群体心理（the group mind），且可以被认为是整个社会的心理。[①]

当时，主流的学者们将法国和欧洲资产阶级革命的胜利看作理性的胜利。然而，在法国这一看法并不能解释理性号召人们赶走了国王，为什么还会出现恐怖的雅各宾专政。勒庞则认为，理性已尽其所能，别再做更多的指望了，对那些仍旧没有解决的问题，我们必须另寻他法。于是，不走平常路的勒庞发现和揭示了一系列有关群体本质和群体心理的新世界。这一点与今天欧美的学者讨论“后真相”的情形何其相似。

“群体是指聚集在一起的个人，无论他们属于什么民族、职业或性别，也不管是什么事情让他们走到了一起。”[②] 可以说，处于群体中的个人都将自己的情感与思想融入群体中，个体的差异被隐藏、模糊。“群体”与我们日常说的“大众”含义相近，强调一群人的集合，与现在说的网民的非特定群体聚集的含义也有几分相近。勒庞考察现实中群体的一般性心理特征，探讨群体的道德观、情感、想象力、信念等诸多层面，指出个人进入群体之后容易丧失自我意识，在集体意志的压迫下成为盲目、冲动、狂热、轻信的“乌合之众”的一员。

欧洲社会心理学家塞奇·莫斯科维奇（Serge Moscovici）著有《群氓的时代》。在他的眼中，群氓是挣脱了锁链的民众，他们没有良知，没有领袖，也没有纪律，他们是本能的奴隶。莫斯科维奇说：“民众就是由平等的、无名的以及类似的个人组成的变化中的集合体，其中每个个体的思想和情感都会同步地表达出来。”[③]

群体的基本特征，一是个性的消失，二是感情的强化，三是“无意识品质占上风”。勒庞认为，自觉的个性的消失，以及感情和思想转向一个不同的方向，是就要变成组织化群体的人所表现出的首要特征。

---

① 周晓虹．群氓：勒庞与法国大革命的余悸[J]．中国图书评论，2018（11）．

② [法]古斯塔夫·勒庞著，夏小正译．乌合之众：大众心理研究[M]．天津：天津人民出版社，2017.7.

③ [法]塞奇·莫斯科维奇著，许列民、薛丹云、李继红译．群氓的时代[M]．南京：江苏人民出版社，2003.4.

群众聚集时往往都会情绪高涨，使个人的感情不分青红皂白地归顺集体思想，从而不自觉地进入集体意识中。群体行为脱离理性最明显的体现，是个体意识转化和融入群体意识中的过程，有时是有意识的，有时则是完全无意识的。有观点认为，这些理性和思辨的声音很快都变得不甚重要，当事者已经身处其中。

群体行为的社会心理特点包括冲动与多变、易受暗示、轻信、情绪夸张与单纯、偏执与专横、盲目和英雄主义等。群体中的个人会表现出明显的从众心理、匿名状态，个体借“数量即正义”“少数服从多数”之名，行不负责任之事，勒庞称之为“群体精神统一性的心理学定律”，最易滋生出如教条主义、摒弃责任、顽固偏执的心理。

为什么会这样呢？社会群体心理趋同、情绪感染、心理暗示是其中的密码。在群体中，具备足够强大的能力来抵挡情感暗示的人寥寥无几，很多人易于在趋同的洪流中迷失自我。

当然，群体的心理效应也并非一无是处。勒庞看到了个人聚集成群时行为的两重性，即群氓的确在很多情况下都具有犯罪性，但他们也常常具有英雄性，可以轻而易举地为了信仰或者思想的胜利牺牲自己。

同时，他认为英雄主义者也有无意识的一面，但历史的发展正是得益于这些英雄主义者。而在此之前的法国社会学家塔尔德（Tarde）和美国社会心理学家哈罗德·西格尔（H. Sigall）可能都比勒庞更早论及“群氓”及其心理，但他们赋予这啸聚而成的乌合之众的某些特征与单纯的罪犯无异。勒庞一再提及群氓具有两重性，即犯罪性和英雄性。

马克思曾在《1848 年至 1850 年的法兰西阶级斗争》中写道：“他们（指流氓无产阶级）既‘能够做出轰轰烈烈的英雄业绩和狂热的自我牺牲，也能干出最卑鄙的强盗行径和最龌龊的卖身勾当’。”① 有时在一夜之间就会发生这两种极端社会心态的颠覆性转换。

勒庞指出，群体固然经常是犯罪群体，然而它也常常是英雄主义的群

① 马克思 1848 年至 1850 年的法兰西阶级斗争（之一）［EB/OL］. 中国社会科学网，2012-09-07.

体。正是群体，而不是孤立的个人，会不顾一切地慷慨赴难，为一种教义或观念的凯旋提供保障，会怀着赢得荣誉的热情赴汤蹈火……这种英雄主义毫无疑问有着无意识的成分，然而正是这种英雄主义创造了历史。如果人民只会以冷酷无情的方式干大事，世界史上便不会留下他们的姓名了。

这充分说明了引导群体走向的重要性。勒庞认为，群体在智力上总是低于孤立的个人，但是从感情及其激发的行动这个角度来看，群体可以比个人表现得更好或更差，这全看环境如何，一切取决于群体所接受的暗示具有什么性质。孤立的个人具有主宰自己的反应行为的能力，群体则缺乏这种能力，很容易走向两个极端。

如何给群体找到方向？如何弥补群体的最大缺陷而使其更多发挥积极的价值？很显然，人们崇尚圣主明君和贤能者不是没有道理的，英雄人物和群体中的意见领袖或许能够发挥关键的作用。群体领袖相当于羊群中的头羊，群体行为的力量很大程度上都是被领袖支配，这或许可以解释法国大革命或一些国家革命时期狂热的个人崇拜。

群众本能地从那些精力充沛、意志坚定的人当中找到他们永远都需要的主宰。但凡能够成就大业的领袖人物，他最重要的品质不是博学多识，而是必须具备强大持久的意志力，这是一种极为罕见、极为强大的品质，它足以征服一切。所以，在群体中总会涌现出一些带有魅力的人物，成为众人追随的对象。

群体对追随对象的信任和追随意识是人文社会自然发生的，但有时也会被人为滥用。英国作家乔治·奥威尔（George Orwell）在他的《1984》与《动物庄园》里，更是将领袖的动员手段描写得细致入微和意味深长，从语言上讲主要有断言法、重复法、传染法。

网络社会与“心理群氓”

随着时间的推移和后工业时代世界历史的演进，群体现象有了新的表现。莫斯科维奇认为，经济或者技术的因素无疑增强了领袖的权利。他还从微观的角度描述了现代社会人的社会生活和心理状态。

随着社会纽带的瓦解、通信交往的迅捷、人口的不断混杂，以及城市生活节奏的不断加快，人群的聚合体也在不断地形成和瓦解。他们一般被分解还原到原子层次，然后又被重新组成不稳定的、甚至更加庞大的群体。这种现象发生的规模至今还不为人知。这也解释了为什么群氓在历史上绝对是新生的事物，它也解释了为什么在群体发生重要作用的文明中，个人会失去他存在的理由及其自我感觉。他成了一个局外人，在其个人组成的机器上发挥一个无足轻重的螺丝钉的作用，而他于其他个人的关系完全是机械的、非人际的。结果，每个个人心中都产生了不确定性和没有目标的焦虑感，觉得自己成了未知的、充满敌意的势力的玩物，由此还产生了他对理想和信仰的追求，以及对一个榜样的需要，以便帮助他获得自己渴望已久的完整性。①

"性相近，习相远。"人与人之间，其本性生来大致是相同的。人往往需要一个强大的信仰来支撑他活下去的欲望。集体与群体是这种信仰的形式之一，宗教和英雄则是另一种形式。而我们今天在网络群聚现象和亚文化中看到的例子也比比皆是。

无论是弥散在社会中的个体，还是无组织的聚众中的个体，他们首先要意识到相互间的一致性，并认同某种集体传统、观念或共识，即在精神层面上凝聚起来成为一种"心理群氓"，才有可能采取一致的行动，最后通过从集体行动向社会运动的转变，成为现实的"组织化的"社会群体。②

"心理群氓"不一定是有形的，但它的现实性在于："无论这一群氓由怎样的个体组成，无论这些个体的生活方式、职业、性格或智力水平相同与否，形成群氓这一事实都使他们获得了一种集体灵魂。这种集体灵魂使他们的感情、思想和行动完全不同于他们原来处于独立状态时的感情、思想和行动。"③

---

① [法]塞奇·莫斯科维奇著，许列民、薛丹云、李继红译. 群氓的时代[M]. 南京：江苏人民出版社，2003. 4.

② 周晓虹. 群氓：勒庞与法国大革命的余悸[J]. 中国图书评论，2018（11）.

③ [法]古斯塔夫·勒庞著，夏小正译. 乌合之众：大众心理研究[M]. 天津：天津人民出版社，2017. 7.

当然，对今天的普通人来说，在纷繁复杂的社会舆论大潮中，不要轻易或不明就里地成为网络群体的一分子，即使你以为自己只不过是随声附和、随手转发一下而已，实际上你已经卷入其中，变得不由自主。

社会注意力带着我们游弋于风险社会，在网络的海洋里冲浪，互联网技术带来的风险因素与群氓心理相互叠加，形势就变得更加复杂。因此，唯有把握枢纽者，方能纵横捭阖。

第三章

枢纽：社会注意力的舆论法则

《道德经》说："一阴一阳之谓道。"《鬼谷子》云："捭阖者，天地之道。"社会注意力是人们认识和改造世界的枢纽。相比"阴阳"，用"捭阖"来描述社会注意力更为形象，我们对某一社会事物，关注不关注，说与不说，动静之分，一开一合，是个人思想观念和社会舆论运动的起点，一切故事就此发生。

法国启蒙思想家卢梭（Rousseau）对公共舆论的界定被认为是现代意义上的舆论概念的起源。18世纪，卢梭在《社会契约论》中首次将"Public（公众）"和"Opinion（意见）"组合起来表示"舆论"，认为人是有理性的，理性的个体聚集在一起形成了公众的意见。

德国哲学家黑格尔（Hegel）在《法哲学原理》中指出："个人所享有的形式的主观自由在于，对普遍事务具有他特有的判断、意见和建议，并予以表达。这种自由，集合地表现为我们所称的公共舆论。"① 有学者评价黑格尔对公共舆论做了原发性的理论阐述，《法哲学原理》中公共舆论思想同样具有现代性意蕴。②

马克思将舆论视为"一般关系的实际体现和鲜明的表现"。恩格斯的论断是"我们不再怀疑，世界历史进入舆论时代"。中国人民大学教授陈力丹认为："虽然他们没有对舆论进行过集中论述，但从他们对这个概念

---

① [德]黑格尔著，范扬、张企泰译．法哲学原理[M]．北京：商务印书馆，1961.6.

② 刘文佳．黑格尔《法哲学原理》中公共舆论思想的现代性意蕴[J]．现代妇女·理论前沿，2014（08）.

的运用和分散论述中，已足以勾画出他们对舆论的基本认识。”[①]他们认为舆论是“不可数的无名的公众的意见”，反映了“公众心理的一般状态”，也是“自然的、普遍存在的一种交往形态”。

英国哲学家洛克（Locke）把“舆论法”与“神法”“民法”相提并论。他认为，舆论法判别的是美德和恶性，而美德完全是根据公众的评价来衡量的。[②] 洛克使舆论从语义上摆脱了最初“不可靠判断”这一略带贬义的含义，承认舆论是一种合法标准。

在今天，我们谈到舆情这个概念，仍然因为其概念中不明确的混杂状态而将其描述为一种观点、立场、情绪和态度的集合状态，并将其与舆论和民意严格区分开来。

启蒙：发现社会注意力

我们要研究舆论的规律，就必须找到一个原点，它还要能看得见、摸得着。这个原点，就是社会注意力。社会注意力很多时候都会显性地爆发出来，通过各种传播形式在社会和媒介中流行，我们在身边也能够敏锐地捕捉。所有与舆论相关的喜怒哀乐、酸甜苦辣和恩怨情仇，都是从社会注意力开始的。

社会注意力是指以社会个体为基本单位发生动态聚集和规模变化的社会群体，不同程度地投入生理和心理感官，分配时间、精力以及信息资源手段，主动关注社会事件、人物、事物、信息、话题或现象等，以获取充分知情、表达、参与或干预为诉求的社会群体意识、心理动机和主观意愿。简而言之，社会注意力是群体主动关注特定社会事物的集体意识、心理动机和主观意愿。

与社会注意力不同的是，舆论指“社会多数人持有的共同意见”，即

① 陈力丹．精神交往论：马克思恩格斯的传播观（修订版）[M]．北京：中国人民大学出版社，2016. 5.

② 陈力丹．关于舆论的基本理念[J]．新闻大学，2012（05）.

他们具有共同的关注对象。而社会注意力是一个起点，如果人们对某一事物不关切、不重视，那么他们就不会对此产生关心的心理动机和主观意愿，也不会为了获知充分的相关信息和知识情势而付出各种生理和心理感官，分配自身的时间精力，以及运用各种信息资源和手段，去主动地获取认知更新，去表达和参与讨论，甚至直接干预事态的发展。

所以，社会注意力是舆论生发的起点，也是舆论形成的前提条件。我们要研究舆论产生和演变的各种规律，就必须要深入分析社会注意力的规律。透过舆论的表象，深挖其背后的社会注意力本质。

任何社会注意力都有着共同的关注对象，即人们常常关心的各种社会事件、事务、政策、人物、事物、信息、话题和现象等。社会注意力的关注对象，是共同关注者发生社会关系的交流中介。

社会注意力的本质是社会潜在的意识形态，是人在生物学意义上的社会本能。社会群体和个体的心理意识，也可称之为社会心理的潜意识。舆论是社会最活跃的群体意识反映和社会心理的显性状态，是通过语言符号、立场、情绪、观点表达的交流博弈为内容表现形式的信息文化现象，是社会意识形态最活跃的重要组成部分。

从生命的起点和萌芽开始，人们始终经历着“努力争取社会注意力”与“力求避免社会注意力”之间的拉锯战。我们从婴儿呱呱落地后的啼哭算起，婴儿努力争取社会注意力，是源于对周围环境的本能感知和直接反应，通过声音、情绪自然地表达出来，获得关爱和食物，获得和世界交流的有效方式。到了青春期后，长大的孩子可能会由于各种原因不愿与大人交流，力求避免社会注意力。

也有学者认为，所谓注意力是衡量人们关注一个主题、一个事件、一种行为或信息的持久尺度。人们获取信息最常见的动机有四种，一是有效性信息，人们愿意接受对自己有效用的信息；二是支持性信息，支持性信息的理论假设是人们对支持性信息有心理上的偏好，而趋向于回避非支持性或分歧的信息；三是刺激性信息，人们追求新颖性、不可预见性、变化和复杂性的信息，是由于它们包含固有的令人满意的东西；四是有趣的信息，人们趋向于注意那些他们认为有趣的信息。[①]

根据有史以来各国生物学家的研究，哪怕是单细胞生物，如果没有获取信息和运用信息的条件反射能力就难以存活，那么地球上也就不可能诞生数以千万计琳琅满目的物种。从生物群体到人类社会，社会注意力始终是作为生命个体和社会群体赖以生存发展的基本技能，或者说是一种本能。如果从美国社会心理学家马斯洛（Maslow）的人本主义心理哲学出发，我们也能发现，社会注意力的分配体现了以个体为单位聚集的社会群体或集体意识在五个层次中的表现，既有生理需要的驱使，也有安全、爱、尊重、自我实现等方面的体现。

社会注意力有时候是人的主观本能驱使，有时候又具有自身相对的反作用力，成为反哺人类智力成长与社会文明发展的群体接力赛。人类历史上发生过很多不约而同的探索，如文明古国都曾经流行过几种历法，这是不同地区可能尚处于相互隔绝状态的人类部落对宇宙和大自然时空轨迹周而复始的记录成果。人类社会历法的出现，是社会注意力的经验积累和智慧总结。中国古历法是根据月亮的圆缺和运行周期来确定的，欧洲的古历法是根据天空中星象的变化来确定的，古巴比伦的历法是根据星象和两河流域河水的涨落来确定的。在这些历法中，一年天数最少的是 354 天，最多的是 384 天，可以说是惊人的相似。

更经典的例子发生在英国科学家牛顿身上，他往往善于从平淡无奇的自然现象中发现规律。比如，苹果落下砸到牛顿头上，别人没注意到的现象，牛顿却从中推算出万有引力定律。从剑桥大学毕业回老家农场躲避瘟疫时，他注意到门缝窗户中透过的太阳光经过三棱镜折射的光谱现象，这使他又有了惊人的科学发现。

生命是有限的，而知识是无限的。在无穷无尽的知识海洋里遨游，我们触摸到的知识像沧海一粟，像广宇微尘，像九牛一毛。社会注意力长期发挥着记录、观察、思考和推动文明发展的作用，是人类文明的原动力。

① 李向民、徐浩然、王晨．社会注意力，精神经济时代的稀缺性资源[J]．中国文化产业评论，2005（08）．

而人类拥有这种本能，并将它发挥到极致，这才使我们发展成为今天的面貌。如果远古人类对日月星辰、河流潮汐的变化以及一年四季世间万物的景象没有感知、记录、比较、思考，没有对真理的探讨，那么我们又何谈历法和文明的出现？

古今中外，文化的来源往往从观察开始，而观察的心理基础就是注意力起源。马克思有一句名言："人的本质不是单个人所固有的抽象物，在其现实性上，它是一切社会关系的总和。"很多学者解读为"人的本质是由社会关系决定的"。只有充分掌握社会注意力的生成规律，我们才能更加科学准确地把握舆论的演化规律。社会舆论是社会意识形态中最活跃的表层，也是内在本质的具体表现。它有时候以正向的反映来体现，有时候以负向的反映来体现，更多的时候是以两者混淆的复杂形态呈现在我们面前。

如果抓住了群体心理本质，破解舆论现象和规律就会变得容易许多。其实，人们不仅具有社会注意力的本能，更重要的在于人们已经能够熟练掌握并充分运用这种规律。我国古人就运用社会注意力的规律办成了许多大事。

秦国变法图强，最让人印象深刻的就是商鞅变法。公元前 359 年，秦孝公打算在秦国国内进行变法，又害怕国人议论纷纷，所以犹豫不决。秦孝公担心舆论给变法造成压力，于是他召开朝会，命大臣们商议此事。旧贵族代表起来反对变法，而商鞅舌战群儒，主张"当时而立法，因事而制礼"，为实行变法做了舆论的准备。然而，这样一个浩大而艰难的变法工程，如何才能迅速地得到社会多数人的认同、支持和参与呢？商鞅想到了"立木为信"，即先吸引社会注意力。于是他在国都集市的南门外竖起一根三丈高的木头并出示布告："有谁能把这根木头搬到集市北门，就给他五十两黄金（当时为黄铜）。"有个人壮着胆子把木头搬到了集市北门，商鞅立刻兑现承诺。商鞅通过鼓动舆论和吸引社会注意力赢得了社会关注和信任，为变法开了头。

魏明帝太和元年，魏国新城太守孟达密谋反曹。当他得到孙吴、刘蜀的暗中支持后，便在新城（今湖北房县）举起了义旗。消息马上传到驻守在宛城（今河南南阳）的曹军元帅司马懿那里。按一般程序，司马懿须请示朝廷后率兵至此，整个过程少说也要一个月。军机当前，司马懿“先斩后奏”，在上疏报告情况的同时准备偷袭敌人，打敌人一个措手不及。他让三军偃旗息鼓，昼夜兼程，1 200 里地只花了八天就赶到了，一下子打乱了孟达的部署。于是新城当时城墙不坚固的弱点就暴露出来，城中一片惊慌失措。司马懿挥师杀进城去，斩杀孟达，迅速平定了这场叛乱，受到了朝廷嘉奖。

司马懿深谙传播的心理，他通过对情报信息和社会注意力的麻痹取得了战略主动权，赢得了胜利。情报、舆论、社会注意力，在信息本质和人类心理本能上属于同源事物。古往今来，对信息情报的严密管控和加密传输，是确保战争和竞争取得胜利的前提条件。这也是国家机密、人物隐私、商业机密一直严格受到法律保护的重要原因。而对社会注意力利弊的评判，有时候远比我们想象得还要复杂。

《庄子·外篇·山木》里有个故事说，庄子在山中看到一棵大树枝叶十分茂盛，伐木的人却不去砍它，问他们是什么原因，说是没有什么用处。

庄子说：“这棵树就是因为不成材而能够终享天年啊！”

庄子走出山来，留宿在朋友家中。朋友高兴，叫童仆杀鹅款待他。

童仆问主人：“一只能叫，一只不能叫，请问杀哪一只呢？”

主人说：“杀那只不能叫的。”

第二天，弟子问庄子：“昨日遇见山中的大树，因为不成材而能终享天年，如今主人的鹅，因为不成材而被杀掉。先生你将怎样对待呢？”

庄子笑道：“我将处于成材与不成材之间……”

庄子是社会注意力大师。他注意到一棵大树，如果长得过于挺拔漂亮，其实是将自己置于被砍伐灭顶的灾祸之中。而一只鹅因为不善表达也会让自己陷入危险。一个因为成材而被杀，一个因为无才而被杀；一个因为吸引了社会注意力而被杀，一个因为不吸引或拒绝吸引社会注意力而被杀。庄子对此怎么看呢？他要留在“成材与不成材之间”。老子的《道德经》说：“人法地，地法天，天法道，道法自然。”社会注意力也是一把双刃剑，具有不确定性。

庄子和老子认识到社会注意力规律，他们认为人既要有逆来顺受的胸怀，又要有逢凶化吉的智慧；不要受制于舆论的纷纷扰扰，而应该设身处地地随着内外环境、条件和境遇而变化自如。如果能做到王阳明所说的“致良知”和“知行合一”，就更能把社会注意力变成好朋友。我们要深入认识社会注意力的特征和规律。

按钮：社会注意力弹簧

社会注意力弹簧效应指的是一个人或者一个事物在短时间内受到社会注意力高度关注的时候，关注度的剧烈上升有可能变成好事，也有可能变成坏事。

因为受到社会注意力的关注，我们进入“社会注意力风口”，它会为我们带来“名利双收”的馈赠，使我们在名誉、物质、精神等各方面有超额收益。只要处在社会注意力风口上，可能“连猪都能飞得起来”。“好风凭借力，送我上青云”，说的就是社会注意力风口的效应。

而与此相对的，社会注意力高度集中的时候，社会注意力的关注对象也可能因为自身存在的瑕疵和疑点被无限放大，从而遭遇社会的舆论监督，在信息不断曝光的情况下，不利形势急转直下，跌入“社会注意力陷阱”。社会注意力陷阱对当事人或社会注意力的关注对象来讲，具有极大的破坏力，可能引发巨大的名誉、物质、精神等各方面的损失和舆情危机。社会注意力弹簧效应揭示的正是社会注意力可能带给人们风险或收益的不确定性。

《卧虎藏龙》：社会注意力风口

西递宏村是以徽派建筑为特色的古村落，位于安徽省黟县县城西北角，因奥斯卡获奖的电影《卧虎藏龙》而闻名中外，被誉为“中国画里的乡村”。这部电影聚集了巨大的社会注意力：获奖后，国内外游客纷纷来到取景地西递宏村。原始面貌的秀丽山川、青砖灰瓦的老街古巷和徽派民居以及古朴的民风，让这里变成了游客神往的精神圣地。

后来发生的一切，为我们揭示了社会注意力弹簧效应。电影的成功带来了社会注意力风口，从四面八方蜂拥而至的游客很快让西递宏村成为国内知名的景点。社会注意力风口很快又成为旅游经济的爆发窗口，让人们感受到旅游经济潜藏的巨大经济效益和吸引力。

然而，随着社会注意力风口的持续和延长，这里产生了很多新问题。大量游客的涌入难免给当地的接待能力、旅游资源保护、生态环境健康可持续发展等带来巨大的挑战。同时，社会注意力风口带来的巨大的经济利益和物质诱惑，也冲击着当地企业和居民的利益观念。市场商业意识伴生着盲目性和滞后性，生态环境被破坏，不文明行为出现，旅游市场不正当竞争加剧，超负荷的旅游接待影响到当地旅游业的发展和生态环境的保护。

新的问题和挑战让形势急转直下，从社会注意力风口红利开始转向社会注意力陷阱。当地的旅游部门很快加强管理引导，采取必要的治理举措，追求健康有序的可持续发展之路。

再举一个例子。2019 年，一位女车主在西安的一家奔驰 4S 店购买了一台新奔驰车，因为汽车还没开出店就出现发动机漏油的问题，她在与销售经理的沟通中又没有得到满意的答复，情绪激动的她爬上了汽车引擎盖，控诉整个事件的问题所在。这一幕，被现场的围观者拍成短视频发布在网上，很快引发网友们的转发，成为全国舆论的热点。

社会注意力的高度聚集形成的风口，让奔驰女车主很快成为热点新闻人物。社会注意力本身形成了巨大的舆论压力，涉事企业、市场监管部门和媒体等纷纷介入，社会舆论朝着有利于维权当事人的方向发展。这是社会注意力弹簧正向效应的体现。

然而，在社会注意力风口持续期，较高的社会关注度也伴随着巨大的监督风险的产生。网上逐渐出现不同的声音，有上海的网民爆料奔驰女车主拖欠上海某商业项目几十家商户数百万元的款项。这个信息对当事人前期的维权者形象构成了新的冲击。上海警方经过调查进行了及时的回应，声明来自上海商户的爆料属于经济纠纷。

各方面的事实查清和公布时，奔驰女车主正遭遇空前的舆论压力。社会注意力风口的确为她前期维权带来了积极效果，但也很快引来了一些不利于自己的爆料和争议，造成了舆论陷阱。当事人也承受了巨大的舆论压力。虽然事后有媒体对她进行采访，澄清相关事实，但舆论热潮背后，很难笼统地评价社会注意力对社会个体或机构的利弊。

社会注意力弹簧效应有一些是自然发生的，也有一些是有人有意为之而产生的。在奔驰女车主事件发生后，国内多个地方都出现女车主为了维权努力爬上汽车引擎盖的现象。不幸的是，有的女车主不慎压塌了汽车引擎盖，当地 4S 店只好报警追究其法律和经济赔偿责任。警方到现场核实后，根据实际造成的损失依法处置。这些“用力过猛”的行为结果恰恰事与愿违，使人得不偿失。

东施效颦：社会注意力陷阱

社会注意力陷阱是客观存在的规律。既然是规律，就能够为我们所用。当某种社会规律不仅被人们认识和把握，还能够科学地运用数学统计运算时，才是其作为学问成熟的标志。社会注意力弹簧效应的正确运用，存在严格的条件、范围限制，还要注意主客体方面的不确定因素。缺少预案或风险评估就容易遭遇适得其反的效果。

《庄子·外篇·天运》里有这样一则故事：“故西施病心而颦其里，其里之丑人见而美之，归亦捧心而颦其里。其里之富人见之，坚闭门而不出；贫人见之，挈妻子而去之走。彼知颦美，而不知颦之所以美。”东施只知道皱着眉头会很美，却不知道皱眉头为什么会美。“橘生淮南则为橘，生于淮北则为枳。”主客观条件、外界社会关系、社会环境、媒介特点和历史背景等，都是社会注意力弹簧效应非常重要的影响因素。

海拔：跳动的舆论核按钮

19世纪下半叶，美国商品经济得到高度发展，资本主义从自由竞争走向了垄断，对内无视员工的利益，对外以损害公众利益作为赚钱的重要手段，引起了社会舆论的强烈抨击，出现了2 000多篇揭露实业界丑闻的文章，形成了近代美国新闻史上著名的“扒粪运动”，社会责任论开始上升。来到21世纪，网络爆料和人肉搜索更加司空见惯，往往成为舆论的“核按钮”。

一个事件或话题是否能够吸引巨大的社会注意力，形成舆论热点，很大程度上取决于其是否具有舆情价值和新闻价值。新闻价值主要是由重要性、显著性、时效性、接近性、趣味性决定的，而敏感性、模糊性、争议性等才是舆情价值的独特组成部分。

重大话题背后的舆论熵更大，即常具有更大的不确定性①，决定舆论爆发的根本更在于其具有的重要性，有时也称为重大性。话题越重要、越具有模糊性，越容易引发话题蔓延和传染，也越容易吸引社会注意力，表现为敏感话题的病毒式渗透和“核爆炸”般大范围传播的威力。

社会注意力的萌芽、聚集、发展与转向就变成了一个跳动的舆论“核按钮”，牵一发而动全身。有时候是涓涓细流，有时候是洪水猛兽，无穷无尽的网络曝光和议题设置，如同在社会注意力洪流中被按下的开关。

舆论“核按钮”这个比喻，常常让人想起冷战时期的古巴导弹危机。当年有一幅经典漫画，美苏两大国领导人坐在桌子前掰手腕，而他们的脚下则踩着核弹头，两个人都满头大汗、焦虑万分；他们的另一只手也没闲着，都在各自掌握的核按钮上跃跃欲试，生怕比对方慢了0.001秒。

在互联网时代，普通人使用新媒体的门槛几乎降为零，每个人都有制造舆论的可能。微博、短视频等社交媒体的流行使小道消息能够实时地在

① 舆论熵的概念在第四章会专门论述，它能够衡量事件话题所具有的引发舆论聚集潜能的大小。

全国民众面前散播。在一片信息荒漠中，又快又准地把握重大事实真相，已经不是仅靠单个或数家媒体能够完成的任务。而互联网的这种能力更是受到政府、企业、专业媒体和社会精英人士的重视和广泛采用。通过互联网，他们可以随时随地启动舆论按钮。

2008 年，有人就称美国前总统奥巴马是“互联网总统”。竞选期间，奥巴马仅通过油管（YouTube）视频网站发布的视频广告，被网民累计观看了 1 450 万小时，而在电视上要达到这一观看度，需要 4 700 万美元。奥巴马利用互联网投其所好，唤醒了美国的年轻一代，使美国很大一批年轻人不仅主动投票，还帮助奥巴马拉票。有 66%的 18 至 29 岁选民参与投票，使美国大选的投票率比以往高出七八个百分点。奥巴马共筹集竞选资金 6.05 亿美元，其中超过 85%来自互联网，大部分是不足 100 美元的小额捐款。

《纽约每日新闻》说，奥巴马阵营搜集到的电子邮件地址达到 1 300 万个。奥巴马的任何政治举动，都可以轻而易举地影响到每个人。奥巴马团队还对支持者数据库进行详尽分析，确认在哪些地区需要哪些方面的支持者。奥巴马成功地利用互联网实现了政治上的“精确动员”。当时美国一家网络报纸的总编辑阿丽亚娜说：“要不是有互联网，奥巴马不会获得提名，更当不上总统。”①

虽然 2021 年很多社交媒体对美国前总统特朗普关上了大门，但回到 2016 年，特朗普作为“推特总统”名副其实，而且与美国主流媒体紧张的关系并没有严重影响他的舆论影响力。特朗普自入主白宫以后发了数万条推文，内容包括内政、外交、军事、经济乃至各种“吐槽”内容，不少人认为他是“推特治国”，若他的推特账号早几年被关闭，他恐怕会损失不小。

互联网时代，在一些重大突发事件中，传统媒体需要经过核实才能发布权威消息，民间口头舆论则相对零碎。但网民们分秒必争——“刷屏+搜索+截屏”成为一种新的阅读模式。此时，社交网络海量信息碎片化，

① 马利．互联网：治国理政新平台[M]. 北京：人民日报出版社，2012.11.

但声势大、透明度高、转移快、互动性强，已完全覆盖了前二者。

举个例子。一位来自陕西安监局的领导在高速公路重大交通事故现场貌似微笑的表情被摄影记者拍下，这张图片在微博中流传后，恐怕连当事人本人和拍摄照片的记者都没有意识到，这个记录在图片中的表情迅速变成了社会注意力按钮，网民锲而不舍地进行人肉搜索，却检索出这位干部曾经在不同场合佩戴了十几款不同的名表。就跟2008年南京房管局局长“天价烟”事件一样，一张图片又成为一个触发社会注意力聚集的例子。通常社会注意力流量时代的舆论核按钮，可能是当事人不经意的一句刺激社会心理的话，比如“躲猫猫”“俯卧撑”“我爸是李刚”“你对严书记的女儿说这话是什么意思”，或者是一个微信群的聊天截图，或者是一个在事故灾难现场不合时宜的表情或手势，或者是一段具有刺激性的短视频或一段现场录音，一旦引发了人们的注意力，就会激起舆论的核爆炸。

中国有句俗语：“人怕出名猪怕壮。”对社会注意力和流量的追求是不是真的像张爱玲所说的那样“成名要趁早”，对一些人来说，或许答案并不确定。如果你去问农民歌手“大衣哥”朱之文，他一定深有体会。社会注意力变成了稀缺的资源，在互联网和演艺界还出现了一个词叫作“流量明星”，这也为我们揭示了社会注意力运转的多元规律和形态。

对名人来说，社会注意力带着巨大的社会监督力介入了他们的日常生活。它像一个无形的一直在搜寻和审视的放大镜，盯着名人生活中的一举一动、一言一行。一旦被启动舆论的核按钮，人们很快就会被卷入一场舆论风暴中。

如果要问，哪些是引发社会注意力聚集的舆论核按钮？我们马上就能举出一箩筐的例子。千百万年来，人类总是在经历巨大的生存挑战，各种天灾、战争、瘟疫、饥荒、难民危机、种族冲突、领土争议、气候变化、生态破坏、环境污染、动物保护、性别平等各类问题层出不穷。比如，墨西哥湾漏油事件、日本地震海啸和福岛核泄漏事件、亚马孙和澳大利亚的山火等。对人类，特别是和平人士或环保主义者来讲，对这些消息的吹哨，都是舆论核按钮。最早爆出这些事件的信息，就是舆论导火线。

2015 年 9 月，欧洲各大报纸头条都刊载了一幅照片：一名 3 岁的叙利亚小难民面朝下趴在沙滩上。男孩名叫艾兰·库尔迪（Aylan Kurdi），在偷渡途中因船只严重超载而溺亡，尸体随后漂到土耳其海滩上。这张震惊世界的照片迅速从西班牙传到瑞典等欧洲国家，成为难民危机爆发以来“最揪心的画面”，引起了广泛的震惊和反思。

突发公共事件是我们所接触到的级别最高的舆论核按钮，包括自然灾害、事故灾难、公共卫生事件和社会安全事件。突发公共事件的社会影响和破坏力往往是很大的，一旦发生，会在短时间内聚集最大范围的社会注意力，其重要性、紧迫性、模糊性、敏感性直接关系到人们的安全，因此也就成为大家不得不关注的重要对象。

我们如果要讨论人类社会的舆论核按钮，就绕不开巨大的国家、民族、宗教、地区等之间的矛盾冲突，这种冲突最高程度甚至可能升级为骚乱和战争。凡是涉及这一类的信息爆料，无疑就像是直接启动了舆论核按钮。当然这些事件的发生频率，相比普通人接触到的日常经验还是很少的。我们接触到的更多的可能是一些关系紊乱或激发矛盾争议的社会群体、社会职业、族群利益之间的局部问题。

结合舆论表现，这些问题可以概括为六大关系。这六大社会关系表现为较为紧张的社会关系，常常成为社会注意力关注的焦点内容，其中包括官民关系、警民关系、劳资关系、贫富关系、城管商贩关系、医患关系。

我们在以往的社会热点和网络热词中对此也有直观的感受，这也反映了某些局部出现的紧张社会关系和社会心理状况。一旦我们在社会舆论中发现某一事件或话题涉及上述关系，就一定要提高判断力、洞察力，意识到社会注意力具有极强的身份代入感和心理黏性，相关事件或者话题将有可能升级，成为破坏力和传染性更强的舆论热点。只要充分依靠经验判断和科学测评，我们就能够及时识别社会注意力风险，做好调查分析研判，制定舆论心理疏导和解决问题的预案。

如果不断地深入，我们还能够发现以往在社会注意力风险中不断涌现出的一些热点、焦点和难点问题。话题事件一旦涉及网络维权举报、食品药品安全、贪污腐败、司法公正、学术不端、贸易争端、消费欺诈、不当言行、民族情绪、弱势群体、恶性案件、教育公平、征地拆迁、道德伦理争议等方面，就很容易成为舆情爆发的重灾区。

在涉及国计民生的重要公共政策和社会治理领域，具有较强社会注意力吸附力的议题还包括城乡平等、意识形态、科技伦理、公众人物、公益慈善、脱贫攻坚、生态环保和国际舆情等。社会大众最为关注的往往是涉及安全、民生、住房、医疗、户籍、教育、收入分配、社保税收、交通改善、城市管理、网络治理、营商环境、外籍人士等领域的政策话题。

社会注意力与人们常说的趋利避害是相反的，这其实也恰恰符合事物发展的普遍规律。人或社会组织机体的健康发展必然要有免疫力，一旦出现各种疾病症状，必然会激发身体的免疫反应，检测出各种病灶。

只有带着责任意识、忧患意识和问题意识，我们才能及时地发现问题，科学地分析问题，妥善地解决问题。善于解决问题的人，也是最善于发现问题的人，这种敏锐性在社会注意力研判方面就能得到最优化的发挥。

舆论是有海拔的，说的是我们在处理复杂的社会注意力类型和关系的时候要意识到，在某一特定的历史时期或阶段，总是会存在某一种或某几种处于核心地位或主要支配地位的舆论类型。

在国家危难和民族存亡的时期，一切目标集中于国家和民族的救亡图存，取得抵抗侵略者的战争胜利，就是主要的社会矛盾和舆论的最高海拔。其他的舆论类型则从属于解决这个主要的社会矛盾。当我们遭遇新冠肺炎病毒疫情的时候，经济发展和某些社会议题就退居次要，国家要以人为本，优先考虑启动突发公共卫生事件最高等级响应，保护人民的生命健康安全。当国家和社会发展处于和平时期，社会内部群体利益关系和各种舆论关系，则上升为主要类型。在这个时候，就要特别重视处理好各种内部关系，及时发现和解决社会的主要矛盾。

一个国家、一个企业、一个部门或一个人应该准确而清晰地判断和认识其所处的历史发展方位和节点，只有基于对国内外形势、行业形势、社会形势、周边环境、资源禀赋和社会关系等整体而深入的判断，才能找到处理各种矛盾问题和关系的主要前进方向。不能“眉毛胡子一把抓”，不分轻重缓急地妄想在短期内一次性解决所有的问题。

化解和解除舆论核按钮，不必追求“毕其功于一役”，但一定要在战略上确立一条最为直接高效、具有根本性的治理之道，确保舆论核危机的处理向有利于全局和整体方向发展，避免节外生枝、弄巧成拙。

“正能量是总要求，管得住是硬道理，用得好是真本事。”这是网络空间治理的系统思想；既要坚持系统论，又要坚持重点论和控制论，这也是危机化解的“三论”。

历史上发生过“西安事变”，当时中国正面临日本的侵略，处于民族危亡的险境，这时国民政府坚持“攘外必先安内”，仍然把解决问题的重心放在内战上。但就整个国际国内形势来讲，这个战略已经发生错位，英美等不少西方国家开始倾向于支持发动中国抵抗日本法西斯的力量，在国内，救亡图存已经超越国共内部纷争上升成为整个国家和中华民族的主要矛盾。张学良和杨虎城实行“兵谏”，扣押蒋介石，酿成震惊中外的西安事变。中共中央在毛泽东、周恩来等的领导下，力主和平解决西安事变，也是基于整个国家形势、国际局势做出的判断。西安事变危机的化解赢得了舆论民心，全国上下一致对外抗战，经过多年艰苦卓绝的血与火的抗战，付出了巨大的牺牲，最终取得了抗日战争的伟大胜利。

舆论海拔的原理给我们的启示还包括：在化解舆论危机时，要尊重社会心理需求的倾向性，注意舆情应对中的先后步骤，即先做什么、后做什么，能显示出当事者对“什么更重要”的总体态度和判断。这种判断显示了当事方的态度和认知评价，本身就是重要的舆论判断心理依据。

社会注意力弹簧是跳动的舆论核按钮。新冠肺炎病毒疫情对世界各国来说都是一个巨大的“黑天鹅”事件。万万没想到，这个神秘而可怕的病毒突然地出现，感染了上亿人，让很多人和很多家庭遭遇灾难，让每个国家面临前所未有的公共卫生和社会管理的巨大挑战。

仿佛在一夜之间，新冠肺炎疫情就牢牢占据了舆论的制高点，什么都没有人的生命和健康安全重要。在很多情况下，政府要做出一些艰难的选择。比如，面对疫情需要实施社会管控和隔离筛查，而有些国家和地区选择“群体免疫”和确保经济。社会制度模式不同，抉择不同，效果也不同。

根据事态层次和话题性质的不同，舆论反弹的力道和重要性也有很大的不同。在不同的历史阶段和环境条件下，受社会主要矛盾和矛盾主要方面的影响，不同舆论种类之间的轻重缓急各不相同，经常是动态变化、起伏不定的，所以，我们称之为“跳动”的舆论核按钮。

在这次新冠肺炎疫情期间，有些国家面临疫情的凶猛袭来，囿于卫生条件、物质设施、医疗团队、公众意识等方面的欠缺，出现了很多老人、贫困者等没有得到及时救治的情况，病毒蔓延势头不断升级扩大，造成了不少难以挽回的后果，引起了社会舆论的批评。

舆论海拔还提示，公众对于履责主体的态度是关注的，有时候态度比行动更迫切，也比事实更迫切。那么，处置和应对舆论危机的前后步骤其实非常有讲究，步骤本身也能成为舆论关注点。

曾有网民实名曝光一些五星级酒店的卫生状况，按照一般的舆论海拔分析，酒店应该抓紧检查整改自身存在的问题隐患，但是后来网上有爆料者称，自己的个人身份信息被列入多家酒店的黑名单。该网民说：“能不能想想怎么解决问题，而不是解决我？”该事件不仅说明应对舆论危机步骤的重要性，也揭示出一些失当的做法是“火上浇油”。

有人说舆论爆料其实反映的是一种社会监督制约的辩证统一思维。社会注意力本身是一种非常强大的社会监督力量，也是一把双刃剑。它可以带领我们走向美好和光明，也能造成社会割裂与破坏。我们要正确认识社会注意力规律，面对舆论核按钮，我们不能讳疾忌医，而应该掌握和运用社会注意力规律，始终坚持理性和建设性，推动社会改革与发展。

很多善于危机应对、善待社会注意力的人，往往也特别善于处理纷繁复杂的矛盾关系，追求社会的包容、团结，避免社会出现更多的隔阂与分裂，不断凝聚和扩大共识。要想成为真正的社会注意力专家，不在于创造很多的成功，而在于减少不必要的失误。就像在足球场上，防守和进攻同样重要，要避免出现不必要的失误、失策、失灵、失调和失援。

海沟：风险雷达和海中断崖

我常常见到一些专业人士对新闻报道或专业报告咬文嚼字，非常讲究。社会注意力研究者发言和写文章时要精选名词和动词，尽量少用副词和形容词，这是对专业语言的客观精准和避免主观倾向做出的最大努力。汉语口语里用“字眼”来形容一个字的内蕴深意，非常形象和恰如其分。

“上天容易下地难。”今天的科技可以探测月球和火星、冥王星，但不像法国作家凡尔纳（Verne）写的科幻小说《地心游记》那样浪漫，人类至今对地壳地核的探索并没有超过地平面以下 2 万米。人们不知道利用超长的钻头打通地壳是否意味着岩浆喷发，人类自取灭亡。即便是借助自然天成的力量，地球上距离地心最近的地方，即马里亚纳海沟（Mariana Trench），也仅仅是猜测的负 1 万多米。

据估计，马里亚纳海沟已形成 6 000 万年。它给人印象最深刻的是一眼看不到底的漆黑深度，像一个跌落其中而无可奈何的黑洞。海沟里水压高、完全黑暗、温度低、含氧量低，且食物资源匮乏，因此成为地球上环境最恶劣的区域之一。它的深度足以装得下世界最高的珠穆朗玛峰，人类登山家和宇航员可以成功征服珠穆朗玛峰和月球，人类的探测器能够触摸太阳系的边缘，但现在人造深潜装置还很难触摸它的“脚底板”。2012 年 3 月，美国好莱坞著名导演詹姆斯·卡梅隆（James Cameron）独自乘坐潜艇“深海挑战者”号，下潜近 11 千米，探底西太平洋马里亚纳海沟，成为单枪匹马潜至“地球最深处”的第一人。2020 年 11 月，中国“奋斗者”号载人潜水器在马里亚纳海沟成功坐底，坐底深度 10 909 米。

我们不差毫厘地评测社会注意力风险的波谷，并不比科学家实地考察和测量马里亚纳海沟深度容易很多。“舆论海沟”紧接着“舆论海拔”的理论假设，就像舆论中的“暗网”，那是舆论中最容易冲击法律道德文明底线和扩大社会矛盾冲突的禁忌性话题。

“舆论海沟”现象里，比较容易识别和排查的是色情、暴力、谣言和违法等问题。我们有时身处舆论之中，如同深海潜艇游弋于大海中，在洋流和海平面下的漩涡里潜伏着更多更大的风险。比如，“海底掉深”现象就是潜艇海洋航行中最危险的情况之一。

人们把海水密度在沿垂直方向上突然变化的水层叫密度跃层。如果海水跃层上层密度小，潜艇相对静止地悬浮在跃层水中，可以通过调节自身的浮力，在“液体海底”上慢速静音巡航而不易被发现，能够做到利益和安全的最大化。如果海水跃层是上层密度大，下层密度小的状态，形成负密度梯度跃变层，海水浮力由上至下急剧减小，就会形成“海中断崖”。潜艇此时会立即失去浮力，急剧掉向海底，也就是俗称的“掉深”。大多数常规潜艇的有效潜深为 300 米，潜艇不受控制地掉到安全潜深以下时，会被巨大的海水压力破坏而造成事故。

“舆论海沟”是客观存在的，当舆论遇到那些容易探测和判断的风险时，我们很快就能把握和识别。而当舆论前方即将遭遇海水跃层和“海中断崖”的时候，如果反应迟钝，“潜艇”就会跌入深渊。所以，牵一发而动全身，对很多可能造成“舆论断崖”的因素，作为专业而敏锐的决策者和把关人，都不应该疏忽。

如何预防语言不专业造成的舆论伤害和乱象，避免陷入舆论海沟和陷阱，维护语言文字的文明规范呢？新闻媒体首先要把责任担起来。新华社在 2015 年 11 月发布的《新华社在新闻报道中的禁用词（第一批）》45 条禁用词、规范用语的基础上，分别于 2016 年 7 月和 2019 年 7 月修订发布了新版的《新华社新闻信息报道中的禁用词和慎用词》，新版文件新增了 57 条内容。比如，对有身体伤疾的人士不使用“瞎子”“聋子”“傻子”“呆子”“弱智”等蔑称；报道各种事实，特别是产品、商品时不使用“最好”“最先进”等极端评价色彩的词汇；严肃报道演员明星时不使用“影帝”“女神”等词汇；灾祸报道中一般不有意突出某一类型群体或某一种身份；禁止使用脏话、黑话、不文明用语等。

此外，对各民族不得使用旧社会或口头带有污辱性的称呼，不把古代民族名称与后世民族名称混淆。在国际关系方面报道社会犯罪和武装冲突时，一般不要刻意突出犯罪嫌疑人和冲突参与者的肤色、种族和性别特征等。

有人会说，国家级通讯社每天还会关心这些细节吗？如同“海中断崖”现象，把关人对舆论海沟和社会注意力陷阱都是非常敏锐的。为了避免一些不必要的误解和传播禁忌造成新闻伤害及舆论风险，传播者必须要了解哪些地带可能存在社会注意力的“风险跃层”。

2011 年的《人民日报社社会化媒体使用守则（讨论稿）》规定：（编辑记者通过社交媒体）发布观点要客观、公正，不得发布谩骂、攻击、侮辱性言论。对争议话题、热点话题、敏感话题，如发表意见要格外谨慎，应保持客观公正、理性平衡。

我们从媒体专业机构的工作守则中就能体会到哪些领域常常是风险区。而舆论海沟有时会大大突破新闻专业领域的常见风险。对普通人来说，舆论海沟意味着我们要注意规避和预判社会话题的高风险地带。如同沙漠和戈壁滩的流沙陷阱，或者湿地中的泥潭，人一旦不慎卷入舆论旋涡，必然意味着要面对空前的“龙卷风”。

你支持粽子应该是甜的还是咸的，这可能只是不同的口味和生活习惯决定的。但在舆论场中，这很可能会引发无边无际的新话题与新争论。在今天的互联网上，任何人讨论种族、转基因、性别、地域、动物保护等话题，大概都需要有足够的智慧、知识储备和勇气。而对大多数普通人来说，他们并不具备这样的专业经验，能够在舆论旋涡中全身而退。如同网上的说法，如果你不是一位舆论场中能征惯战、擅长打太极的“老运动员”，那你还是需要三思而后行。在舆论世界里，理性和隐退才是最后的救命稻草。

在舆论的世界里，的确存在一类话题或事物，无论你支持或反对它，都会引来另一方激烈的反应和批评，甚至会遭到网络暴力和人肉搜索，产生次生风险，使你卷入其中无法脱身，陷入有害无益的尴尬和被动局面。

也有不少人认为，惧怕对某些敏感话题的表态和参与显得过于消极，甚至有些世故。但其实“真理越辩越明”的背后，需要付出的代价实际上要比我们肉眼看到的多太多，有时候是“不可承受之重”。甚至很多议题可能根本就没有绝对的答案，只能留待后人破解，留待科技发展或文明进步来解决，留待历史的尘埃落定和水落石出。

如果用历史的眼光来看，除非挑战人类最基本的文明底线，很多情况结果可能只是“成王败寇”。舆论竞争有时候更像八角笼里一场旗鼓相当的巅峰对决，不到最后一刻，你都不知道哪个才是最后的优胜者。英国作家、知名商业咨询专家赫克托·麦克唐纳（Hector Macdonald）在《后真相时代》一书中引述了法国启蒙思想家伏尔泰（Voltaire）的一句名言：“杀戮是被禁止的。因此，所有杀人犯都会受到惩罚，除非他们大量杀戮，并吹响胜利的号角。”①

电阻：舆论风险传导与新闻搭车

我有一个理论假设：社会心理的相互传导，舆论的精神交往如同电流在社会肌体中的流动，社会结构和矛盾关系等会对社会心理和舆论导向产生“电阻”效应，如同传播中的“噪声”“反馈”“意见交换”等概念，电阻大，社会能量的消耗和释放就大。拥有高弹性和高传导性的健康社会肌体，电阻率会保持在合理范围内。

社会注意力搭舆论便车的现象早已有之，最早出现的概念是“新闻搭车”。2015 年 5 月庆安枪击案发生后，出现十余起针对当地政府多个部门的举报事件，有学者将这种现象称为“新闻搭车”“舆论搭车”“舆情搭车”，认为“舆情的诉求才是搭车的初衷”。

2018 年 10 月 28 日上午，一辆 22 路公交车在重庆万州长江二桥上行驶时突然越过中心实线，撞击对向正常行驶的小轿车后冲上路沿，撞断围

① [英]赫克托·麦克唐纳著，刘清山译. 后真相时代：当真相被操纵、利用，我们该如何看、如何听、如何思考[M]. 北京：民主与建设出版社，2019. 9.

栏，坠入长江，车上 15 人全部遇难。事发之后，“公交车”在网络上成为一个极为敏感的词汇，国内多个地方多起乘客与司机争夺方向盘的案例频频被曝出，搭车效应充分体现出来。诸如此类的现象屡见不鲜，并非此前各地没有发生过类似事件，而是在社会注意力聚集后，各地媒体和网民纷纷增加了对其报道与关注的力度。

当公众把社会注意力集中到某一新闻事件时，与此地域有关的、以往很难受到社会舆论聚焦的问题就会被网民集中举报，出现在公共视野里，举报人纷纷趁着社会注意力热度和各方面调查处置力量汇聚的时候，寻求解决自身悬而未决的问题或诉求，这样的现象就是典型的新闻搭车效应。

在新媒体环境下，当社会上出现了突发公共事件时，网民的声音会迅速集聚，形成强大的舆论场，若事件没有得到及时解决，网民的知晓欲得不到满足，不满的声音就会导致舆情发生转向，与该事件有关的一系列问题会迅速扩散，借高涨的舆情之势引起社会的广泛关注。

这种由一件事引发的蝴蝶效应，会导致舆情不断升级、转向，甚至走向社会矛盾集中爆发的深水区。新闻搭车效应发生时，在某个最初爆发的个体事件被公众围观，而事件还未得到妥善处理的胶着期，围观场面激烈、悬念重重，更容易产生次生舆情和多级传播，也更容易唤起过去的刻板印象，激起“互联网记忆效应”。

社会注意力风险在资本市场具有巨大的传导效应，新闻搭车效应在社会经济活动中也有很多体现，最常见且很有杀伤力的就是企业的“3·15”现象。每年“3·15”消费者权益日期间，特别是“3·15”晚会及各地媒体主题活动，常常成为企业最为重视的风险窗口期，很多企业的宣传、公关、市场和品牌部门每年经历这样的一次“大考”，更多的企业则立足于扎实做好产品和服务。一旦在舆论阵地上失守，产品和服务质量丧失舆论信任，社会注意力风险必将向更具有影响力的资本市场和金融投资领域扩散。在舆论危机中，上市企业想努力避免股价波动和经营损失就会更有难度。

2018 年 10 月，印尼狮航一架飞机在起飞不久后坠毁，机上 189 人无人生还。5 个多月后，埃塞俄比亚航空公司一架飞机起飞后 6 分钟坠毁，157 人遇难。飞机失事本就是不寻常的事件，而值得注意的是，这两起事故中的飞机均是波音 737 MAX8 型客机。半年之内这款机型接连发生两次空难，令外界开始产生怀疑。当时虽然事故调查结果还未出炉，股市却仍然做出了反应。2019 年 3 月 11 日，波音股价在德国 Tradegate 交易所、斯图加特交易所均跌超 8%；美股盘前，波音股价大跌 8.9%。自 2019 年 3 月份第二次波音 737 MAX8 客机坠毁事件以及经历了全球停飞后，波音股价在不到一年的时间内已经累计下跌了 20%以上。

一起严重的事故能让一家跨国企业巨头遭遇社会注意力风险传导效应，但有时候可能仅仅是一篇新闻作品，也会导致巨大的资本市场波动。特别是一些牵涉深远的行业政策或涉及企业经营合规方面的新闻，更具有明显的资本市场影响。放眼全球资本市场，一篇新闻消息或评论造成一家企业股票市值缩水几百亿美元的情况，闻者已司空见惯。

对未上市的企业而言，情况则不相同。一些未上市的互联网企业遭遇舆论危机，看似情势危急，但此时社会注意力风险在资本市场的舆论传导效应并不明显，未上市这种情况反倒成为一种舆论风险的绝缘体，虽然企业声誉形象和无形资产仍然损失惨重，但并不会因为舆论不利在短期内遭遇大的资产损失。

企业能够承认网络安全阀或强调价值观的重要性，回应社会关切，履行社会责任，就有利于化解风险。面对社会注意力风险，上市企业和非上市企业面临不同的环境压力和策略选择。在社会注意力逐渐成为硬通货的时代，企业普遍缺乏在社会注意力和资本市场之间构筑起化解风险的“绝缘体”或“半导体”的能力，这已经成为一个非常突出的社会普遍现象和课题。

什么样的“风险绝缘体”才具有枢纽或闸门的作用？我们从风险治理的角度思考，对大量风险管理几乎空白或漏洞百出的企业或机构来说，如何加快构建舆论风险的绝缘体系，构建品牌和声誉风险安全的“护城河”，进行品牌传播管理体制机制和组织创新就显得非常迫切。哪怕是对社会舆论场或坊间流行的猜测、旧闻或传闻，企业都不能不时刻保持高度关注和常态化的高效回应。对风险的感知和判断，在于敏锐地把握社交媒体特点和网民的社会心理。在过去毫不起眼的情节或事件，在互联网时代则可能成为社会注意力风暴，并激发舆论风险传导效应，带来巨大的社会心理风险和经济损失。

在社会舆论风险发生后，决策者要对市场的舆论风险传导效应做出大致准确的方向判断。如果等资本市场和社会影响介入，那么各方损失可能会是一个天文数字。当我们的身体已经进入互联网时代和风险社会时，我们绝不能让思维还停留在过去。

第四章

密码：后真相时代的信息解码

电影《风之谷》里说：“如果只是把世界分为清净和污浊两者，是不是就反而看不到真相了呢？”

这个世界唯一确定的，就是不确定性。而能解决随机不确定性问题的关键，就是大家口中常常说的概念——信息。

信息时代，信息是否真的能够帮助我们消除各种不确定性？

信息：积木拼图和橡皮泥

广义的信息是指所有对象在相互联系作用的过程中呈现的各自的属性。一般的信息是指与人类的认识过程和传播活动相关的知识积累，只强调对象与人的作用与联系。狭义的信息是指能够消除受信者随机不确定性的东西，即排除所有其他可能性，只取其中一个可能性。

信息是一种客观的存在，就某一方面来说，具有确定性。

宣传主要是指运用各种有意义的符号传播一定的观念，以影响人们的思想、引导人们的行动的一种社会行为。它的基本职能是传播一种观念或价值理念，包括理论、方针、政策、伦理道德、立场态度和观点倾向等。舆论则是指在特定的时间空间里，公众对特定的社会公共事务公开表达的基本一致的意见或态度，即“多数人持有的共同意见”。

那么，社会注意力与信息是一种什么关系呢？社会注意力是人的主观动力之源，往往要通过对各类信息的获取、分析、判断、加工、使用、传播等来实现主体持有的行为目的。信息往往是社会注意力行为的媒介、对象、工具、内容或表现形式。为此，我们应该探讨一下信息的基本特点和规律。

信息最基本的特点是其必然包含新情况、新知识、新内容。信息往往反映自然、人类或社会最新发生的变动，不同于陈旧过时且并未在当今解决人们不确定性的旧知识、数据、文化或已被证伪或遗弃的素材。

信息几乎是我们目前在地球上发现的最奇妙、最让人信心百倍，也最让人捉摸不定的东西，人们最初就把信息称为某种“东西”。这个词汇在汉语中几乎包罗万象，难以描述。

美国苹果公司的商标就是“一个被咬了一口的苹果”。在西方文化中，人们认为每个人都是一个被上帝咬过一口的苹果，因为只有不完美，才能不断进步，这显示出苹果公司独特的文化理念，以及创始人不固守习俗、拒绝将计算机神化并不断追求卓越梦想的品牌价值观。

如果我们做一个比较，将作为水果的苹果和信息相比，特性就有很大的差异。我们知道，信息最重要的特点包括：

第一，共享性。正是信息的共享性才使信息得以传播。苹果则相反，你咬一口就少一口，你吃了，我就吃不着了。信息却不因使用或占有信息人数的多寡而损失，相反，使用信息的人越多，信息越显得有价值。

第二，扩缩性。信息在传播过程中可以压缩，也可以扩展。小学生语文课就有缩写和扩写的内容，所以大家比较容易理解信息的扩缩性。而我们日常所见的信息传播中，常常伴随着信息的扩展或压缩，两者常常同时发生，甚至会产生演绎、要点残缺或失真的问题，从而导致新的状况出现。

第三，组合性。两个及两个以上的信息的有机组合，可以产生出新的信息来。同样的信息跟不同的其他信息进行组合，可能产生截然不同的效果或结论。有一张照片的画面是美军士兵在给一名极度干渴的伊军士兵喂水，其背景是：2003 年 3 月 21 日，美海军陆战队第 15 海上远征分队进入伊拉克境内，仅一个小时就有近 200 名伊军向其投降。而同一张图片，在当时国际新闻的传播中，因为画面截取的不同部分竟出现了几种截然不同的评价和解读。只看美国大兵给战俘喂水便认为其善待战俘，只看一旁另一位美国大兵用枪抵住战俘头部则认为美军对战俘严苛，这都是不全面的。只有将整张图片完整来看，才能还原全部事实。当时各国媒体因为不同的政见而各取所需，这种现象并不少见。

第四，信息运用的多角度性。这是信息和物质的又一显著区别。苹果主要是用来食用、榨汁等，功能相对单一，想在吃苹果时吃出西瓜的味道几乎不可能，除非味觉出了问题。而信息的用途相当广泛，同样一条信息，从不同的角度来组合运用，其发挥的作用可能差异巨大，甚至发生180度的大转弯。

鲁迅说："一部《红楼梦》，经学家看见《易》，道学家看见淫，才子看见缠绵，革命家看见排满，流言家看见宫闱秘事。"其实，如果《红楼梦》是一个信息集，不同阅历和身份背景的读者对同样的内容一定是从多种角度来评判的。甚至同一个人，在不同的阶段看同一部书，思考的角度和侧重也会有很大的不同。

所谓"屁股决定脑袋"，即一个人看问题的角度和立场受到他所处的位置限制。他的位置限制了他的视野，使他看问题的角度和能力受限，这其实是在不经意间发生的，也可能是被动的。一个人选择贴近自身需求的角度来运用所能掌握的全部信息，这时他是主动的。

第五，相对性。信息的相对性和人们对外界信息的选择性注意密切相关，接受者注意到的信息又和其内在需求相关。相对性与绝对性对应，衡量一样事物时得有一个标准，而且这个标准是会变的，这使你衡量这个事物时呈相对性，即它是有条件的、受制约的、特殊的、可以改变的。

我们对客观事物认识的广度和深度总是受到历史甚至利害关系的限制，具有近似、相对的性质，认识了事物发展中的相对性意义，可以避免人们思想上的僵化和片面，防止过于绝对或极端的错误发生。比如，如果有人告诉你姚明的身高是2.26米，你的第一反应可能是：哇，姚明太高了！然而，姚明要是跟来自内蒙古、身高2.36米的鲍喜顺站在一起，估计会有人说："姚明矮了。"后者在2009年7月因为长得高而被授予"世界自然生长第一高人吉尼斯世界纪录证书"。但如果你认为鲍喜顺的身高荣誉坐实了，那你就又犯了过于绝对的毛病。因为2009年9月鲍喜顺将此殊荣让给了27岁、身高2.47米的土耳其小伙苏尔坦·科森（Sultan Kösen）。

除了数据等客观信息具有天然的相对性，人们对信息的主观评判也具有相对性。2009年12月，美国人口普查局预测，再过16年印度将超越中国，成为世界上人口最多的国家。不过，同一个消息，在印度国内有两种截然不同的反应。一些人认为，印度人口即将成为世界第一是一件值得自豪的事情。《印度时报》曾发表文章称，印度的人口规模不是负担，而是经济发展的最大优势。但也有学者认为，印度人口的快速增长给基础设施建设带来了很大的压力。

那么，基于信息的不同特点，我们观察和把握社会注意力和新闻舆论时，又可以得到哪些启示呢？

首先，我们必须认识到，信息具有相对性和局限性，要加强对信息科学、全面、深度的分析运用。互联网时代浩如烟海的信息大爆炸，并不一定会带来能够消除人们不确定性的有价值的高质量信息，我们必须通过新的信息手段来加强分析。

其次，我们在观念上必须明确，新闻媒介以向社会提供广泛而及时的信息作为其生存的前提，价值观念和品牌形象的传播也应该建立在高质量信息的基础上。因此，新闻媒介必须致力于消除读者对事物的不确定性，提升信息量和准确性。

再次，我们正处在全程媒体、全员媒体、全息媒体和全效媒体并存的全媒体时代，对传播者而言，考虑到信息的分享性、扩缩性、组合性、多角度和相对性等五大特征，在社会注意力考察方面，我们应争取做到事前、事中和事后分阶段地及时报道、连续报道、深度报道、评论引导、综合评述和全方位解读等。

后真相：情感先于事实

信息的独特属性在信息爆炸的时代更有些“橡皮泥”或“积木拼图”的味道，那么历史和事实是否也会变成“任人打扮的小姑娘”呢？具有扩缩性和相对性的信息可以有不同的组合，产生不同的舆论和社会心理的化学反应，达到迥然不同的社会效果，让能够解决人们不确定性的信息，变得更让人“不识庐山真面目”。

麦克唐纳在《后真相时代》一书中提出了一个“竞争性真相”的概念，揭露了那些沟通讯息的人如何选用对他们有利的真相。① 再没有比人们有意识地主动干预信息组合而造成的“事实”更有社会导向功效的了。

《人类简史》一书的作者尤瓦尔·赫拉利（Yuval Noah Harari）称：“人类其实一直生活在后真相时代：在信息不发达的时代被蒙蔽，在信息爆炸的时代只相信符合自己价值观的事实。”《囚徒的困境》作者威廉·庞德斯通（William Poundstone）也认为：“没有人能够面面俱到地阐述出真相的所有样貌。”

社交媒体大行其道的舆论环境中，情感的因素充斥着网络的各个角落，得到前所未有的放大。2016 年 11 月，《牛津词典》公布“年度词汇”为“后真相”（post-truth），意指“相对于情感及个人信念，客观事实对形成民意只有相对小的影响”。后真相的初始含义是指“当真相被披露后”。美国《国家》杂志 1992 年在一篇针对海湾战争的文章中使用该词，并赋予其“情绪的影响力超过事实”的语义，此后这一含义成为主流。《牛津词典》官网上的解释为：它的概念在几十年前就已经存在，但是《牛津词典》注意到这个词的使用频率由于英国公投和美国大选而飙升。《牛津词典》将这个词定义为形容词，它“描述这样一种情形，客观事实对公众心理的影响还不如煽动他们的情绪对他们的影响大”。

---

① [英]赫克托·麦克唐纳著，刘清山译. 后真相时代：当真相被操纵、利用，我们该如何看、如何听、如何思考[M]. 北京：民主与建设出版社，2019. 9.

美国《纽约时报》曾发表伦敦大学教授威廉·戴维斯（William Davis）的文章《后真相政治时代》，他认为在西方自由民主制度中，事实从来被认为占有神圣位置。每当民主跑偏，选民被人操纵或者政客欺诈时，民众都会诉诸事实。但在今天的社会里，事实似乎渐渐失去主导社会共识的力量，这种非常普遍的感觉让人们认为社会已经进入“后真相”的政治时代。

由于信息本身的可塑性，看似具有确定性的事实更容易被解构。在后真相时代情感泛滥的环境中，我们如何通过浩如烟海的信息来解码社会注意力风险呢？

信息熵：信息的不确定性

“熵”与“能量”一样，都是物理学中的基础概念。早期有人认为能量是宇宙的主宰，而熵只不过是其影子。后来，熵的重要性越来越明显了。

德国物理学家埃姆登（Emden）有句话广为流传：“在自然过程的庞大工厂里，熵原理是经理，因为他规定整个企业的经营方式和方法；能原理只不过是书记员，平衡着贷方和借方”。[①]

简单来说，熵反映的是一个系统的混乱程度，一个系统越混乱，其熵值就越大；越是整齐，其熵值就越小。热力学中的热熵是表示分子状态混乱程度的物理量。假定有两种气体 a 和 b，当两种气体完全混合时，可以达到热物理学中的稳定状态，此时熵值最高。若要使系统的熵值减少（使系统更加有序化），则必须有外部能量的干预。

熵的概念目前在人文社会科学领域也占有越来越重要的地位。人的成长就是一个对抗熵值增加的过程。如果人的大脑发出的信号变得混乱，各组织器官工作混乱，身体系统的熵值就会变大，人就会衰老、生病、死亡。

社会领域也是如此。一个社会如果无组织、无约束，任其自发地发

① 杨国平．热力学第二定律教学中的几个疑难问题[J]．物理教师，2014（02）．

展，那一定会越来越混乱，导致熵值增加。各种规章制度、职能部门、信息的发布与引导就是在对抗社会熵值的增加。

研究社会注意力和舆论，就要关注信息。信息是一个很抽象的概念。人们常常说信息很多，或者信息较少，但却很难说清楚信息到底有多少。比如一本 50 万字的中文书到底有多少信息量？直到 1948 年，美国信息论创始人香农（Shannon）提出了“信息熵”的概念，解决了对信息的量化度量问题。香农用信息熵的概念来描述信源的不确定度，将其定义为离散随机事件的出现概率，第一次用数学语言阐明了概率与信息冗余度的关系。他把信息中排除了冗余后的平均信息量称为“信息熵”，并给出了计算式。①

信息的基本作用就是消除人们对事物的不确定性。熵在传播中是指信息的不确定性或混乱程度，信息熵则是消除不确定性所需信息量的度量。一个随机变量有着一定的不确定性，例如，新冠肺炎疫情会在哪一年结束？这个随机变量的不确定性很高，所以要消除这个不确定性，就需要引入很多的信息，这些信息的度量就用信息熵表达。再如，中国男足进军 2018 年俄罗斯世界杯决赛圈，因为“男足没有进入决赛圈”的信息确定性很高，几乎不需要引入其他信息，因此这个信息熵很低。

信息量和信息熵是不同的概念。在日常生活中，我们经常说某人说话言简意赅，信息量很大，而某些人口若悬河，但废话连篇，没什么信息量。这里日常语境中的信息量，更多的是信息质量和信息传递效率问题，与描述消除信息不确定性的信息熵尽管存在一定的相关性，但远非同一概念。

舆论熵与社会注意力电阻率

舆论观念有久远的历史。在中国，“舆”字的本义为车厢或轿，又可以解释为众、众人或众人的。例如，《左传・僖公二十八年》里有“听舆人之诵”，《晋书・王沈传》里有“自古圣贤，乐闻诽谤之言，听舆人之

① 香农在 1948 年发表的论文《通信的数学理论》中指出，任何信息都存在冗余，冗余大小与信息中每个符号（数字、字母或单词）的出现概率或者不确定性有关。

论”，其中“舆人”均指众人。

“舆论”作为一个词组，最早见于《三国志·魏·王朗传》：“没其傲狠，殊无入志，惧彼舆论之未畅者，并怀伊邑。”其后见于《梁书·武帝纪》：“胄籍升降，行能臧否，或素定怀抱，或得之舆论。”其中“舆论”即公众的言论，或公众的意见。①

在欧洲，早在古代社会就有类似舆论的记载，但正式使用“public opinion”这个词却晚得多。18 世纪伏尔泰称“舆论”是世界之王。卢梭在《社会契约论》一书中使用了“舆论”这个概念，并且认为：“在全世界一切民族中，决定人民爱憎取舍的绝不是天性而是舆论”。

舆论是指“在一定社会范围内，消除个人意见差异，反映社会知觉和集合意识的、多数人的共同意见”。也有学者认为“舆论是在特定的时间和空间里，公众对特定的社会公共事务公开表达的、基本一致的意见或态度”。②

从这里可以看出，舆论集中体现为多数人经过意见交换后形成的相对稳定和确定性的一致意见。甚至有学者提出，能够称之为“舆论”的多数人意见，其数量起码应该不低于全体的三成。

而根据对信息熵的研究，舆论是否能够形成同样具有不确定性，而这种不确定性的大小，可以用“舆论熵”来描述。当社会某一话题或事物引发信息熵扩大，不确定性扩大，引发社会注意力关切、聚焦和热烈讨论时，舆论熵会呈现增长状态，充分交换意见，左右互搏，你来我往，舆论形成的条件就更加充分了。

U 型曲线：舆论熵函数关系

舆论熵是受什么因素影响的？有哪些自变量和因变量？舆论熵与不确定性是一对最基本的函数关系。我们做一个方程式，如果不确定性是自变

① 任贤良．舆论引导艺术：领导干部如何面对媒体[M]．北京：人民日报出版社，2019. 5.

② 李良荣．新闻学概论（第七版）[M]．上海：复旦大学出版社，2021. 2.

量，舆论熵则可以作为因变量。那么，该函数在二维坐标系中的图像，应该是 U 型曲线。

之所以是 U 型曲线，是因为我们发现，有些舆论话题不确定性极高，如重大突发事件发生时，各种信息真空和谣言出现，在公众渴求信息却一无所知的压力下，生成社会注意力风险的可能性变大。相反，一些一边倒的舆论批判事件，其民意倾向已经非常确定和明朗，而其社会注意力风险热度同样很高。

还有一种极特殊的情况，就是禁忌性话题及常识性意识形态，前者是法律道德习俗所禁止的，舆论上往往出现物理隔离或限制，尽管熵值极高，但考虑减少内容的二次传播伤害及社会负效应，基本上是“见光死”；后者已经形成了定论和重复，舆论熵保持长期稳定状态，不太容易出现波动。

舆论熵常常与话题信息的重要性、模糊性、敏感性、不确定性、普适性和活跃度等联系在一起。具体来看：

重要性即舆论话题是否涉及国计民生、安全、重大利益关切等；

模糊性即事件或话题本身信息不明朗或不透明；

敏感性即事件话题是否容易引发次生话题，刺激次生灾害，波及范围即人群扩大和引发性质变化等传染性；

不确定性则指事件及话题内容和性状未来演变的多种可能性；

普适性即事件或话题的社会利益相关群体规模的大小，是否有大范围的人群对其关切或抱有浓厚的关注兴趣；

活跃度是指利益关切或话题关注度高的人们，特别是那些有影响力、积极并善于发言的团体代表、专业人士或意见领袖对事件话题热烈探讨的程度。

首先，重要性和模糊性都很容易理解和把握。它们是否让人看着眼熟？没错，传播学界对谣言的经典研究，当属美国学者奥尔波特（Allport）和波斯特曼（Postman）于 1947 年提出的一个著名的谣言公式：

谣言 =（事件的）重要性 ×（事件的）模糊性

一个事件越重要，且事件的公开透明度越低，谣言越容易产生。这个关系也提示我们，舆论熵与谣言滋生概率存在一定的正相关关系。

荷兰莱顿大学传播学者克罗斯（A. Chorus）曾提出一个影响谣言传播因素的著名公式：

谣言=（事件的）重要性×（事件的）模糊性÷公众批判能力

可以看出，克罗斯又增加一项指标，即公众批判能力，其实是与前文所说的普适性和活跃度相关的。“谣言止于智者”，公众批判和鉴别能力越弱，谣言就越可能蔓延，二者呈现负相关关系。

话题的普适性，特别是参与发言者的活跃度，则是着眼于舆论是否扩大，与滋生社会注意力风险反而是正相关的，即“真理越辩越明”，人员越多，讨论越热烈，但相应的风险也可能越高，次生话题蔓延滋生的风险增加。

舆论熵极端的表现是“沉默的螺旋”，即对某一社会观点、行为、事物，舆论参与者们表现出一边倒的支持及一边倒的反对。而这样的情形囿于社会舆论“拟态环境”是否真实全面，基于舆论本身的复杂性而具有不同的解释。

一种情形是各种舆论意见的充分、真实和全面的表达，舆论观点高度一致，或支持或反对，则舆论熵最低，不确定性消失，舆论很快进入社会常识或民意的潜层稳定状态，逐渐融合进入社会制度文件或意识形态。在这种情况下，很多话题形成不了热点，社会注意力很难长期停留。

另一种极端情形的表现则是相持不下的高烧状态。舆论意见不断被交换以后，舆论熵的不确定性大增，进入观点博弈的焦灼激烈状态，并随着事态本身的变化发展，出现长期的观点博弈与延续。在这种情况下，舆论将长期占领社会注意力高热波峰区域。

社会舆论信息环境的开放性、利益群体的大小和事态话题本身的复杂性，也将对舆论熵产生影响。所以无论是总统选举，还是明星话题，总是那些口碑总体偏好，但略有争议话题的人物或事物，更容易成为舆论场上的偶像。

从经验来看，舆论熵是信息熵在社会新闻传播领域的体现，源于舆论价值或信息价值形成的不确定性程度，其大小取决于主体社会群体的社会精神交往、群体结构及关系格局。

社会注意力的变化，表现为社会信息和心理流动。舆论熵的高低，实际上反映了社会注意力和信息流动升降的可能性存在一种正相关的关系。某一事物或话题是否具有较高的舆论熵，是帮助我们判断该事物或话题是否会成为舆论热点的依据。

在电磁学的导电现象中，有的物质可以导电，其电阻率、散热性能、可持久性、造价成本等有很大差异。1874 年，加拿大的两名电气技师申请了一项电灯专利。他们在玻璃泡里充入氮气，用通电的碳杆发光，但之后因为经济实力不允许，就把这项专利卖给了大发明家爱迪生。爱迪生尝试改良灯丝，做了几千次实验，终于在 1880 年制造出了能够持续发亮 1 200 个小时的碳化竹丝灯，直到钨灯泡出现才代替它。

从实验来看，电灯灯芯既要具备良好的导电性，又要在电流经过时保持合适的电阻，热量散发适中，具有超长期的耐久性，难怪科学家和发明家要做这么多的实验才能找到合适的灯芯材料。

社会舆论现象也是如此，人们见惯了大千世界、人生百态，不同的话题或事件都能吸引社会注意力成为热点，但因其舆论熵不同，所以社会注意力总是关注那些稀奇、重要、切身相关的新闻。只有舆论高熵值事件或话题才能在舆论场中传播得更快、更远、更久。社会舆论的风云变幻，必然受舆论事件或话题本身舆论熵的变化，或者说舆论话题本身“电阻率”的影响。

我们可以把社会心理潜意识对舆论生成可能性的不同反映，描述为社会注意力“电阻”效应，即人们在特定社会舆论环境条件下，对各类新近发生的社会信息的注意力投入，受信息或事物本身的舆论熵的“电阻率”作用，舆论熵影响其信息传播的速度、深度、广度和持续范围，并伴随舆论演化而产生社会摩擦和释放能量的相关规律。

新冠肺炎疫情暴发后，一些国家是否能够听取病毒学家、医学专家的专业意见，将直接影响疫情防控的效果。面对非理性和反智主义的出现和流行，民众就是否戴口罩、勤洗手和保持社交距离达成共识，配合疾控部门和政府合理的管控举措，也是疫情防控效果的重要因素。有些国家和地区出现了戴口罩是否有利于防疫的争论，年轻人大规模聚集游行，抗议限制性的防疫举措。因为民众的不配合和激烈反抗，反过来加剧了人群聚集和病毒传播。

社会注意力的发生和舆论共识的达成，与社会肌体存在的“电阻率”呈负相关关系，特别是在一些仍然存在严重种族矛盾、阶层对立和地理行政区块分割的国家，社会上存在很深的群体心理梗阻和文化思想障碍，甚至连一些政治人物和商业高层人物都可能为了政治利益及商业利益，无视公共卫生安全，在不适合群体聚集的情况下，放任甚至鼓动群体性集会。这样的做法当然对疫情防控局面颇为不利。而这种状态就是社会舆论传播“高电阻率”的情形。

“5W”传播模式和舆论熵变化

社会信息的流动，社会注意力的聚集，舆论的生成、演化和消弭是一个立体的传播过程。我们要评测舆论熵的高低，就要对社会信息传播过程涉及的要素进行总体的把握。信源、信道、信宿、编码、译码、反馈、噪声都是现代信息通信过程中需要考虑的主要因素、流程或程序。我们要结合传播学原理对传播要素的舆论熵影响进行分析。

1948 年，美国政治学家、传播学四大奠基人之一的哈罗德·拉斯韦尔（Harold Lasswell）发表了《传播在社会中的结构与功能》一文。在这篇文章中，拉斯韦尔明确提出了传播过程及其五个基本构成要素，即：谁（Who），说了什么（Says What），通过什么渠道（In Which Channel），对谁说（To Whom），取得了什么效果（With What Effect）。

这就是著名的“5W”传播模式。五个要素构成了后来传播学研究的五个基本内容，即控制研究、内容分析、媒介研究、受众研究和效果研究。这五个要素各有其自身的特点：

1. 传播者，指的是传播行为的发起者。“谁”就是传播者，在传播过程中担负着信息的收集、加工和传递任务。传播者既可以是单个的人，也可以是集体或专门的机构。舆论熵评价关注传播者本身的特定社会身份、社会角色以及社会对其身份和角色的预期，或者是对这种角色身份的职能定位。如果传播者不能够准确践行其社会职能和角色身份，其舆论熵会增强，议题则变得具有较大的不确定性和话题性。

如果传播者本身具有公众人物、明星等特殊身份，则更容易吸引社会注意力，由其产生的舆论熵也非常高。人们往往关注公众人物的言行和名人效应，同样的话题或事件，如果发生在知名人物身上，或传播者本身具有知名度，其观点表达和传播内容及形式都会受到社会广泛的关注。

2. 受传者，是社会信息的接收和反应者，是传播者的作用对象。“对谁”，就是对受传者或受众。受众是所有受传者如读者、听众、观众等的总称，它是传播的最终对象和目的地。社交媒体时代，传者和受众的界限已经被打破。受传者并不意味着自身是一种完全被动的存在。相反，受众可以通过反馈活动来影响传播者。受传者同样可以是个人，也可以是群体或组织。

在草根大众“全员媒体”的时代，一些特定的社会群体受众往往具有很高的舆论熵，如妇女、儿童、老人、贫困人口、残疾人、少数族裔等，本身就具有弱势的标签群体。而现实中的弱势群体在舆论层面中呈现强势的特点。舆论与现实的“强弱反差效应”最能凸显这样的规律和现象。

另外，善于使用智能手机和互联网媒体、媒体接触频率比较高、信息渠道比较畅通的年轻人和特定职业群体，当他们作为传播受众的时候，具有非常强的传播和反馈能力，社会行动力非常高。

在大量的舆论热点中，当某一事件或话题的利益相关群体成为受传者的时候，他们具有非常强的身份代入感。所以利益相关群体往往是导致舆论熵上升的重要原因，会导致话题滋生蔓延的不确定性增加。

3. 讯息，是由一组关联符号组成，能表达完整意义的信息。“说什么”是指传播的讯息内容，它是由一组有意义的符号组成的信息组合。符号包括语言符号和非语言符号。

信息是传播者和受众之间社会互动交往的媒介。通过信息内容的传播，传受双方发生有意义的信息和情感交换，达到互动的目的。讯息内容是否真实恰当、是否具有情感的连接，对舆论熵的变化具有直接作用。讯息本身又可分为客观真实的信息、理性和感性的信息、事实和情感的信息。

在互联网时代，基于舆论本身的感性特征，观点和情感的表达对舆论熵的变化具有明显的作用，常常发生观点和情绪走在事实前面、讯息受传播者主观干预而分层次展现的情况。在后真相时代，我们在评判舆论熵的过程中，需要特别注意这种情况。

从符号的构成方面来讲，讯息可分为文字、图片、声音、视频、弹幕、直播等形式，在传播形式上也具有不同的特点。舆论熵的评判，如果从表面来分析，视频、声音的表达较为精准，不确定性最低，具有人体生物识别信息特征。图片和文字传达信息内容的表现力比较有限，不确定性较高。这只是我们分析的初步结论。如果叠加媒介平台的权威性、作伪技术和媒介制度来分析，情况又有很大的区别。总体来看，未受剪辑影响的长时段的同期声视频，无疑是表达最准确、熵值最低的讯息形式，而前提是不受人工智能合成“换脸”或“换声”等技术的干扰。

麦克卢汉曾提出“热媒介”和“冷媒介”的概念。所谓热媒介就是具有高清晰度和低参与度的媒介。对受众而言，热媒介是指充满资料数据的状态，而冷媒介则相反。麦克卢汉认为，广播、电影、照片是热媒介，而需要受众高参与度的电视、电话和漫画是冷媒介。冷媒介，因为信息量小，人们必须用自己的想象来填补，而热媒介不需要。对于符号学家们来说，对讯息的编码与解码自然存在更多玄机，是更为复杂的场景和信息过程。

4. 媒介，又称传播渠道、手段或者工具。渠道，是信息传递必须经过的中介或借助的物质载体。它可以是诸如信件、电话等人与人之间的媒介，也可以是报纸、广播、电视等大众传播媒介。媒介是讯息的搬运者，也是将传播过程中各种因素相互连接起来的平台和纽带。

现实中的媒介是多种多样的。过去千百年来最常运用的是口耳相传、烽火狼烟、结绳记事、敲锣打鼓吹号、洞穴壁画、甲骨文、帛书、露布、竹简、灯光信号等；近现代出现的是印刷品、图书、邮政系统、报纸、期刊、无线电、电话、电报、广播、电视等传统的大众传播媒介。当然，还有我们今天的网站、论坛、博客、微博、微信、短视频、直播平台、问答网站等，都是媒介。

媒介本身就分了不少层次和类型，过去的媒介依然存在并发挥作用，新的媒介手段层出不穷。比如，在2020年新冠肺炎疫情防控期间，中国农村仍使用农村广播大喇叭、敲锣打鼓的方式做宣传，更有不少地方放飞无人机进行空中喊话，劝导行人戴口罩、避免聚集等。

在舆论熵的测定过程中，不同的媒介具有的权威性和公信力是不同的。比如，传统的国家级媒体、党报、党刊、广播、电视等主流媒体具有更高的权威性，其观点倾向及影响范围的确定性更高。论坛、博客、微博、微信、短视频等大量社交媒体应用，内容尺度更大，体现出的话题范围和舆论走向的不确定性则更高。

传播学奠基人威尔伯·施拉姆（Wilbur Schramm）曾经对媒介管理控制提出了描述性的理论，并对传播体制及传播观念进行了总括性的比较研究。[①] 施拉姆认为，有新闻史以来，报刊的控制模式分为四种：第一种是欧洲封建社会的极权主义理论，第二种是资本主义社会的自由主义理论，第三种是资本主义社会的社会责任论，第四种是以苏联体制为代表的社会主义或共产主义理论。

那么，图片、文字、声音、视频等不同媒介在话语表达空间里有何差异？在多元化立体式传播的互联网时代，各国政府和互联网平台对信息内

① 最初出现在《报刊的四种理论》一书中。

容的管理制度，对舆论熵的测算，具有非常重要的参考价值。对广播电视和主流报刊来说，“把关人”效应十分突出，其新闻报道和评论观点，往往能够代表更广泛的主流意见。一般情况下，舆论熵及话题不确定性较低。而对社交媒体平台来说，情况则大为不同。结合不同的媒介元素和表现形式，文字、声音、网络游戏、互动系统、视频弹幕、即时通讯的群主、圈层化熟人内部传播的形式，往往在舆论熵方面具有更高的不确定性。

究其原因，群组闭环传播中舆论意见交换的速度大大减缓，社会信息的透明度不像大众传媒那样具有开放性，所以熟人圈层化的“潜舆论”传播导致舆论的不确定性反而弱化。

所以，真正决定舆论熵高低的不只是信息的不确定性和模糊性，还涉及媒介平台方面容纳信息表达的表现形式、信息含量的深度和广度以及可能扩大社会接触和意见交换的开放度。同时，还有几个相关因素也需要细加考量：内容信息量，受众社会身份与心理接近性，社会的敏感因素，事件的重要性、显著性以及话题本身的争议性、趣味性等。舆论熵测评往往受具体传播形式的影响，主要包括面对面传播、人际传播、组织传播、大众传播、网络传播等，它们皆具有不同的特点，优劣势各不相同。

5. 反馈，是效果的反映，指受众对接收到的讯息的综合反应。效果是信息到达受众后在其认知、情感、行为各层面引起的反应。它是检验传播活动是否成功的重要尺度。

获得回应也是受众对传播者的反作用。获得反馈信息是传播者的意图和目的，发出反馈信息是受众能动性的体现。反馈是体现互联网传播最显著的特点，双向互动性和去中心化是网络传播最本质的特性。信息传播的速度和质量因媒介渠道的性质而有所不同，但它总会成为互联网传播过程中的中心要素。

反馈在舆论熵判断方面的核心地位，如同受众的角色地位一样，经历了一个从“边缘”到“逆袭”的过程，以至于离开反馈，就无所谓有效传播。社会注意力是否会聚集，舆论热点能否生成，从反馈上来说，在于能否引发受众的反馈、关切、共鸣和情感刺激。

当前移动互联网所开启的正是一个冷媒介大行其道的人际传播大众化的时代。每一个个体面前都放置了一个“永不落幕的麦克风”。通过智能手机、社交媒体和网络直播等手段，任何一个互联网用户都可以不受时间空间限制，随时随地发出信息，与他人交流互动。

越来越多的新媒体都变成需要传播者和受众实时深度参与和信息频繁交互的冷媒介。舆论议题的社会身份代入效应，得到了最大化的发挥。热媒介和冷媒介在舆论熵方面的不同表现，更是得到最充分的体现。

网络舆论的兴起，可能加剧或导致媒介社会化、圈层化、潜层化的差序格局。社会注意力聚焦和舆论生成的过程中，“噪声”的出现开始成为常态，信息的传播往往失准。情绪化表达、隐私侵犯和网络谣言的出现，伴随着舆论生成演变的整个周期。在这种情况下，网络谣言、网络暴力、偏激情绪、圈层化切割等，都将使社会注意力的舆论“电阻”效应得到进一步强化。在巨大的电阻作用下，社会摩擦、误解、隔阂和能量释放等情况导致的效果可能会被放大。

在社会信息传播的过程中，各种信息传播的失真和可能出现的干扰，成为常见的“噪声”现象。有时候，我们也深受虚拟空间、匿名上网等问题的干扰。漫画家彼得·施泰纳（Peter Steiner）1993 年在《纽约客》上刊出一幅漫画——一只坐在计算机前的狗，对另一只狗说：“在互联网上，没人知道你是一条狗。”

从理论上说，普通人甚至一个智能机器人或一段程序都能在网上发言，设置舆论的议题，成为舆论传播的中心。为什么虚假信息、网络水军、发帖机器人等舆论干预的现象会在现实中存在？匿名、身份冒用、不可验证、隐私侵犯和滥用智能设备都为这种现象提供了可能。有时候“噪声”干扰或虚假内容能够以假乱真，给复杂现实和舆论聚集造成实质性的影响。“造谣动动嘴，辟谣跑断腿”，说的就是面对虚假信息，存在舆论双方“收支不平衡”的“剪刀差”，其成本和代价往往是高昂的。

法国学者让-诺埃尔·卡普费雷（Jean-Noël Kapferer）曾说："当公众对一切都无法相信的时候，那么他们就会相信一切。"这是虚假型"噪声"背后社会公信力危机在极端情况最生动的假设。①

互联网和智能化媒体融合传播时代的到来，正在使传播学经典的"5W"传播模式遭遇前所未有的挑战和改变。首先，不同国家的社会制度、媒体制度和互联网舆论格局特殊性，还有待我们深入研究。其次，互联网信息革命，特别是在人工智能、物联网、云计算、区块链、大数据、5G 等新兴技术的推动下，"5W"要素均发生了翻天覆地的变化，从过去单向的"一对多"、双向的"多对多"的传播模式向精准化智能算法时代的"多对一"模式过渡。

在移动互联网环境中，传播者边界扩大为人、物、人工智能，传播者和受传者的身份边界早已被打破，传受双方常常融为一体，并且传播过程就是效果反馈互动的过程。传播媒介渠道变得更加多元立体，虚拟与现实的边界、时间与空间的边界被打破。传播的讯息内容也更加多元化、立体化和形象化，感染力更强。

传统的"5W"模式常常忽略传播方式（How）和传播动机（Why）对传播过程的影响，但在互联网技术条件下，大数据和人工智能已经能够帮助我们分析传播和治理问题，为我们提供更多过去不可能实现的功能。此外，基础理论、历史文化、战略策略、法律政策、人文环境等与数字传播的关系研究，都是影响、制约传播效果的重要因素。

① [法]让-诺埃尔·卡普费雷著，郑若麟译. 谣言：世界最古老的传媒[M]. 上海：上海人民出版社，2020. 9.

第五章

场域：心理场和公共领域

心理场域与群体生活空间

人们能做到的，其实比能想象到的更多。有动机研究者说，倘若你想达成目标，你就得在心中描绘出目标达成后的景象，那么梦想必会成真。

美籍德裔心理学家库尔特·考夫卡（Kurt Koffka）讲过这样一个故事：在一个冬日的傍晚，于风雪交加之中，一男子骑马来到一家客栈。他在铺天盖地的大雪中奔驰了数小时。大雪覆盖了所有道路和路标。他由于找到一个安身之处而格外高兴。店主诧异地到门口迎接这位陌生人，并问客从何来。男子直指客栈外面的方向。店主用一种惊恐的语调说："你是否知道你已经骑马穿过了康斯坦斯湖?"闻及此事，男子当即倒毙在店主脚下。

考夫卡认为，在他骑马过湖时，地理环境毫无疑问是湖泊，而他的行为环境则是冰天雪地的平原，不然，他可能不敢从湖面上走。这就是场域给人的行为带来的影响，即行为受行为环境的调节。

考夫卡与心理场域理论

场域理论是社会学的主要理论之一，是关于人类行为的一种概念模式，起源于19世纪中叶的物理学概念，提出者是库尔特·考夫卡等。场域理论是指人的每一个行动均被行动发生的场域所影响，而场域并非单指物理环境，也包括他人的行为以及与此相关的许多因素。

何谓场域？从分析的角度来看，一个场域可以被定义为在各种位置之间存在的客观关系的一个网络或一个构型。进一步说，场域是一种具有相对独立性的社会空间。相对独立性既是不同场域相互区别的标志，也是不同场域得以存在的依据。

库尔特·考夫卡是格式塔心理学的代表人物之一。考夫卡曾研究过视错觉现象，其中最具有说服力的例子包括“弗雷泽螺旋”，由英国心理学家詹姆斯·弗雷泽（James Fraser）发表，是一个能产生角度、方向错觉的图形，但事实上，你所看到的螺旋状是一组同心圆。①

考夫卡认为，世界是心物的，经验世界与物理世界不一样。观察者知觉现实的观念被称作心理场（psychological field），被知觉的现实被称作物理场（physical field）。②

心理场与物理场之间并不存在一一对应的关系，但是人类的心理活动却是二者结合而成的心物场。同一把老式椅子，年迈的母亲将其视作珍品，因为它蕴含着一段历史、一个故事，而在追求时髦的儿子眼里，它如同一堆破烂。

心物场含有自我（ego）和环境（environment）的两极化，这两极的每一部分各有它自己的组织。这种组织说明，自我不是欲望、态度、志向、需求等的束捆，环境也不是各种感觉的镶嵌。环境又可以分为地理环境和行为环境两个方面。地理环境就是现实的环境；行为环境就是臆想中的环境。在考夫卡看来，行为产生于行为的环境，受行为环境的调节，如同本章开始讲的故事一样。

但是，在行为环境受地理环境调节的同时，以自我为核心的心理场也在运作着，这表明有机体的心理活动是一个由自我—行为环境—地理环境等进行动力交互作用的场。例如，一个动物受到某一障碍物的阻挡（地理

① [美]库尔特·考夫卡著，李维译. 格式塔心理学原理[M]. 北京：北京大学出版社，2010. 11.

② 余秀才. 网络舆论场的构成及其研究方法探析——试述西方学者的“场”论对中国网络舆论场研究带来的启示[J]. 现代传播，2010（05）.

环境)，无法获得置于障碍物后面的食物（行为环境)，在这样一种心物场中，自我的张力是明显的。动物在产生一个真正的心理问题之前，必须意识到这一问题情境的所有因素。如果动物不知道障碍物后面有食物，即没有行为环境，那么问题就不会存在，因为这产生不了心物场的张力；如果动物知道障碍物后面有食物，但它的自我没有这方面的欲望或需求，那么问题也不会存在，因为这同样产生不了心物场的张力。以此类推，地理环境也是如此。

卢因和场域心理学理论

最早研究群体动力学的德裔美国心理学家、传播学的奠基人之一库尔特·卢因（Kurt Lewin)① 在界定场的概念时援引了爱因斯坦对场的定义：场是相互依存事实的整体。但是卢因所研究的场主要是人的心理场和行为场。他借用的是物理学场论的观念，即把场论作为一种分析和处理问题的方法，在这种观念和方法指导下的心理学研究和理论建构是一种全新的创造。

心理场是卢因心理学体系中最重要的一个概念，同时也是其理论的核心。卢因认为，心理场就是由一个人的生活事件经验和未来的思想愿望构成的总和，并随着个体年龄的增长和经验的累积在数量和类型上不断丰富和扩展。同时，每个人的心理场有个别差异性，但总的来说，一个人的生活阅历越丰富，心理场的范围就越大，层次就越多。

在卢因的心理学理论中有两个最基本的概念，即心理紧张系统和生活空间。前者表明了一种动力观点，后者突出了整体在动力中的意义。事实上，这是两个相互依存的概念，可分而为二，也可合而为一。

当卢因的生活空间理论成熟的时候，他的心理学场论也就形成了。生活空间就是人的行为发生的心理场，人与环境被看作一个共同的动力整体。它包含三层意思：构成生活空间的要素是人和环境，而这个环境只有

① “Lewin”也常被翻译为“勒温”，本书统一采用“卢因”的译法。

在同人的心理目标相结合时，才起作用，即生活空间才成立。①

生活空间具有动力的作用，表现为吸引力和排斥力，这种动力作用驱使一个人克服排斥力，沿着吸引力方向，朝着心理目标前进。生活空间的动力作用是逐级展开的，行为者越过一个个带壁的领域，最后实现目标。把动力观与整体观结合起来，或把心理紧张系统与生活空间结合起来，就是卢因心理学场理论的基本形式。

卢因指出，个体和个体的情境构成了心理场。与此相同，团体和团体的情境就构成了社会场；个体的行为主要由其生活空间内各区域间的相互关系决定，团体的行为也主要由团体的社会场中各区域的相互关系决定。

考夫卡的行为环境论和卢因的生活空间论都把心理因素注入客观环境的作用过程中，强调了主体的作用。行为环境和生活空间都是由心理和环境两种因素构成的主客混合环境。

从卢因强调主体作用的角度看，社会生活环境被描述成富有活力的社会空间，这揭示了人类行为的进取性，因此他们的理论是有积极意义的。但他们都忽视或否定了客观环境对心理的决定作用，所以他们的环境论带有随意性。到了 20 世纪 60 年代，随着认知心理学的发展，他们的理论逐渐暴露出明显的不足。

布迪厄和场域中的社会资本

场域不仅是法国社会学家皮埃尔·布迪厄（Pierre Bourdieu）社会学理论的概念，也是他从事社会学研究的分析单位。相比较而言，近年来，每当谈及场域理论，人们最常提起的学者正是布迪厄。对于场域这一概念，布迪厄说："我将一个场域定义为位置间客观关系的一个网络或一个形构，这些位置是经过客观限定的。"②

布迪厄的场域概念，不能理解为被一定边界物包围的领地，也不等同

① 杨华．略论勒温对传播学研究的贡献[J]．社科纵横，2004（04）．
② 李全生．布迪厄场域理论简析[J]．烟台大学学报（哲学社会科学版），2002（02）．

于一般的领域，而在其中有内含力量的、有生气的、有潜力的存在。布迪厄由“群体”这一研究单位扩大到“场域”，在场域中，群体占据了位置。他的人类学研究方法正是依托于场域这个基本单位而展开的。

场域是充满力量的：个体在场域中展开竞争。每一个场域中都有统治者和被统治者，而任何统治都隐含着对抗。在布迪厄看来，甚至场域的确定和场域边界的确定，都充满着不同力量关系的对抗。他以个体间的互动来定义场域的界限，“场域的界限在场域作用停止的地方”。

布迪厄由此提出“资本”这一概念：在场域中活跃的力量是那些用来定义各种“资本”的东西。布迪厄的资本概念不同于经济学家所用的资本概念。他把资本视作积累起来的劳动（以物化或“肉身化”的形式），这种劳动可以作为社会资源在排他的基础上为行动者或群体所占有。

场域内存在力量和竞争，而决定竞争的逻辑就是资本的逻辑，资本不与场域联系在一起就难以存在和发挥功能。资本不仅是场域活动竞争的目标，同时又是其用以竞争的手段。布迪厄把资本分为三种类型：经济资本、社会资本、文化资本。后来，他又补充了象征资本。

布迪厄的资本概念是他的社会学宗旨的具体体现。他主张社会学家的任务就是打破人们的错觉，揭示社会生活的本质。社会活动的参加者是以异质性的身份参与的，这种异质性主要体现在他们拥有不同质或量的资本。

资本在场域中不是平均分配的，资本是历史积累的结果，是一种排他性资源，同时又是新一轮社会活动的起点。不同类型、不同数量的资本分布结构体现着社会的资源和权力结构，这种起点的不平均决定了竞争活动的不平等。

哈贝马斯和公共领域的结构转型

20 世纪 60 年代，德国学者哈贝马斯为了在马堡大学哲学系任教，提交了一篇 300 多页的教授资格论文，提出了“公共领域的结构转型”。公共领域也被称为公共性，是社会生活的一个领域，以私人领域的公共部分为基础集合而成的公众领域，即可构成公共领域。

既然人是社会动物，每一个人从私人的角度来说，总会有涉及公共交往的部分价值或理念，把这部分凑起来，就是大家的事，即公共领域。哈贝马斯谈到的公共领域的主要场所，包括但不仅限于各种沙龙、咖啡馆、剧场、酒馆、广场等。如果用更全面的观点看，我认为，甚至包括客厅、图书室、学校以及各类传媒等一切可能的场所及当时的媒介形态。

哈贝马斯发现，从 18 世纪开始，资产阶级公共领域开始承担政治功能，这主要体现在法制观念的讨论上。而到了 19 世纪后期，新重商主义的干预政策和社会权力本身获得公共权威的权限，公共领域开始走向衰落，渐渐丧失对公共事务理性批判的功能。①

18 世纪，欧洲正处于剧烈变革时期，资产阶级民主思潮与革命的火焰熊熊燃起，以美国独立战争和法国大革命影响最深，公共领域发挥政治功能是时代的需要。到了 19 世纪后期，欧洲和北美等地的资产阶级革命已经取得决定性胜利，封建社会彻底解体。西欧与北美的工业革命促成技术与经济上的进步，各种自然学科逐渐成形，并影响到社会科学的诞生或重塑。在艺术上，古典艺术逐渐被浪漫主义替代，又开始朝向写实主义发展。当时欧美国家可以说是处于资本主义工业社会的繁荣发展期。民族主义和现代国家兴起，新重商主义也成为欧美国家的首选，消费主义和文化工业大流行。此时，建立在私人集合基础上的公共领域逐渐分解。在这个过程中，大量媒体的公共性、民主性功能下降，公众价值和公共理性成为商业或政治的附庸，资产阶级公共领域变得具有封建性特征，于是不可避免地走向了衰落。

哈贝马斯关注国家与社会的分离，以及政治公共领域中的交往活动。一方面，公众批判意识受到了消费观念的影响，传媒的公共监督功能也受到资本和商业的渗透，出现哈贝马斯所说的“资产阶级公共领域再封建化”的迹象；另一方面，国家也在不断调试和改良社会制度，克服资本主

① [德]哈贝马斯著，曹卫东等译. 公共领域的结构转型[M]. 上海：学林出版社，1999. 1.

义危机，以获得可持续性的发展。

哈贝马斯还提出了“交往行为理论”，重新发现社会需要通过交往行为，重建交往理性，重建公共领域，关注民主的实现问题。他理想中的社会是“交往合理化”的社会。要实现这一目标，必须承认和重视社会中存在的共同规范标准，让交往能力具有合理基础，而不是简单的工具性行为，通过对话和恰当的语言中介，深化社会群体之间、人与人之间的理解和沟通。

有研究者认为，在不同的社会制度和环境条件下，特别是处于社会急剧转型和最大互联网舆论场并存的当代中国，哈贝马斯提出的理性交往、启蒙思想精神的捍卫，以及他独特的反思批判精神和技巧都能对人有所启迪。

“娱乐至死”的“美丽新世界”

美国媒介环境学派（纽约学派）代表人物、纽约大学教授尼尔·波兹曼（Neil Postman）在1985年曾提出，电视时代的一般表达方式是娱乐，一切公众话语都日渐以娱乐的方式出现，并成为一种文化精神。一切文化内容都心甘情愿地成为娱乐的附庸，而且毫无怨言，甚至无声无息。他断言：“其结果是我们成了一个娱乐至死的物种”。①

在广播电视时代，波兹曼引述乔治·奥威尔②的话，认为奥威尔担心人们憎恨的东西会毁掉他们，而英国作家阿道司·赫胥黎（Aldous Huxley）则担心，我们将毁于我们热爱的东西。越来越多的文化娱乐化倾向，使人们丧失了阅读书籍的时间，越来越缺乏独立思考的能力。

早在1932年，赫胥黎就描绘了一个600年之后的“美丽新世界”：在一个科技发达的时代里，造成精神毁灭的敌人更可能是一个满面笑容的

① [美]尼尔·波兹曼著，章艳译. 娱乐至死[M]. 北京：中信出版社，2015. 5.

② 乔治·奥威尔的代表作《动物庄园》和《1984》是反极权主义的经典名著，先后于1944年和1948年完成并于次年出版。

人，而不是那种一眼看上去就让人心生怀疑和仇恨的人。在赫胥黎的预言中，“并没有人成心监视着我们，而是我们自己心甘情愿地一直注视着他，根本就不需要什么看守人、大门或真理部”。

如果一个民族过度关注繁杂琐事，如果文化生活被重新定义为娱乐的周而复始，如果严肃的公众对话变成了幼稚的婴儿语言，总而言之，如果人民蜕化为被动的受众，而一切公共事务形同杂耍，那么这个民族就会发现自己危在旦夕，文化灭亡的命运就在劫难逃。[①]

波兹曼提出“媒介即隐喻”。他认为，媒体能够以一种隐蔽却强大的暗示力量来定义现实世界。其中媒体的形式极为重要，因为特定的形式会偏好某种特殊的内容，最终会塑造整个文化的特征。

无论是“众口铄金，积毁销骨”，还是“言而无文，行之不远”，一些人从家庭、学校到社会，有时候在表达情感方面常常有一种歇斯底里的娱乐精神，特别是在社会群体中。开玩笑、夸张、审丑、戴帽子、群嘲、自嘲、贴标签、起绰号、谐音梗等，都是最为常见的民间网络娱乐化的修辞方式。过于敏感的人不要太较真，也不要太不当回事儿。

“娱乐至死”或许不单是电视时代的“特产”，网络时代的流量消费、审丑现象、网络消费更是远超电视时代。年轻人“不讲武德”，要“耗子尾汁”[②]，一些消费和助推这种注意力流量转化的商业机构更需要“耗子尾汁”。

套用泰戈尔美妙的诗句来说，“世界上最遥远的距离不是天涯海角，也不是天各一方，而是我就站在你面前，你却低头玩手机”。家长们都在教育孩子远离手机，而自己却往往控制不住，大人和小孩都被大量碎片化的短信息或短视频吸引，淹没在这些大量的吞噬人们宝贵时光的时间怪兽和营养贫瘠的“信息流”中。

有时候明明可以直接交流，却还要通过手机来面对面地发一条信息。很多人已经不习惯传统社会的生活方式，在逢年过节、家庭或朋友聚会的

---

① [美]尼尔·波兹曼著，章艳译. 娱乐至死[M]. 北京：中信出版社，2015.5.

② 意为“好自为之”，口语谐音。

时候，就会遇到一些尴尬的场面，以至于不少老年人愤而离席。在一些城市的大街上出现过一些标有“不要走路看手机”的警示牌，因为曾发生过不少因行人低头看手机而导致的交通事故和人为撞伤、跌伤。在合肥市的一个地铁站楼梯上，一位女士因为看手机，脚下踩空，跌落十几米的台阶摔伤，被紧急送往医院救治。诸如此类的新闻层出不穷。

对比2012年和2016年美国大选时希拉里竞选集会现场的照片，你会惊奇地发现，大家的行为非常不同。过去大家在现场见到名人，都会认真听他们说了什么，然后才是希望争取到跟名人同框的合影。在2016年，作为一名粉丝，对偶像或明星表示亲近的最佳方式，变成了自拍一张以偶像作为背景的照片，很多人几乎不经思考就做出这样下意识的动作。

李普曼的“拟态环境”和“刻板成见”

美国学者和专栏作家沃尔特·李普曼（Walter Lippmann）不仅对新闻的性质及其选择过程进行了深刻的分析，提出了两个重要的概念，“拟态环境”（pseudo-environment）和“刻板成见”（stereotype）。①

所谓“拟态环境”，并不是现实环境的“镜子”式的再现，而是传播媒介通过对象征性事件或信息进行选择和加工、重新将其结构化之后向人们提示的环境。然而，由于这种选择、加工和结构化活动是在一般人看不见的地方（媒介内部）进行的，所以人们通常意识不到这一点，而往往把“拟态环境”作为客观环境本身来看待。

李普曼认为，人们的行为与三种意义上的“现实”有着密切的联系：一是实际存在着的不以人的意志为转移的“客观现实”，二是传播媒介经过有选择的加工后提示的“象征性现实”（即假环境），三是存在于人们意识中的“关于外部世界的图像”，即“主观现实”。

“主观现实”是在人们对客观现实认识的基础上形成的，而这种认识

① [美]沃尔特·李普曼著，常江、肖寒译. 舆论[M]. 北京：北京大学出版社，2018. 5.

在很大程度上需要经过媒体搭建的“象征性现实”的中介，已经不可能是对客观现实进行“镜子式”的反映，而是产生了一定的偏移。这样，人的行为已经不再是对客观环境及其变化的反应，而成了对新闻机构提示的某种“假环境”的反应。

李普曼发现，媒体常常提到“虚拟环境”。普通公众在资源和信息匮乏的情况下表现出认识事实真相的能力不足，而社会精英对于社会整体局势的把控现象非常突出。因此，李普曼从民主政治如何实施的角度探讨舆论现象。

为什么拟态环境一定会产生？首先，传播者和新闻记者自身的知识储备、认知能力、调查采访机会具有有限性和偶然性；其次，编辑根据自身理解对记者的一手稿件进行修改，就离记者描述的事实产生新的偏离；再次，媒体自身存在的意识形态、现实利益诉求和政治立场等，也会影响其新闻指向及真实实现的程度。

这种选择、加工和结构化的活动，是在一般人看不见的媒体内部进行的，所以人们通常还意识不到这种情况，常常把“拟态环境”作为客观环境本身。从一定程度上讲，舆论无法或很难与公共利益形成一致，总会发生或大或小的偏离。

李普曼认为，大千世界，变化快而复杂，现实难以认清。人们的“脑海景象”是在媒体制造的“拟态环境”的基础上，对媒体信息进行认知、选择和加工而形成的主观现实，其反映的是主观现实，而非客观现实。

媒体营造的拟态环境造成了人们的脑海景象，这不仅制约了人的认知，影响了人们的行为，最终还借此对客观现实环境产生了影响。“拟态环境”越发具有演化为现实环境的作用和趋势。大众传媒在一定程度上拥有了强大的力量来操控和制造舆论并塑造未来的现实环境。

在李普曼看来，对于普通民众来讲，世界实际上是“不可触、不可见、不可思议的”。对于“以自我为中心的人”来说，外部世界已经过于辽阔而无法把握。因此，刻板成见可以为人们认识事物以及把握这个世界提供简便的参考标准，但也阻碍着人们对新事物的接受。它是一种先入为主的根植在我们的思想与感情中的观念。

从概念上说，刻板成见指的是人们对特定的事物所持有的固定化、简单化的观念和印象，它通常伴随着对该事物的价值评价和好恶的感情。事实上，由于人们活动的范围实在有限，大众传播媒介就成为人们获取信息的主要渠道，人们的刻板成见的形成离不开媒介提供的“拟态环境”这个温床。

“不管我们认识什么熟悉的东西，我们都会借助于我们脑中已有的形象。”李普曼曾如此描述。情感、习惯和偏见的顽固力量是强大而现实存在的，构成了刻板印象滋生的三棱镜。人类的思维有一个常见的习惯，就是对于变化过快、过于复杂、超出认知负荷的事物进行简单化概括的倾向，这种自然的“省力”原则其实是大脑的一种自我保护机制，人们常常根据刻板成见对感兴趣的事物做出不经思考的判断。

李普曼说：“我们的一些信条在很大程度上决定着我们将看到什么。”舆论通过各种渠道，如学校、家庭、企业、政府和媒体在人们脑中累积下固定的印象成见。刻板印象的形成将淹没人们对事件产生的新描述、新视野，也可能阻碍人们对新事物的接受。

刻板印象是普遍存在的，个人有个人的成见，一个社会也有其社会成员普遍通行或接受的成见，在某种程度上有社会控制的作用。而大众传媒不仅是“拟态环境”的主要营造者，在维护和改变社会和受众个体的刻板印象方面，也具有强大的影响力和引导力。

李普曼曾引述过一个非常典型的记忆和描述实验的案例。在德国哥廷根的一届心理学会议的假面舞会上，一个小丑突然闯入现场，一个持枪黑人疯狂追赶他，黑人在打斗中跳到摔倒的小丑身上并朝他开了一枪，然后两人都离开了现场，前后不超过 20 秒。事后通过 40 位现场目击者提交的书面描述文字发现，能够客观且真实准确地介绍和复述究竟发生了什么的人只有 6 位，有 10 篇是虚构的，还有 24 篇是半虚构的。他甚至理性而悲观地认为，舆论是无法准确地形成的。

刻板成见的体系是有条理的，我们的习惯、情趣、安慰以及希望都可能根据刻板成见来获得或调解。[①] 刻板成见的存在让我们觉得世界很安全、可靠，我们很自在、适应，每个人在其中都有自己确定的位置。成见系统一旦完全固定下来，我们的社会注意力就会自然地受到支持这一系统的事实的吸引，对与其相左的事实，则会选择视而不见。

进入互联网时代后，信息变得透明化、公开化。但由于互联网信息浩如烟海、结构复杂和圈层化的格局变化，网络媒介仍然受到各种阻碍人们接近全面客观真实的因素的影响。商业、资本、政治、宗教、习俗等影响着网民的思维和认知。随着互联网信用体系的加强，对刻板印象和拟态环境的打破，是否会有所变化呢？

潜舆论与隐性舆论效应

“拟态环境”常常是显性在外的舆论形态。除此之外，并非真空。潜舆论又被称为“潜在舆论”，是在分散、无组织的公众中，以潜伏的状态存在的共同意见。在社会注意力聚集和互动的过程中，有可能因各种原因无法进行公开的讨论，就会以局部或非大众媒介传播的形式，在口头或较小的范围内进行意见交换，甚至只是基于共同语境进行立场、态度和集体观点与集体行动的确认，这就是潜在舆论普遍存在的状态。

1928 年，美国心理学家和心理计量学家瑟斯通（Thurstone）提出“潜舆论就是内在态度、潜在意愿表达出来的舆论”。奥尔波特认为：“我们不能忽略人们可能持有，但没有表达出来的潜在意见，应该改变以往的‘只有表达出来的或公开的舆论才具有政治力量’的观点，主张重视潜舆论传播的力量。”1987 年，社会学家沙莲香将舆论分为显在性舆论和潜在性舆论。此后，不少国内学者开始关注潜在舆论研究。[②]

陈力丹对潜舆论的定义为存在于特定事件之前的公众对社会事物的既

---

① [美]沃尔特·李普曼著，常江、肖寒译. 舆论[M]. 北京：北京大学出版社，2018. 5.

② 彭广林. 潜舆论·舆情主体·综合治理：网络舆情研究的情感社会学转向[J]. 湖南师范大学社会科学学报，2020（05）.

有情绪和意见。有观点认为："隐性舆论是具有重要影响和关联传播效应的舆论'暗流'，是社会情感共鸣和社会动员的重要驱动力量，而对它的有效调控和引导、利用往往在显性舆论、行为舆论乃至群体性危机事件的层面之下被忽视。"①

与公开的舆论群体相比，潜在的舆论主体分散，不易被认定。潜在舆论的内容多属于社会不容公开议论的内容。如政治传闻、个人秘闻，对政府执政者、社会政策的不满，不同的政见等。潜在舆论的传播常在家庭、邻里或亲属、朋友之间进行，信息来源主要是熟人和朋友，形式是面对面的直接传递，也有书信、电话等方式的间接传递。所传递的信息不一定准确，往往也可能含有偏见和错误。

2014 年，移动舆论场中潜舆论和隐性舆论引发关注。② 和广场式的微博舆论场相比，微信舆论不会像微博那样出现井喷式的强烈外向型传播，它更趋向于窃窃私语式的暗流涌动，像是一个个网状连接的茶座，而每个人就成为无数个茶座的联系纽带。随着微信和各类手机社交应用的出现，移动舆论场形成了具有其自身特色的潜舆论或隐性舆论特征，与过去论坛、博客时代和微博时代的格局相比，出现了完全不同的变化。移动新媒体应用更加关注生活、商业和文化娱乐，政治功能在潜舆论中有一定程度的弱化，同时也使普通人释放了更多的生活情绪与压力。

有学者认为，微博舆论实质上是"大 V"等意见领袖推动的"精英传播"，普通网民很难实现舆论参与的广泛民主，而微信基于朋友圈的传播方式可以将"大 V"拒之门外，普通网民在"圈子"内的发言、评论、点赞更能体现独立思考与自由表达。③

潜舆论更加分散、隐秘，意见交换过程更长，成本更高，不利于形成

---

① 彭广林．潜舆论·舆情主体·综合治理：网络舆情研究的情感社会学转向[J]．湖南师范大学社会科学学报，2020（05）．

② 刘鹏飞、周亚琼、张力．2014 年中国移动互联网舆论场舆情发展报告[R]．人民网舆情监测室，2015-06-25．

③ 于洋、李家鼎．移动潮中的舆论生态·格局之变："窃窃私语"下的舆论生态之变[N]．人民日报，2015-01-22．

公共舆论，不利于验证或澄清谣言。但正是由于潜舆论的流动更加贴合现实社会人际传播、组织传播的路径，在一对一、一对多和多对多的多元化传播方面具有更强大的优势，更有利于形成圈子化的信息壁垒，形成对个人和组织的隐私保护。

圈子化的潜舆论容易滋生自律缺失的“狂欢”，在熟人社交信息流动的群体内部，特别容易引发情绪感染，进而形成同质化和沉默螺旋效应。性、血腥和道德争议的心理元素，刺激了网民的好奇心与情感，被网民过度娱乐化，从而引发一些低俗化现象，这种缺乏人文关怀、触探道德伦理与法律底线的潜舆论值得反思。

潜在舆论经过一段时间的流传之后，有的销声匿迹，有的进一步深化，加深了群体间的逆反意识，然后通过一定的公开场合或传播媒介传播出去，转化为公开性舆论。

潜在舆论的出现，是由于存在着传播内容本身合规性的问题，或把关者违背公众意愿和要求的现象，相关的沟通、对话渠道阻塞，公众的意愿和要求没有公开的表达场所。

要消除诱发潜在舆论的可能性，必须解决三个方面的问题：

一是创造自由平等的表达意见以及交流沟通的环境和条件，这有利于促进社会利益的进一步合理分配，有助于缓和社会关系的紧张。

二是使舆论传播渠道的结构合理化，报纸、广播、电视、互联网等传播媒介真正面向广大群众，反映群众的呼声，保障社会各阶层的有效沟通。

三是大众传播媒介向大众全面、如实地提供有关事实和事件的真相，增加国家政治生活和社会生活的透明度。

公共场域和理性边界变化

互联网的发展一度成为我们面临的最大社会变量。先发展后治理，边发展边治理，互联网场域的结构和公共理性边界的变化，是我们关注和研究社会注意力舆论规律最值得关注的领域。

在移动互联网成为主要网络场域后，随着“依法治网步入快车道”①，社会的公共领域和法律边界也明显出现变化。互联网不是法外之地，过去互联网信息服务领域法律法规不健全的地带，随着互联网法治的完善，法律规章的空白逐步被填补。

在互联网 Web 2.0 时期，新闻跟帖是非常具有代表性的热点应用，流行“无跟帖，不新闻”的说法。而在微信公众号流行的移动互联网时期，很多网友干脆就是冲着跟帖评论来的。2017 年 6 月 21 日，新华社的微信公众号发布了一条消息《刚刚，沙特王储被废了》，引发网友的评论热潮，有人觉得评论比新闻原文有更多亮点。

在网上，大量年轻网友热衷于在 B 站等视频社区发布浏览弹幕的现象也说明互动本身的意义。“盖楼”“抢沙发”“抢板凳”“保持队形”等成为跟帖行话，但其中也充斥着不少乱象，网络水军浑水摸鱼。以前跟帖可以匿名且无把关，但这在今天就行不通。互联网实名制的实行，为跟帖内容的规范、真实与健康提供了保障。

互联网群组，是指如微信群、QQ 群、微博群、贴吧群、陌陌群、支付宝群聊等各类互联网群组。《互联网群组信息服务管理规定》于 2017 年 10 月 8 日开始实施。规定要求，互联网群组建立者、管理者应当履行群组管理责任，即“谁建群谁负责”“谁管理谁负责”，规范群组网络行为和信息发布；群组成员在参与群组信息交流时，应当遵守相关法律法规，文明互动、理性表达。由三人以上组成的互联网群组具有公共场所的性质，在公共场合的发言标准与一对一的私密交流完全不同，这意味着网民的隐私权等权利与在公共场所应承担的责任和义务的界限变得更加泾渭分明。

过去，互联网社群方面的法律有很多模糊和空白的地带，今天因相关法律的完善变得更加清晰，有法可依。社会注意力在“掌上舆论场”中会受到法律边界变化带来的影响，合法边界的探索与厘清，有助于网络风险

① 刘鹏飞．依法治网步入“快车道”[J]. 时事报告，2015（06）.

的研判。互联网舆论场域中的边界变化，时常受到来自商业势力和政治决策的影响，不断引发社会对于网络谣言、电信诈骗、行业垄断、信用风险、消费者权益、侵犯隐私等的忧虑。近年来，互联网舆论场域中的各类网络乱象和风险隐患与规制手段都在增多，捍卫社会责任和公共理性价值成为公众最大的关切。

网络舆论场风险演变因子

互联网舆论场的分层化已经成为常态。在现实社会中社会群体往往以血缘、地缘、学缘、业缘等关系结合在一起，而互联网与现实不同，会受到趣缘关系即兴趣关系或利益攸关等因素的影响。

微信群早前甚至可以被看成具有私密交流性质的空间，但随着网络公共领域边界和管理规定的变化，今天三人以上参与的微信群已经是标准的公共场所。而且网上有很多调查工具，天眼查、企查查、百度搜索、微信搜索、政府官网等各种信息查询平台，都能用于方便地检索和公开。

互联网时代，有些案件的调查变得更加容易。与此同时，也可能出现网络暴力以及知情人爆料。如果不考虑个人信息隐私侵权，网络当事人的家庭信息、个人信息、经营和财产信息、股权及社会关系等，都可能被挖掘出来。网络搜索在当下也会影响纪检监察及公安调查部门的办案进程。网上出现各种说法，情妇反腐、网络反腐、照片反腐……怎么来的呢？几乎都是通过网络调查曝光的手段发生的。

在纷繁复杂的舆论场中，意识形态风险也是很多机构的薄弱点，很多企业新媒体团队的风险意识和把关能力普遍不足。近年来，涉及经济财税的舆情增多，楼市汇市、民营经济、收入分配等话题影响面扩大，明星偷税漏税和阴阳合同等违法行为被曝光，互联网金融、P2P 爆雷、房地产税、租房等话题牵动着民众的切身利益。

从群体类型来看，学生、市民、网民、未成年人、乘客、游客、家属、考生、政府、名人、警察、医生、教授、外籍人士等，都是在网络热点中经常出现的人群。据统计，突发事件、经济民生、脱贫攻坚、意识形态、国际争端、食品药品安全、生态环保、税费改革、科技舆情、应急管理等热点也出现上升态势。

凡是涉及人身健康和生命安全的事件，都是社会注意力风险密集点。有些风险属于灰犀牛现象，非常容易引发舆情危机。比如，于2018年曝出的长春长生疫苗事件，事发之初是当地药监部门对当事企业违法违规行为进行行政处罚后，媒体跟进报道，当时这并没有引起大范围的关注，后来因为《疫苗之王》等微信文章的持续发酵引发了社会的关注。很多家长因为看到了疫苗企业违规的新闻，纷纷担心孩子是不是打过这家企业的疫苗，翻看疫苗本后发现果然中招，于是家长们纷纷转发和抗议。阿里健康平台专门推出一款应用，帮助家长们查询和核实疫苗型号批次是否涉及问题疫苗。该事件烈度很高，国家对该事件的重视程度是前所未有的，其行政问责和司法追责力度是空前的。

现在，企业舆情变多了，涉及产品质量、减税降费、违法经营或管理不善等问题，以及卫生管理、施工安全、企业人物丑闻被曝光等，都成为常见风险。同时，高校舆情、校园安全、学习类App内容安全、线上教育、网络游戏、未成年人保护等话题也受到广泛关注。

随着全球经济面临下行压力的影响，企业面临着一些大环境和经营方面的困难。当企业在经济环境好、经营顺利的时候，很多风险和矛盾并未凸显，而到了经济环境恶劣和经营困难出现的时候，企业舆情开始大量出现，如何跟媒体、网民和消费群体处理好关系，社会注意力风险的疏导与声誉管理，就变得非常重要。

第六章

变局：掌上舆论场的主宰

19 世纪末 20 世纪初，意大利经济学家帕累托（Pareto）在研究英国人的财富和收益时发现，在任何一组东西中，最重要的只占约 20%，其余的 80%尽管是多数，却是次要的。这个发现被称为“帕累托法则”。它还有一个响亮的叫法，即“二八效应”，这个效应几乎在经济、社会和舆论现象中“通吃”。[①] 后来也有学者提出长尾理论和边际效应与之相对。

移动互联网时代，我们在多元舆论场域，跟随前人的足迹，深入研究“掌上舆论场”里最有影响力的人，这将帮助我们快速地把握场域规律，揭示社会注意力变化的环境与特点，揭开舆论世界运行的奥秘。

谁是舆论把关人

社会心理学家和传播学家卢因研究了“群体生活的途径”，以及群体对个人的观念、动机、愿望、行为和倾向的影响。他最先提出“守门行为”和“守门人”的概念，他认为在传播过程中信息总是沿着包含检查点即“门区”或关卡的某些渠道流动，那些能够允许信息通过或不许信息流通的人或机构，即为守门人。

守门人的主要作用是选择和过滤他所接收到的信息。接着，卢因的学生怀特（D. White）和其他传播学者便依据卢因的提示开始研究大众媒介

① 刘秀英．对二八管理法则的诠释[J]. 经济理论与经济管理，2004（08）.

机构中的守门人行为，如报社新闻电讯编辑就把持着全国性和国际性的新闻流向和流量。此外，就媒介本身的影响而言，“把关人”理论对我们研究社会注意力的可观测内容有更多启发。把关人又称守门人，大众传播的把关人是指在大众传播渠道上工作的新闻记者、编辑、编导、主播等，他们对信息进行取舍，决定传播内容的重点，并企图以此给受传者造成某种预期影响。施拉姆认为，产生了权力极大的把关人是大众传播的重要后果之一。

关于“把关人”研究的历史可以追溯到卢因在“二战”期间对于食用牛下水的宣传研究。根据黄旦教授的考证，“把关人”概念最早产生于卢因在 1943 年写的《心理生态学》一书 。当时，卢因的兴趣在于研究受到战争影响的人们的文化习惯，尤其是战时家庭主妇购买食物的习惯。卢因提出了“渠道理论（Channel Theory）”，即食物是通过不同渠道（如从商店购买、自家菜园所种或直接从农场购得等），一步一步来到饭桌上的，从渠道的这一环节到另一环节，都要受到“把关人”的影响。①

国内绝大部分学者都认为卢因在 1947 年的《群体生活的渠道》一文中指出：“信息总是沿着含有‘门区’的某些渠道流动，在那里，或是根据公正无私的规定，或是根据‘守门人’的个人意见，对信息或商品是否被允许进入渠道或继续在渠道里流动做出决定。”②

另据研究，卢因在 1947 年发表的《人际关系》中的一篇论文《如何决定家庭食物购买》中首创“把关（gatekeeping）”这一名词，是从英文的“守门人（gatekeeper）”一词生发出来的。③

卢因所说的“把关”完全是比喻性的说法，它的真正含义是传播者对信息的筛选与过滤，表明信息在传播过程中，要受到一些个人或集团的控制。传播学奠基人之一拉斯韦尔后来曾提醒过，“把关人”除了取舍信息之外，还改造信息。

---

① 黄旦．“把关人”研究及其演变[J]. 国际新闻界，1996（04）.
② 王乐萍、陈磊. 国内关于“把关人”理论的研究综述[J]. 新闻世界，2014（04）.
③ 陈力丹．把关人理论与传播的五种自然控制[J]. 东南传播，2017（04）.

回顾“把关人”研究史，卢因的学生怀特将把关人概念引入新闻传播领域，他认为新闻报道活动不是“有闻必录”，而是对新闻素材进行选择和加工的过程。在这个过程中，媒介形成一道关口，而通过这个关口传达给受众的新闻只是少数。

在怀特的研究基础上，也有不少学者开始进行更加细化的探索。传播学家麦克内利（McNelly）对把关的研究做了进一步的完善，提出存在一系列把关行为，但他将各个环节的作用等同，没能分清主次。新闻学者巴斯（Bass）在关于把关的研究上，提出了“双重行为模式”，传播媒介的把关活动分为两个阶段，即新闻采集和新闻加工，后一环节更具决定性意义，进一步完善了把关人研究。

美国学者阿特休尔（Altschull）提到，无论是过去的还是现在的大众媒介，都不是自立的、自为的，而都是某种权力的吹鼓手。这种权力可以是宗教的，也可能是世俗的；可能体现为政治上的党派集团，也可能体现为经济上的利润指标。他把操纵的力量分为四种形式：官方形式、商业形式、利益形式和非正式形式。透过表象看本质，眼光独到的阿特休尔却不那么强调不同经济政治制度下传播权力的区别，而认为他们都是某种权力的代理人。①

从各国大众媒介的实际状况来看，他们大都经历了很大的演变过程，社会责任理论不断上升。从报业来看，新闻从业者的自律得到强调。从广播电视来看，共有的或政府补助的广播电视处于主导地位。而从互联网兴起以来，各国对于网络媒介的管理，也出现了立体化的形态，形成了立法机关、司法机关、政府、行业机构、互联网平台企业、网络用户、非政府组织和社会广泛参与、多方共治的治理体系。

新闻把关的存在产生了一种最为常见的现象，即“轻传播”。轻传播主要指大量社会注意力聚焦于一些软新闻，与关系国计民生的领域距离较远，在国家与社会发展中的地位较不突出，不涉及社会重大、危急及严肃

① [美]赫伯特·阿特休尔著，黄煜、裘志康译. 权力的媒介[M]. 北京：华夏出版社，1999. 1.

话题的内容，比如娱乐、饮食、衣着、艺术、体育、生活、兴趣等方面，皆属于“轻话题”。

互联网传播的低门槛和便利性，以及在把关人方面天然侧重于“重传播”“硬传播”的原因，“轻传播”大行其道，极易脱颖而出。正因为“轻传播”普及以及身份代入感强，人人都能感受和参与，把关标准门槛低、传播障碍风险和禁忌较少，因此才出现社会热点大部分由“轻传播”内容构成。

在社会注意力的吹拂下，轻如鸿毛者才更容易随风飘散。“轻传播”的社会注意力居高不下的流行现象，容易受到新闻媒体和互联网平台的把关尺度收窄的影响，把关的标准呈现动态变化的特点，但其基础和主要的部分保持稳定状态。社会注意力和舆论热点生成的“轻传播”规律，对于新媒体运营策划和新闻策划具有一定的启发性。

两级传播论：发现意见领袖

1940 年，奥裔美籍社会学家、传播学四大奠基人之一保罗·F. 拉扎斯菲尔德（Paul F. Lazarsfeld）等人用其独特的方法对当年的美国总统选举进行了详细调查，旨在探讨媒介对选民投票意向的影响。这就是著名的两级传播假设（Two—Step Flow Hypothesis）。它使人们认识到大众媒介渠道和人际传播渠道在信息获取和决策（态度的形成和转变以及具体的行动）中的不同角色和作用。

他的团队研究发现，大多数选民其实早在竞选宣传之前就已做出怎样投票的决定，只有约 5%的人由于宣传改变了投票的意向，而这批人之所以中途“变节”，竞选宣传仅是间接影响力，其直接影响力来自亲戚、朋友、团队、专业人士等“意见领袖”。调查显示，在总统选举中选民们政治倾向的改变很少直接受大众传媒的影响，人与人之间直接的面对面交流似乎对其政治态度的形成和转变更为关键。

有关的信息和想法通常都是先从某一个信息源（如某一个候选人）那

里通过大众媒介到达所谓的“意见领袖（opinion leader）”那里，再通过意见领袖把信息传播到普通民众那里。前者作为第一个阶段，主要是信息传达的过程，后者作为第二个阶段，则主要是通过人际传播扩散大众传播的影响。[①]

两级传播假设的发现，不仅破除了对“魔弹论”无比强大的迷信，发现大众媒介的实际效果十分有限，还发现了信息传播的“中间站”如意见领袖，对“有限效果论”乃至对美国学者埃弗雷特·M. 罗杰斯（Everett M. Rogers）的“多级传播论”模式有着重要的启发，以复杂的调查研究和开启实证主义研究，初步揭示了社会传播的复杂性。[②]

罗杰斯于20世纪60年代提出的“创新的传播扩散”理论中，两级传播模式具有重要的意义。受众对创新的采用由以下阶段组成：认知、说服、决策、使用和确认。在两级传播模式的诠释下，大众传播在人们的认知阶段具有重要作用，而在说服和决策阶段，人际传播的影响更显著。

意见领袖是在团队中构成信息和影响的重要来源，也是能左右多数人态度倾向的少数人。尽管不一定是团体正式领袖，但其往往消息灵通、精通时事或足智多谋，在某方面有出色才干，或有一定人际关系能力而获得大家认可，从而成为群众或公众的意见领袖。

拉扎斯菲尔德等人意外发现，大多数选民获取信息并接受影响的主要来源并不是大众传播媒介，而是一部分其他的选民。这一部分选民与媒介关系密切，频繁地接触报刊、广播等媒体，对有关事态了如指掌。于是，那些经常与他们交往的大多数选民便从他们那里间接地获得了竞选的所有重要信息，并且听取了他们对许多竞选问题的解释。这一部分选民就被拉扎斯菲尔德等人称为“意见领袖”。

后来，拉扎斯菲尔德等人又对购物、流行风尚、时事等领域进行了多次调查，同样证实了意见领袖在这些领域的存在。意见领袖作为媒介信息

---

① 郭庆光. 传播学教程（第二版）[M]. 北京：中国人民大学出版社，2011. 4.

② 拉扎斯菲尔德主持的调查研究成果汇集在《人民的选择》（1944）和《选举》（1945）两篇研究报告中。

和影响的中继、过滤环节，对大众传播效果产生了重要的影响。事实上，这种传播方式不仅在两个层次间进行，还常常“多级传播”，一传十，十传百，由此形成信息的扩散。

由于种种原因，许多受众在生活中并不经常接触媒介的信息，其信息来源往往是那些意见领袖。有的信息即使直接传达到受众，但由于人的依赖、合群、协作心理促使他们在态度和行为上发生预期的改变，还须由意见领袖对信息做出解释、评价，在行为上做出导向。这也是意见领袖存在的原因。

意见领袖并不集中于特定的群体或阶层，而是均匀地分布在社会上任何群体和阶层中。每一个群体都有自己的意见领袖，他们与被影响者一般处于平等关系，而非上下级关系，并且意见领袖也是不断发生变化的。随着时空条件的变换、人际关系的变化、社会地位的升降、社会参与频率的增减、人员背景的改变等，这些都可能促使此时此地此事的意见领袖成为彼时彼地彼事的被影响者。

雅虎搜索曾发布了一篇题为《谁对谁说了什么》的研究论文，文中指出推特上有人读过的推文约50%发自仅为2万人的精英用户，也就是说约5%的精英用户吸引了一半的社会注意力。同时，研究还发现媒体发布的信息最多，而名人受关注的程度最高。

意见领袖的发现，是我们破解社会舆论和社会注意力聚集变化规律的金钥匙。意见领袖在传播中究竟发挥着怎样的功能和作用呢？

一是扩散与传播的功能。大众传播的讯息，并不能全数直达阅听人之处，有时候它只能到达它所欲传播对象的一部分人，再由这部分人把讯息传给他们周围最普遍的大众。意见领袖就是对信息加工后予以再传播和再扩散的这部分人。当然，他们不仅对传播中有意义的信息予以再传播，还对人际传播中的小道消息和流言蜚语往往也有兴趣，并予以再扩散。意见领袖对信息的再传播和再扩散是无报酬的、义务性的，有时甚至是令人厌恶的，但是他们自己十分乐意这样做。

二是加工与解释的功能。意见领袖不仅发出信息和影响，而且自己也积极摄入信息和影响。但是，意见领袖的首要任务是对先行接收到的大量的信息进行加工与解释，而后以微型传播（如面对面的交谈）的方式传达给其他受众或追随者。他们经常运用的加工与解释的方法包括生发引申、添枝加叶、客观复述、裁减回避、歪曲攻击等。对信息如何解释？加工到什么程度？选用何种方法？这些取决于外在信息与意见领袖的认知结构、价值观念、个人利益和文化模式相贴近或相背离的程度，以及意见领袖的选择性注意、选择性理解、选择性记忆的严密程度。

三是支配与引导的功能。意见领袖对自己先期接收到的信息进行加工与阐释、扩散与传播，正是为了释放其对追随者或被影响者的态度和行为起支配、引导的功能。传播学理论认为，具有不同威望的意见领袖发挥支配、引导功能的情形也不同：威望程度中等的意见领袖旨在引导人们形成和谐的人际关系；而威望程度极高的意见领袖旨在引导人们解决信息传播中的重要问题。但是，意见领袖最主要的效能，乃是对面临信息轰炸、被思想灌输的无主见、存依赖的受传者在表明态度、采取行动、解脱矛盾时予以指点和调节。

有时，意见领袖的意见不仅影响这些人说什么、看什么、做什么和想什么，还支配他们怎么说、怎么看、怎么做和怎么想。意见领袖的追随者或被影响者的社会地位愈低、面临的信息愈多、处理信息的能力愈差，就愈加没有主见和自信心，也就愈容易接受意见领袖的咨询和参谋。他们甚至希望遇事都能有人主动上门来帮他们出谋划策，权衡利弊，拿定主意。

四是协调或干扰的功能。意见领袖对传播者的传播还具有协调或干扰的作用。如果传播者传递的是符合意见领袖及其团体成员需要的或者是可以为其接受的观点和主张，那么意见领袖就会协调操作，成为大众传播中产生良好效果的动力。相反，如果传播者输出的信息违背或损害了意见领袖及其团体的利益，观点不能为其所接受，那么他就可能设障阻滞或故意干扰，也可能对信息只做出合意的加工和解释，或者干脆进行指责和攻击。

意见领袖的中介功能是多方面、多层次、很复杂的，其影响力可能是巨大的，也可能是微弱的；其性质可能是积极的、进步的，也可能是消极的、破坏性的。社会注意力研究的任务就是引导人们正确认识它、估价它，进而合理地化解或利用它。

意见领袖一般分为单一型和综合型。在现代都市社会中，意见领袖以单一型为主，即一个人只要在某个特定领域很精通或在周围人中享有一定声望，那么他们在这个领域便可扮演意见领袖的角色，而在其他不熟悉的领域，他们则可能是一般的被影响者。如一个在时事政治方面拥有广博知识的人，可以在时政问题上给予他人指导，而在时尚方面则接受其他行家的影响。在传统社会或农村社会中，意见领袖一般以综合型为主，如有声望的家族对当地社会往往有普遍的影响力。

那么，哪些人可能是意见领袖，以及如何培养意见领袖呢？从习性、社会地位、教育文化程度、赢得信任、个性化、创新性等六个方面入手，就很容易发现意见领袖常常是追随者心目中理想生活方式、思想观念与价值观念的化身，常常受到追随和仿效。

意见领袖接触信息的来源更多、更广、更快，具有更广的知识面以及解释、理解和传播表达以影响他人的能力。意见领袖有较强的人际交往和社会活动能力以及关系协调能力。

只要一个人在群体内及群体外有较高的社会地位，那么他的意见就能对其追随者产生较大的影响力。这些人活跃好动、能言善辩、幽默风趣，人缘好、交际广，有向心力和吸引力，其周围常有一批追随者。

网络舆论场的话语方式创新

党的十九届四中全会和中央全面深化改革委员会第十四次会议都指出，要构建网上网下一体、内宣外宣联动的主流舆论格局，建立以内容建设为根本、先进技术为支撑、创新管理为保障的全媒体传播体系。

2021 年 5 月 31 日，中共中央政治局就加强我国国际传播能力建设进行第三十次集体学习。习近平总书记在主持学习时强调，讲好中国故事，传播好中国声音，展示真实、立体、全面的中国，是加强我国国际传播能力建设的重要任务。要深刻认识新形势下加强和改进国际传播工作的重要性和必要性，下大气力加强国际传播能力建设，形成同我国综合国力和国际地位相匹配的国际话语权，为我国改革发展稳定营造有利外部舆论环境，为推动构建人类命运共同体做出积极贡献。

随着我国改革开放步伐的加大，国际交往和人文交流也在不断深化，国际舆论场也越来越成为社会广泛关注的舆论场域。[①] 国际舆论传播更加广泛、多元和复杂，特别是我国长期以来面临着国际话语权短板和影响力不足，与中国日益增长的经济科技实力、综合国力和国际地位不相称，这已经变成我们在新闻舆论领域亟待提升的课题。

近年来，我国在塑造国际形象方面正从以往的“他塑”转为“自塑”。资本、技术、产业和受众对国际媒介融合趋势的作用凸显。未来需要加强新媒体国际传播力和效果评估体系建设，加强境外媒体布局，推出适销对路的内容，学习国际经验，培养一流人才。应通过创新国际传播理念、方式和机制，提升互联网传播力和国际舆论引导力，努力提升我国在国际舆论场中的影响力。

今天，国内、国外舆论相互渗透的现象越发明显。新媒体不仅扩展了国际舆论信息流通的带宽，也在不断开拓新的传播路径。“向世界传播中国”“向中国报道世界”已经不仅是通讯社以及传统媒体承担的任务。新媒体在扩展国际舆论信息流通的同时，也肩负起了“传播中国、报道世界”的责任。回顾近些年我国互联网国际舆论场的发展历程，国内网民在关注国际新闻时，不仅关注世界如何看待中国，同时也更加关注国际社会的变化给中国带来的诸多影响。

不少研究发现，社会舆论也存在场域的特征。法国学者布迪厄认为，社会空间中有各种各样的场域。一个场域越是从社会场域和权力场域中获得了自主性，这个场域的语言越具有科学性。一个场域中的竞争和策略不

① 刘鹏飞、曲晓程、何睿敏．构建新时代国际传播能力体系的实践路径——试论我国互联网国际舆论场趋势与对策[J]．中国出版，2018（14）．

仅取决于符号商品的价值，还取决于此场域的自主性，因为自主性强的场域遵循的是“是非”逻辑，自主性弱的场域遵循的是“敌友”逻辑。

清华大学教授刘建明认为：“所谓舆论场，就是指包括若干相互刺激的因素，使许多人形成共同意见的时空环境。”①构成舆论场的要素有三个：同一空间的人群密度与交往频率、舆论场的开放度、舆论场的渲染物和渲染气氛。同一空间人们的相邻密度与交往频率较高、空间的开放度较大、空间的感染力或程度较强，便可能在这一空间形成舆论场。无数个人的意见在“场”的作用下，经过多方面的交流、协调、组合、扬弃，会比一般环境下形成舆论场的速度要快，并有加速蔓延的趋势。这类开放的、公开平等而自由讨论的地方，是促成舆论形成和变动的重要空间。

面对新形势，网络舆论场域需要传播创新，促进内外交流和融会贯通。习近平总书记指出，讲中国故事是时代命题，讲好中国故事是时代使命。意识形态工作具有极端重要性，要努力“构建网上网下同心圆，更好凝聚社会共识，巩固全党全国人民团结奋斗的共同思想基础”。

科学专业的舆论话语方式具有科学、理性、严谨的话语优势。自然科学、医疗卫生、工程技术等广泛的专业领域，往往具有较高的科学专业门槛，甚至在人文社科、金融投资、司法执法、公共管理等社会专业领域，也存在较为细分的经验问题。我们是否尊重科学、重视研究和充分运用客观规律，是我们各项工作能否成功、取得预期成效甚至提高管理效益和社会效果的前提与基础。

社会主流舆论话语、民间口头话语、科学专业话语和国际传播话语是我们常见的话语方式和类型。在互联网时代，想要影响和引导群众，就需要观测所处何种舆论场景，面对什么样的传播对象。学会换位思考，在网络舆论空间里要使用群众喜闻乐见的话语方式，务必将科学专业话语和民间口头舆论相融合，有时要将受众从民间口头舆论向社会主流舆论和科学专业舆论方面引导。

---

① 刘建明、纪忠慧、王莉丽．舆论学概论[M]．北京：中国传媒大学出版社，2009.4.

在圈层化的网络舆论场景没有打通的时候，对话的逻辑是“敌我”，首先考虑的是拉近关系，变成接近的场域和相近的语境，接下来才可能完成从“敌我”逻辑向“是非”逻辑的成功转化，进而在“是非”逻辑下摆事实、讲道理。这样才会有人愿意听、愿意信，回应和沟通才会有效果。

不同的舆论话语体系，其表达特征、方式和形态不尽相同。要重视四大话语体系，即社会主流话语体系、民间话语体系、国际传播话语体系和科学专业话语体系。

权威主流媒体讲究的是构建、维护、创新和提升社会主流话语体系。主流话语更强调稳定有序的秩序感、合法性、规范性、权威性及专业性，所以我们在新闻舆论和正式工作语言的使用中，面对社会注意力聚焦点，需要强调严谨、及时、专业和全面。主流舆论如黄钟大吕一锤定音，是舆论场的中流砥柱。

网络民间口头话语讲究的是平等、亲和、务实、质朴和以人为本的生活化的聊天方式。民间话语更强调轻松且接地气的灵活性、实用性、轻快感、趣味性、多样性和易得性。因此，要想在网络舆论场获得响应与好感，语言文风必须鲜活，多用口语、俗语、俚语、大白话、“网言网语”，甚至包括年轻人喜欢的表情包、弹幕，融入不同网络平台的独特修辞手段和话语方式。在坚守价值底线的同时要打破常规，以平常心和包容的态度对待网络现象，和年轻人打成一片，从网上的被动适应向融合创新、引领新媒体潮流方向发展。

国际传播讲究的是尊重、友好、务实、贴近、精准、本土化互动的国际传播话语体系。国际话语方式更强调语言熟练、通俗流畅、文明互鉴、入乡随俗、有礼有节和传播内容的适销对路。本土化、本地化、本位化的国际文化交流内容的生产与消费更值得提倡，只有如此才能长期扎根民间。国家之间的交往也要通过个体间的交往来实现，正式交往和非正式交往、严肃内容与软新闻、轻内容的互动同样重要。

我国媒体境外账号运营之所以表现较弱，其原因包括：第一，在境外社交媒体传播方面，西方主流媒体得天时地利之机，具有先发优势，长期以来在体量和规模上较为领先；第二，传统媒体如果仍在新媒体中沿用较为落后的新闻报道模式，将造成刻板印象而可能失去受众和粉丝；第三，媒体工作者可能存在不适应国际传播的语言文化和思维逻辑的情况。在境外社交媒体上发言、与网友互动、吸引粉丝等行为的前提，是对西方文化的理解。若不能恰当地处理中外文化间的差异和冲突，采取得当的竞合策略，求同存异，扩大共识，其传播内容就很难在境外媒体上引起共鸣。

海外传播“欲速则不达”，不求“大水漫灌”，而应追求“润物细无声”。同时，根据所在国当地语言、价值观、文化历史传统特点，吸引当地机构和人才，积极进行本土化、多层次和多媒体的传播。①

科学专业舆论传播讲究的是科学、严谨、专业、精细、权威的科学话语内容与方式。科学专业的话题强调的是共同的专业背景、知识体系、评价标准、能力等级、研究方法、判断依据、环境条件、独立公正、可验证、可量化等融学术性、实践性、权威性为一体的学术规范评价范畴内的有效交流。

科学的话语具有较高的门槛，需要尊重科学及其专业性。在客观条件不能确保科学检测、推理或验证，以得出确定性判断和解读的情况下，也需要在体系内解决科学决策的流程、方法、权限、监督和责任归属的重要问题。专业的问题回归专业的解决方式，但应本着科学负责的态度，让工作和结论经得起细节的推敲，经得起人民、历史和事实的检验。

比如，很多医疗纠纷引发舆情热点，但当事者和围观者大多并不具备专业的医学知识，往往从日常经验或先入为主的刻板印象入手进行舆论监督，但对于事件依法科学的调查处置并不起作用，最终仍然需要借助于专业医疗鉴定和专家组综合专业判断，将问题诉诸专业领域，得出问题的定性，据此进行科学和妥善的处置。尊重专业判断和规律，已经成为现代契约社会的重要价值理念。

我们在新冠肺炎疫情防控过程中看到，人们倾向于尊重医学专家和医

---

① 刘鹏飞、曲晓程、何睿敏．构建新时代国际传播能力体系的实践路径——试论我国互联网国际舆论场趋势与对策[J]．中国出版，2018（14）．

务工作者对疫情防控中的专业卫生安全问题进行解答和告诫提醒，这既是科学专业精神的体现，又是政府和医疗部门增强公信力、全社会提升疫情治理效果的最佳选择。

掌上舆论场网民结构变化

4G 移动互联网和智能手机在城乡的普及使得上网门槛大大降低，这是过去几年我国互联网基础设施最深刻的变革。数以亿计的城镇和农村网民，尤其是中老年人和青少年成为最显著的新增群体。互联网发展成果要惠及 14 亿中国人，市场红利期远未探底。

过去这群被舆论遗忘的“沉默的大多数”，进入互联网时代的意义十分巨大，这不仅意味着在人数和体量上占据更多数的城乡人群将共享互联网和经济发展成果，而且通过互联网表达的参与性也达到空前的高度，这必将改变互联网舆论场的面貌和代表性。

随着网络基础设施日渐完善，智能手机价格低、应用普及率高，对提高城乡地区不同人群进入互联网环境具有重要意义。近年来，网民中“一老一小”即低龄和高龄人群比例都有所增长。根据第 47 次《中国互联网发展状况统计报告》的数据显示，截至 2020 年 12 月，39 岁以下网民占比高达 54. 9%，占比接近六成；青少年及幼年群体占全体网民的比重接近五分之一。在学历结构方面，初中、高中/ 中专/ 技校学历的网民群体占比分别为 40. 3%、20. 6%，受过大学专科及以上教育的网民群体占比为 19. 8%。多数网民的知识文化水平仍有不小的提升空间，而中等收入和中高教育背景的群体也在呈现增长态势，在一定程度上影响了网络舆论热点的分布和心理走向。

庞大的网民构成了中国蓬勃发展的消费市场，也为数字经济的发展打下了坚实的用户基础。截至 2020 年 12 月，我国网民在职业结构方面，学生最多，占比 21. 0%；其次是个体户/自由职业者，占比 16. 9%；农林牧渔劳动人员占比 8. 0%；企业/公司管理人员和一般人员占比共 11%。

在我国互联网用户中，青年群体仍然长期占据大多数，他们是互联网舆论场的建构主体和网络议题的重要参与者，也是智能媒体的生力军。从数据来看，这类人群文化消费方面的表现十分强劲，受新冠肺炎疫情影响，网络视频（含短视频）、网络音乐和网络游戏的用户规模大幅提升，根据第 47 次《中国互联网发展状况统计报告》的数据显示，截至 2020 年 12 月，其使用率分别为 93.7%、66.6%和 52.4%。智能媒体资讯+服务的发展趋向，也切合当下主流用户的需求。

此外，当下备受关注的“Z 世代”一词，指 1995 年至 2009 年出生的一代人，据国家统计局的数据统计，“Z 世代”的人群数量约有 2.6 亿，他们从出生起就沉浸在网络时代，完全成长在互联网的高速发展下。青少年成为互联网标志性人群，将为智能媒体应用和发展提供最具活力的市场。比如，2019 年 12 月 31 日，B 站“二零一九最美的夜”跨年晚会备受关注，被媒体评论为“最懂年轻人的晚会”。B 站因吸引年轻人群而被资本市场看好，股价飙升。2020 年 5 月 4 日，B 站发布的视频《后浪》刷爆朋友圈，年轻人对视频有争议，《文化纵横》发布的文章称，代际争议反映出了当代中国二次元文化的缘起与流变，背后根深蒂固的代际矛盾值得反思。

据《证券日报》报道，截至 2020 年 5 月，在上市公司董监高的阵营中，“90 后”群体已经达到 100 人。如果将出生年份放宽至 1988 年，这个名单上董监高的总人数达到了 296 人。文章也有观点提到，“迅速抓住科技创新机会，把握时代发展脉络，恰好是在互联网时代下成长起来的‘后浪们’的优势所在”。

网络新经济群体对以扩大内需为战略支撑的新发展格局意义重大。据易观数据显示，截至 2018 年 8 月，一、二线市场 3.5 亿人，移动设备 4.6 亿台，平均每人 1.3 台移动设备；下沉市场总人口是 10 亿人，移动设备 5 亿台，平均每人只有 0.5 台移动设备。

2018 年，企鹅智库发布的《中国三四五线城市网民时间 · 金钱消费数据报告》指出，中国互联网人口红利在最优市场已经触顶，三、四、五线城市的网民在整体移动网民中的占比已超过一半。三线以下市场的用户在在线阅读和娱乐方面的需求高于移动互联网用户的整体水平。总体来看，基层市场的发展潜力不容小觑。快手、拼多多等平台的快速发展，打破了传统的互联网巨头格局，也改变了互联网行业局面和业态。

据 2019 年 5 月中国社会科学院新媒体研究中心与趣头条联合发布的《三线及以下新兴市场网民触网习惯研究报告》称，有数据显示，中国移动互联网新兴市场月度活跃设备达 6.18 亿台，尚有一倍的潜在用户等待挖掘，新兴市场潜在价值巨大。要充分考虑地区差异，移动内容平台要为农村地区网民提供丰富的网络文化产品，振兴农村网络文化，助力缩小城乡区域间的数字鸿沟。①

“知识沟”“信息沟”与新媒介素养

在信息化时代，社会最大的不平等是信息的不平等，并非所有人都具有运用和掌握新媒体的强大能力、资源和机会。这个矛盾在今天异常突出。从社会注意力到舆论场，人们在中间需要翻越一个个“知识沟”和“信息沟”。当下能够最大化地增强一个人数字化生存技能的三个基本途径：一是学会一门语言技能，二是打破一种“信息沟”，三是善于使用信息工具或搜索引擎。

“知识沟”假说产生于美国社会呼吁平等教育机会的背景之下。20 世纪 60 年代，美国政府提出通过大众传播手段改变贫困儿童受教育的条件，《芝麻街》电视教育节目是其中一个重要的项目。后来发现该节目对贫富儿童都产生了良好的教育效果，但是对节目接触和利用最多、产生最好效果的仍然是富裕家庭的儿童，因此它不但没有缩小不平等，反而扩大了差异。

美国传播学者蒂奇纳（Tichenor）、多诺霍（Donohue）和奥里恩

① 刘鹏飞、曲晓程．2019 年中国互联网舆论场发展研究报告［R］．人民网舆情数据中心，2020-07-22.

（Olien）在1970年发表的《大众传播流动和知识差别的增长》一文中提出了“知识沟假说（Knowledge-gap Hypothesis）”，认为随着大众传媒向社会传播的信息日益增多，处于不同社会经济地位的人获得媒介知识的速度是不同的，社会经济地位较高的人将比社会经济地位较低的人以更快的速度获取这类信息。因此，这两类人之间的知识差距将呈扩大而非缩小之势。当大众媒介流量继续增加时，传播技能、知识储备、社会交往、态度性选择和媒介类型性质等都在一定程度上发挥作用，“知识沟”也随之加深。

1974年，美国传播学者卡兹曼（Katzman）就着眼于新传播技术的发展，提出了“信息沟”理论。卡兹曼认为，新传播技术的采用将带来整个社会的信息流通量和信息接触量的增大，这对每一个社会成员来说都是如此；新技术的采用所带来的利益并非对所有社会成员都是均等的；与人的能力相比，电脑等机器的信息处理和积蓄能力要强大得多，有的信息富裕阶层通过早期采用和熟练使用这些先进技术，能够比其他人更拥有信息优势；新媒介技术层出不穷，更新换代周期越来越短，其趋势更可能是“老沟”未能填平，而“新沟”又不断出现。

有人说，“知识沟假说”是关于大众传播与信息社会中的阶层分化理论，这很容易让人联想起社会上流行的“阶层固化论”。当然也有人提出了不同意见，美国学者艾蒂玛（Etima）和克莱因（Klein）等人于1977年提出了“上限效果”假说，认为大众传播带来的是“知识沟”的缩小。他们认为，个人对特定知识的追求并不是无止境的，达到某一上限后，知识量的增加就会减慢乃至停止下来。社会经济地位高者获得知识的速度快，其“上限”到来得也就早；那些经济地位低者虽然知识增加的速度慢，但随着时间推移，最终能够在“上限”上赶上前者。

无论如何，眼前鲜活的现实仍然让我对“知识沟”和“信息沟”的存在深信不疑。尽管有人承认，长期看传播媒介的发达有助于传播知识，但相比于回到远古时代做贵族，很多人宁愿选择在今天的信息科技时代做一个普通人。“数字鸿沟”的大小，因人们不同的经济地位、环境条件而不同，特别是媒介素养的直接影响。

信息贫困者与新媒介素养

2018 年 12 月，《中国青年报》一篇名为《这块屏幕可能改变命运》的文章刷屏全网——通过直播教学，贫困地区的学生和成都七中的学生同步上课，很多人考上了本科，还有人考上了清华北大，改变了命运。2020 年，新冠肺炎疫情暴发，很多地方上线在线教育和网课教学。有地方反映，近几年县城的学校借着教育信息化的“春风”，硬件条件的确大有改观，然而仍有“不少村小的电脑室都是‘摆设’，因为学校里懂电脑最基本操作的老师寥寥无几”。中国用了 8 年时间让近 1 亿人脱贫，在基层流传的经验中包含这句话：“扶贫先扶智。”“知识沟”和“信息沟”是典型的“信息贫困”现象，提升信息贫困者的新媒介素养是解决问题的重要途径。

东、中、西部差异非常大，很多偏远地区基层学校的设施设备并不能支持或适用于网络平台，西部深度贫困地区大部分学校的网络环境和硬件设备很难适应在线教学的现实需要。一些农村或山区的孩子要翻山越岭才能搜到网络信号或找到网络设施，有的家庭可能连智能手机和电脑都没有。

此外，伴随数字化浪潮兴起的，还将会有一场老龄化浪潮。据国家统计局的数据，截至 2019 年底，全国 60 周岁及以上的人口数量达 25388 万，占总人口的 18.1%。其中，65 周岁及以上人口已达 17603 万，占总人口的 12.6%。

很多老人因为没有智能手机、没有上网经验，越来越难以适应日新月异的技术变革。他们常常在数字化世界中不知所措：不会用智能手机扫码，不会用智能手机预约挂号或乘坐公共交通工具，在就医和出行时无所适从；各类网络陷阱层出不穷，老人在不经意间就会泄露隐私，遭遇网络谣言和诈骗等圈套……

在这种情况下，我们需要加强对媒介素养的培养。1992 年美国媒体素养研究中心对媒介素养下了如下定义：媒介素养是指人们在面对不同媒体中各种信息时所表现出的信息的选择能力、质疑能力、理解能力、评估能力、创造和生产能力以及思辨的反应能力。中山大学教授张志安认为：媒介素养是指人们对各种媒介信息的解读和批判能力以及使用媒介信息为个人生活、社会发展所用的能力。

通过媒介素养这种能力，我们能够熟练地接触、分析和评价大众媒介中所传递信息的诸多复杂性，合理调节社会注意力，规避风险隐患，最大化地运用、发挥信息红利。媒介素养还能帮助人们，尤其是青年人成为对媒介信息更谨慎和理性的消费者，从而在有关健康、购物等消费行为和价值判断上做出更明智的选择，同时也帮助人们成为媒介有创新性的生产者，更有效地传递他们的所思、所想和优势。

第七章

博弈：暗流涌动的群氓时代

《诗经·小雅·小旻》里有句话："战战兢兢，如临深渊，如履薄冰。"

群氓时代的到来，感性舆论的泛滥，让人身不由己，如临洪水猛兽。理性人的假设，给人们增强了信心和希望。我们可以从美国电影《十二怒汉》里得到很多启发。

一个理性人，要做到坚守理性、冷静、独立的判断，尊重事实，不盲从，不迷信，不屈从于群体的压力，战胜主观偏见和从众心理，战胜主观臆断，战胜对替罪羊的踢猫效应（Kick Cat Effect）。

理性人：感性舆论的假设

《十二怒汉》电影中出现过法律意义上的理性人角色，追求正义和合理性，不断争取社会认同和舆论清醒。这部电影之所以成为经典，是因为在人类社会的各种群氓现象中，恰恰由于理性的稀缺，才显得难能可贵。

德国传播学家伊丽莎白·诺尔-诺依曼（Elisabeth Noelle-Neumann）认为舆论是双重意义上的"社会皮肤"，一重为个人感知社会"意见气候"变化进而调整自己环境适应行为的"皮肤"，另一重像"容器"的皮肤一样，可以起到维持社会意见整合的作用。她的中心论点是社会孤立这一恐惧使得人们评估其他人的意见时会顺应他们主张的多数意见。我想，这里诺伊曼把舆论过程功能化，而作为个体心理层面的"社会注意"则内化在这个概念中。

如果深究其过程，则可以看看美国社会学家库利是如何将舆论概念化为一个传播过程的。面对共同的问题，人们通过相互的公共行为和传播来检测他们起初的模糊倾向，在这一集体相互作用的过程中，个人对议题的看法随着时间而变得越来越清晰。

作为过程的舆论，主要考察舆论是如何形成的，以及个人是如何结构化为公众的。公众是这样的人群：他们针对议题进行辩论；他们意识到周围环境中存在不一致的意见，并且需要做出回应；他们设法通过讨论来决定行动方式。塔尔德也认为理解舆论的关键是理解意见的形成过程。

“沉默的螺旋”与“沉默的大多数”

沉默的螺旋（The Spiral of Silence）是一个政治学和大众传播理论。该理论基本描述了这样一个现象：人们在表达自己的想法和观点的时候，如果看到自己赞同的观点受到广泛欢迎，就会积极参与进来，这类观点就会被人们越发大胆地发表和扩散；相反，当人们发觉某一观点无人或很少有人理会（有时会有群起而攻之的遭遇）时，即使自己赞同，也会保持沉默。意见一方的沉默造成意见另一方的增势，如此循环往复，便形成了一方的声音越来越强大，另一方越来越沉默的螺旋式发展过程。

具体来说，对于一个有争议的议题，人们会形成有关自己身边“意见气候”的认识，同时判断自己的意见是否属于“多数意见”。当人们感觉到自己的意见属于“多数”或处于“优势”的时候，便倾向于大胆地表达这种意见；当发觉自己的意见属于“少数”或处于“劣势”的时候，遇到公开发表的机会，可能会为了防止被孤立而保持沉默。

越是保持沉默的人，越是觉得自己的观点不为人所接受，由此一来，他们越倾向于继续保持沉默。几经反复，占“优势”地位的意见越来越强大，而持“劣势”意见的人发出的声音越来越弱小，这样的循环形成了

“一方越来越大声疾呼，而另一方越来越沉默的螺旋式过程”。①

1965年，德国阿兰斯拔研究所对即将到来的德国大选进行了研究。在研究过程中，两个政党在竞选中总是处于并驾齐驱的状况，第一次估计的结果出来，两党均有获胜的机会。然而6个月后，即在大选前的两个月，基督教民主党与另一个党获胜的可能性是4：1，对基督教民主党在政治上的胜利期望升高有很大的帮助。在大选前的最后两周，基督教民主党赢得了4%的选票，社会民主党失去了5%的选票，最后基督教民主党以领先9%的优势赢得了大选。这一年大选带来的困惑和对它的解释逐渐发展为沉默的螺旋的概念。

诺依曼最初注意到一种常见的社会现象：大多数个人会力图避免由于单独持有某些态度和信念而产生的孤立。她因此提出了假设：占支配地位的或日益得到支持的意见会愈加得势，另一方则越来越失去支持的声音。这样，一方表述而另一方沉默的倾向便开始形成一个螺旋过程，这个过程不断地把一种意见确立为主要意见。如果这个过程有大众媒介参与，螺旋往往形成得更快，也更明显。

诺依曼认为，大众观念并不是在18世纪才被人们认识的，它实际上在人类社会已经存在了数千年，并且不断创造和保持着社会运作所必需的和谐与一致。因此，大众的意见可以被认为是一种社会控制，客观上是为了“促进社会一体化，保障基本行为和观念达到足够的一致水平”。

这一理论建立在人的社会从众心理和趋同行为的分析基础之上，观念的力量来源于社会的本质，来源于社会对被禁止的观点和行为的严刑，来源于个人对孤立的恐惧。恐惧的个人在社会中赞成的呼声不断升高的时候，表达自己的赞成的观点；在赞成的呼声下降的时候保持沉默，沉默进一步使得原有的观点失去了民心。

从心理学角度来看，引发人类社会行为的最强烈的动力之一就是“不被孤立”，个人会因为害怕被孤立而改变自己的行动。同时，人们对自身

① “沉默的螺旋”最早见于诺依曼于1974年在《传播学刊》上发表的一篇论文，于1980年以德文出版的《沉默的螺旋：舆论——我们的社会皮肤》一书，对这个理论进行了全面的概括。

所处的环境中的意见分布状况，包括现有意见和未来可能出现的“意见气候”“意见风向”进行判断。为了实现这些目标，每个人都会发挥自身所具有的“准感官统计”的能力，这种能力能够判断“意见气候”的状况，判断什么样的行为和观点被他们所处的环境认同或不被认同，什么样的意见和行为正在得到强化或弱化。

大众传播在塑造“意见气候”时起着巨大的作用。因为这是一种专业化的媒介组织，它运用先进的传播技术和产业化手段，以社会上的一般大众为对象，进行大规模的信息生产和传播活动。因而大众传媒具有一定的权威性，传播的内容是公开的。现代传播技术的发展使得信息的传播几乎无处不在。人们观察环境中的意见分布，主要依据是大众传播媒介。他们通常认为大众传播媒介呈现的意见就代表了多数人的想法。

公众在公开表达意见时常采用媒介上不断重复的词汇和观点；反之，与大众传媒不一致的观点，公众一般不予公开表达，甚至干脆就藏在心里，不想或不愿把它说出来。这样也造成了更多的“沉默的大多数”，虽然这并非“沉默的大多数”的唯一来源。①

在传统工业社会里，主流媒体往往对社会舆论产生主导性作用，社会主流观点的强势地位始终牢牢占据舆论先机，在“沉默的螺旋”的作用下，很多抱有不同意见或想法的人会变成“沉默的大多数”，还有绝大部分并不占有社会媒介影响力和接触能力的普通大众，或者那些教育与文化落后、交通闭塞、网络基础设施薄弱的欠发达地区的人们和偏僻的深山老林的原住民，反而在专业媒体中成为隐形的“被代言者”。

传统媒体时代仍然是精英政治主导下的媒体内容结构，占据媒体版面和黄金时段的主要还是各领域的领导者、政治家、专家学者、社会贤达、名人明星及公众人物等。

在社交媒体无比发达的移动互联网时代，媒体的结构和社会舆论格局发生了一些新的变化，产生了传统主流媒体、互联网平台媒体、政务机构

---

① [德]伊丽莎白·诺尔-诺依曼著，董璐译. 沉默的螺旋：舆论——我们的社会皮肤[M].北京：北京大学出版社，2013. 9.

新媒体、海量自媒体等并存的网络舆论生态格局。传统主流媒体受到了互联网的冲击，面临其他类型新媒体的竞争，其舆论“四力”① 面临新的机遇和挑战。互联网平台媒体、政务机构新媒体，特别是海量自媒体因用户流量优势获得巨大的发展。大量自媒体的出现及其对互联网平台商业媒体的渗透呈现增长变化，使得纷繁复杂的互联网舆论变得更加具有群体特征。

在互联网社交媒体环境下，“沉默的大多数”仍然包括那些没有摆脱“数字鸿沟”的偏远居民、传统工农劳动者中的低文化人士、老人或幼儿等，但从总体数量上来说，社会舆论参与者已经让普通网民获得了空前的表达权利和技术条件。

舆论冰山说的是社会注意力具有独特的结构，如同我们所看到的海中漂浮的绝大多数冰川，因为“沉默的大多数”的存在，我们所能看到的社会注意力流动只是受到“沉默的螺旋”效应影响的浅层表象，显在舆论在数值和比重方面总是要小于潜在舆论。

这就是我们所处的环境。

情感舆论：“站队”与“站对”

人是社会动物，但从真实的历史来看，到底是情感决定历史还是理性决定历史，似乎并不好做立竿见影的判断。可以确定的是，傲慢与偏见往往能影响历史。

勒庞在《群氓心理学》一书中提出，无意识对应于意识或理智，包括本能、情感和性格等诸多非理性的先天因素，或者说“隐藏着不计其数、世代相传的特质，正是这些特质构成了一个种族的灵魂”②，并支配着智力活动和有意识的行为。正是这占据人们心灵上风的无意识，导致了啸聚而

① 即传播力、引导力、影响力、公信力。

② [法]古斯塔夫·勒庞著，陈璞君译. 群氓心理学[M]. 北京：北京师范大学出版社，2018.10.

成的群体“冲动、多变、易怒”，也导致了他们容易屈服于世俗的等级制度，骨子里“极端保守”，与他们短暂地表现出的革命气概完全相左。无意识也使得他们经常放纵自己低劣的本能，即使表现出我们前述的勇于献身的英雄主义，也只不过“是无意识的”。

由于“群氓的行为更易受到脊髓的影响而非大脑的影响”，因此他们没有思考和推理能力，对待事情的态度在两个极端漂移：整体接受或全盘否定。勒庞认为，推理能力的低下，一方面使群氓的思维或想象力只会为形象所打动——在这里，道理是无力的。能够打动他们的只能是宏大的民情鼎沸的啸聚场面，这和孩子们“人来疯”的表现有相似之处；另一方面又使他们仅凭信仰行事，他们的狂热是由坚定不移的信仰支撑的，这使他们坚信众志成城且无坚不摧。

布迪厄曾在场域理论中启发人们，不同场域之间更容易遵循的逻辑是“敌我”关系，而集中性强、黏合度高的自组织场域内部更多遵循的则是“是非”关系。我们看到社会注意力多变、社会舆论情绪化的感性特征，常常在不同场域或泛场域之间产生巨大的作用，大量网民身处其间，往往以情感宣泄的表现刺激“敌我”关系，更多人变成了“站队”的人，即凡事先有立场，先入为主，在“敌我”关系的逻辑、解决矛盾的方法和处事方式中用尽各种手段，令人不适。

与“敌我”关系的矛盾相比，讲求“是非”逻辑出现在自组织场域内部，对自己人要通过讲科学、讲道理、陈述利弊是非和做好细致的思想工作，从“选边站队”向“站对”转变，即“我爱我师，我更爱真理”，只要是内部问题，则可以“有话好好说”。因此，人民内部矛盾的解决之道更像“庖丁解牛”“春风化雨”，并带有更多促进内部统一和团结协作，并理性和建设性地解决发展问题、扩大社会共识的色彩。

不可否认，喜悦、悲伤、愤怒和恐惧等情感给社会舆论增加了五彩斑斓的色彩，在不少情况下，能够为推动历史和社会发展产生某种积极而凝聚人心的心理作用，但其左右摇摆和内卷消耗的弊端也十分明显。

从社会发展的角度看，坚持理性和建设性的态度，崇尚真理和科学，无疑是克服舆论非理性和情绪化副作用的药方。理想的社会应该是安定团结、充满蓬勃希望的社会，主流的舆论必须是社会的晴雨表、稳定器、压舱石。只有科学、理性和责任，才能够经受历史、人民和实践的反复检验。从政治学视野来看，坚持以群众为中心，努力通过舆论工作团结社会和扩大共识要大大优于割裂社会、扩大打击面的情感运动式的短期做法。

自组织传播和群体极化

布迪厄提到的场域理论，非常适合分析群体的传播现象。在今天的互联网上，大量群体性的讨论，虽然与传播学标准意义上的组织传播还有巨大的距离，但网络群体言论和行为在特定条件下正呈现出越来越多的人际自组织传播的特征。

社会注意力聚集的网络群体传播是一种典型的自组织传播。在互联网时代，能够通过社会注意力把大家连接在一起的纽带，已经超越了传统社会的血缘关系、地缘关系和学缘关系等，在网上取而代之的是趣缘关系、业缘关系和志缘关系，即共同的兴趣爱好、职业行业和志同道合的观念等。这些关系通过互联网打破了时间和空间的界限，甚至跨越了过去家人亲属、同乡同事等关系纽带，紧密地结合到一起，形成一种具有相对稳定性的自组织群体。

勒庞对群氓的心理分析，大量的笔墨着眼于群体非理性、无序性和极端化的特征。而具有组织化、目标性、计划性、分工协作和意见领袖的自组织传播，显然在某种程度上会克服群氓的散漫，变成一种强有力的群体组织，对舆论及社会产生巨大的反作用。

组织传播是指组织成员之间、组织内部机构之间、组织与更大的社会环境之间的信息交流和沟通。具体地说，组织传播是由各种相互依赖的关系结成的网络，为应付外部环境的不确定性，也是为了完成组织目标而创造和交流信息的过程。组织传播既是保障完成组织目标、确保内部正常运行的信息黏合剂，也是组织作为一个整体与外部环境保持互动以达成目标的信息桥梁。

群体信息行为和组织传播最大的差异在于目标性、计划性、纪律性、组织性、稳定性、专业性和崇理性，虽然都是群体性传播，但组织很容易克服一般非特定群体传播的非理性、散漫性、低效率、模糊性和冲击性，后者往往被称为“乌合之众”。

互联网上的自组织传播则介于两者之间，常常带有两种形态的某些共同特征，具体表现则因时、因地、因人而异。网络传播中也存在一些网络群体或个体可能受到特定组织公开或非公开、直接或间接的干预，因此要提升网络社群舆论的分辨力。

勒庞对群氓的研究发现，比如群体智商、群氓的极端化现象等为何会发生？多年来，不少学者持续探索，有一些研究实验和模型对我们如何思考群体内部心理机制的发生细节及破解群体心理的密码有帮助。

美国传媒学者詹姆斯·斯托纳（James Stoner）对此进行了实验研究。实验中所使用的问卷是帮助一位工程师换工作：让他在一家新开的、风险较高的公司从事创造性工作，如果新公司成功了，他将有美好的前途；但如果新公司失败了，他就会失业。高风险性的新公司赢利可能性是 1/10、3/10、5/10……甚至到 10/10，你认为在有多大可能赢利的情况下支持这位工程师去新公司工作？让被试单独做出选择，然后群体共同讨论，再让被试单独做出选择。

斯托纳预言，由群体所推荐的意见比个体的要保守。然而结果发现，经群体讨论之后，群体的意见比个体的意见更加趋向于冒险，即冒险转移。

群体极化（group polarization），亦称“冒险转移”，是指在群体决策中往往表现出一种极端化倾向，即或转向冒险一极，或转向保守一极。那么，为什么群体极化如此容易大规模发生呢？

首先，群体决策途径，即一般群体的决策规则容易导致群体极化。在专制的群体内部，群体成员对领导者存在依附关系，领导者的个体意志会被追随者附和；而在民主决策的群体中，常常是少数服从于多数，这更有助于极化现象的产生。此外，“法不责众”的说法也说明个人在群体中做冒险的决定会觉得较自在，因为其行动之责任已分散至所有成员身上。通常，群体诱发的移转是一种内化的，甚至变成群体心理习惯的养成，而非临时性的群体产物。

其次，社会比较途径，即人与人之间的社会比较也可能强化群体选择取向走极端。群体成员的相互比较受到社会的规范约束。从过程来看，通过相互比较，个体持有的一种想要被群体所接受及喜爱的需求，将使其顺从群体之一般意见。而这种顺从，也可能是群体成员之间测度意见以后做出的选择移转。事实上，群体转移可以看作群体思维的一种特殊形式。群体决策结果是变得更加保守，还是变得更加激进，取决于在群体讨论之前占主导地位的讨论规范。对于为什么会出现冒险转移现象，有观点认为：群体成员相互之间变得更加熟悉，随着成员之间的融洽相处，他们会变得更加勇敢和大胆。

再次，信息影响途径，即成员通过听取群体热议获得新讯息与新论据，或强化极端意见。虽然在有些情况下，群体决策比个体更保守，但在更多情况下，群体决策倾向于冒险。群体讨论之所以会使群体成员的观点朝着更极端的方向转移，是因为当最初意见倾向于某一个方向时，在后续讨论中大多数论据都会被用来论证该观点的正确性。于是，最初占优势的意见渐渐获得越来越多的支持，即它是在群体成员了解了新的信息和听到了新的说服性的意见时产生的。因此，保守的会更保守，激进的会更冒险。群体讨论会进一步极化其最初的观点。

在现实生活中，群体决策规则、社会比较途径和信息影响途径常常是一起出现的，甚至是相辅相成的。此外，责任分配、群体压力、文化背景和群体领导者等因素也会导致群体极化现象。

群体极化现象是常见的社会注意力规律，人们在社会中与众人和群体交往，难免会受群体极化效应的影响。中国传统文化智慧中的“君子慎独”观念，即君子在没有旁人监督的情况下，也能做到约束自己的行为，谨慎行事，更不要说在群体之中，对我们在群体和独处时保持理性、务实和谨慎的选择与判断，仍具有很大的启迪作用。

网络暴力和人肉搜索

网络暴力是一种危害严重、影响恶劣的暴力形式，它是指一类由网民发表在网络上的具有诽谤性、诬蔑性、侵犯名誉、损害权益和煽动性的言论、文字、图片、视频，针对他人的名誉、权益与精神造成损害，人们习惯称其为“网络暴力”。

人民网舆情数据中心副主任单学刚认为：“网络民意的力量在很多事件发展过程中得到了集中体现，网络监督、网络维权得以深化，无疑是社会民主进步的佐证。但是，在很多时候，网络不仅仅监督了事件过程，推动了事件发展，还会过度发展成‘绑架’媒体、煽动民愤，甚至直接左右事件结果的‘网络审判’，更可能发展成给当事人正常生活造成过度影响的‘网络暴力’。”①

严重的网络暴力不仅从态度上升为观点和人身攻击行为，而且给当事人正常的工作、学习、生活及社会关系带来了干扰及严重影响，对当事人及其亲友的正常生活进行行动和言论侵扰，致使其权益受损或对其构成人身安全威胁等。有些网络暴力甚至打破了道德底线，伴随着侵权行为和违法犯罪行为，亟待运用教育、道德约束、法律等手段对其进行规范。

网络暴力是社会暴力在网络上的延伸。网民们若想获得自由表达的权利，就要担当起维护网络文明与道德的使命，至少要保持必要的理性和客观的态度。

网络暴力大致可分为人肉搜索、通过网络进行人身攻击及威胁、通过贴吧爆吧及黑网站等扰乱网络秩序和造谣污蔑等几种形式。网络暴力事件最为常见和突出的类型是非理性和侵犯隐私权的人肉搜索。人肉搜索的参与者往往认为这是一件刺激而有趣的事，在这个过程中他们更多的是满足于自身超出常人的调查追踪能力或掌握独特信息资源的优越感。

人肉搜索实际是一种网民以群体方式人为实施的，以互联网或口耳相

① 单学刚．网络舆情发展的五大特点[J]．青年记者，2009（22）．

传为媒介，通过人工方式对搜索引擎所提供的信息逐个辨别真伪，有时也通过匿名知情者或数据存管资源者提供隐私数据的方式去搜集关于特定的人或者事件的信息，以查找人物身份或者事件真相的群体行为。人肉搜索造就网络热点的同时也会带来负面影响，如侵犯隐私、人身攻击等，非常容易涉及道德和法律问题。

关于人肉搜索的网络暴力事件比比皆是，其提法最早出现在2006年猫扑网网友对虐猫者的搜索行动，此后的“天价烟事件”“华南虎事件”“郭美美事件”“微笑局长”“严书记事件”等类似事件层出不穷，而且人肉搜索效率之高不亚于警方的办案效率。

电影《搜索》讲的就是在公交车上让座所引发的网络暴力事件。电影中，女主角因为在医院被检查出是癌症晚期受到打击，没有给身边的老大爷让座，这件事被实习记者拍下视频并上传到网络，最终引起群体的口诛笔伐，网民在网络上通过文字、图像的方式对女主角进行攻击。人肉搜索和网络暴力最终将女主角提前推入死亡的深渊。

在很多情况下，网民习惯性地站队到自认为正义的一方，以道德的力量审判他人，殊不知在这个过程中自己却充当了刽子手，没有独立思考和判断，去辨清事实的真相。通过人肉搜索的方式引发网络暴力，群体极化容易产生行为过当并伤害当事人，类似的方式非常不可取。

2019年12月，国家互联网信息办公室发布《网络信息内容生态治理规定》。根据规定，网络信息内容服务使用者和生产者、平台不得开展网络暴力、人肉搜索、深度伪造、流量造假、操纵账号等违法活动。

造成网络暴力的原因有很多。一是网民的匿名性，这导致网络上缺乏制度和道德约束。随着互联网实名制的实施以及互联网法律政策的完善，匿名发言的无序状态已大大改观，但网民仍保留了网络群体自由发言的习惯。二是网民群体仍以年轻人为主，思想认识水平及阅历较浅，更喜欢群体行动，充满激情但也容易冲动、放纵和被激怒，很容易认同并实施以暴制暴的网络暴力。三是社会注意力流量巨大的网络媒体，为了在市场竞争中抢占先机和高点击率，扩大争议性和娱乐性，也倾向于更多地推送吸引人眼球的图片、惊心动魄的标题以及夸张的故事细节来增加新闻事件的曝光量。四是我们的社会仍处于一个相对复杂的转型期，经济贫富悬殊、社会阶层利益失调、多元文化价值观和消费的狂欢，使得观念碰撞、舆论多元和网络乱象都构成了当代社会的现象与背景。在复杂的社会环境下，互联网舆论场成为网民发泄情绪的重要渠道。五是互联网法治与精神文明建设滞后，网民理性、民主和法律意识缺乏。我国互联网法律领域仍面临很多立法和监管空白地带，一些网民缺乏民主发言的机会和有效的自由表达空间或渠道，习惯于网络暴力行为。

一位父亲在公司受到了老板的批评，回到家就把沙发上跳来跳去的孩子臭骂了一顿。孩子心里窝火，狠狠地踹了身边打滚的猫一脚。猫逃到街上，正好一辆卡车开过来，司机赶紧避让，却把路边的孩子撞伤了。这就是心理学上著名的“踢猫效应”，描绘的是一种典型的消极情绪传染所导致的恶性循环。

一般而言，人的情绪会受到环境以及一些偶然因素的影响。当一个人的情绪变坏时，潜意识会驱使他选择下属或无法还击的弱者发泄。受到上司或者强者情绪攻击的人又会去寻找自己的出气筒。这样就会形成一条清晰的愤怒传递链条，最终的承受者是“猫”，即最弱小的群体，也是受气最多的群体，会有多个渠道的怒气传递到他这里来。

在现代社会中，人们工作与生活的压力越来越大，竞争越来越激烈。这种紧张很容易导致人们情绪的不稳定，一点不如意的事情就能使自己愤怒起来，如果不能及时调整这种消极因素带给自己的负面影响，就会身不由己地加入“踢猫”的队伍当中——被别人“踢”和去“踢”别人。

我们要适当调节自己的情绪。而从外部环境来说，随着依法治网的不断加强，网络暴力的无序乱象将得以遏制。在一个健全的法制环境下，特别是基层治理和社情民意上传下达的渠道建设将更加完善，网民也将在理性沟通、负责任表达和自觉维护网络社会秩序等方面形成良好操守。

网络水军和机器发帖机

网络水军简称水军，又名网络枪手，是指在网络中针对特定内容发布特定信息的、被雇用的网络写手，通常活跃在电子商务网站、论坛、微博等社交网络平台中。他们通过伪装成普通网民或消费者，发布、回复和传播博文等方式对正常用户产生影响。

网络水军早已不是什么新鲜之事，但是网络水军的黑色产业链却随着互联网的发展而野蛮生长。从一开始的“单兵作战”逐步到“规模团战”，从侧面的舆论引导到直接正面的黑公关，从小额敲诈到涉案金额高达千万元的巨额勒索，网络水军越发肆意地扰乱网络秩序。在自媒体的兴起之下，网络平台极低的准入门槛更是让网络水军得寸进尺，以更大的曝光换取更多的非法收益。①

据公安部数据统计，2018 年公安部侦破自媒体网络水军团伙犯罪案件 28 起，抓获犯罪嫌疑人 67 名，关闭涉案网站 31 家，关闭各类网络大 V 账号 1100 余个，涉及被敲诈勒索的企事业单位 80 余家。2020 年 11 月 5 日，国家互联网信息办公室召开全国网信系统电视电话会议，部署和开展网络“有偿删帖”问题专项整治行为。

多年来网络水军大行其道的背后，除了法律监管不完善和执法难度大的原因之外，庞大的商业需求、暴利的商业环境则是其野蛮生长的根源，这就导致网络打手公司、网络公关公司市场乱象丛生。

网络水军通常以网络公司为依托，其恶意营销的手段悖逆了互联网广告标准和商业伦理道德，游走在灰色地带，成为一条暴利营销的地下商业模式，走向了一种无序的竞争，甚至通过网络虚假流量和干预舆论评价的方式牟利。

随着信息科技和智能算法的不断进步，写作机器人的应用场景日渐多元，具备了从即时新闻报道、专业领域写作、自动配图等初级功能，向个

---

① 高云君．强化对“网络水军”的刑事打击力度[EB/OL]．川观新闻，2018-11-29.

性化服务、受众互动、舆情监测与引导等方向不断拓展。网络水军也大量采用先进技术提升效率，网络智能机器人发帖影响舆论和商业评价的话题一度引发公众关注。在商业营销领域，国内虚假刷单刷榜的现象层出不穷，混淆视听、虚假营销和野蛮控评，让正常的市场评价失灵，导致劣币驱逐良币，对构建健康规范的市场经济秩序构成巨大的威胁。

国内外学者和研究团队均对政治机器人影响舆论行为进行了研究。政治机器人将特定内容曝光给人类用户，并诱导人们去接触、评论和扩散这些政治内容，以达到运营者的政治目的，现在已经广泛参与到在线政治信息的讨论和扩散环节，成为影响政治传播效果的一个变量。其对舆论的干预突出体现在政治选举、社会动员、政治干扰三种应用场景，并主要通过营造虚假人气、推送大量政治消息、传播虚假或垃圾政治信息、制造烟雾遮蔽效应混淆公众视听、塑造高度人格化形象的虚拟意见领袖这五种策略来影响网络舆论。① 美国总统大选曾传出虚假新闻的剑桥分析公司事件、英国脱欧公投中出现大量机器人账号等现象，都曾引起网民对于政治机器人的猜测与争议。

近年来，人工智能在媒体领域加快发展，算法推荐、智能主播等为媒体升级提供了助力。但新技术也被滥用，早在论坛博客时代，就已经出现机器发帖行为影响舆论的现象。2003 年，“发帖机”伴随着论坛的红火，被用于代替人工进行内容的规模推送，于是组建“水军团队”的网络公关公司逐步兴起，在各大论坛、博客网站发帖，进行炒作、干扰舆论。2013 年前后，随着微博发展高峰的到来，网络水军进入狂欢期，并形成了完整的产业链条。2015 年，随着各个网络平台风控系统的升级，实现了自动化脚本操作的“群控”，在此基础上的“云服务器”的“云控”技术代替了“发帖机”，机器人水军与网络平台风控系统不断博弈而被动发展。② 目前，餐饮和酒店等点评类网站的拟人评论中，以及各大社交媒体平台上，均活

① 张洪忠、段泽宁、杨慧芸．政治机器人在社交媒体空间的舆论干预分析[J]. 新闻界，2019（09）.

② 杨慧芸．隐形操纵与数据污染：社交媒体中的机器人水军[J]. 新闻知识，2020（01）.

跃着一定比例的机器人水军，娱乐明星数据造假和企业品牌营销成为常见的网络水军应用场景。

网络水军的泛滥，无疑会直接影响清朗的网络舆论环境的建设。针对网络水军的治理行动也在逐年升级，相关法律法规日趋完善。2013 年，最高人民法院、最高人民检察院出台《关于办理利用信息网络实施诽谤等刑事案件适用法律若干问题的解释》，明确依据刑法相关罪名惩治“网络谣言”“网络水军”，查办了一批造成重大影响的典型案件。2016 年出台的《网络安全法》提出网络实名制，提高了“机器人水军”的注册成本和使用门槛，从而在客观上限制和减少“机器人水军”的使用频率。[①] 2017 年，国家互联网信息办公室公布《互联网跟帖评论服务管理规定》《互联网论坛社区服务管理规定》，明确了网站主体责任，精细化监管制度，禁止利用软件、雇用商业机构及人员等方式散布信息。2018 年，修订后的《反不正当竞争法》实施，再次指出“网络水军”将受严惩。2019 年国家互联网信息办公室颁布的《网络信息内容生态治理规定》也明确提出不得通过人工方式或者技术手段实施流量造假、流量劫持以及虚假注册账号、非法交易账号、操纵用户账号等行为，破坏网络生态秩序。

罗宾汉情结和第三人效应

罗宾汉效应是经济名词，是指借由收入再分配的方式来缩小人民的贫富差距。该术语得名于传说中的人物罗宾汉（Robin Hood），是传说中劫富济贫的英雄。信息需求的罗宾汉效应是指：一方面，在信息资源不充分的情况下，用户的信息需求势必受到影响；另一方面，大多数用户的信息需求水平趋于平衡。

谈到网络社会注意力现象，人们在心理层面同情弱者的“罗宾汉情结”则更加被关注。有报道提到，草根网民深刻影响网络语境，“罗宾汉

① 曾志毅．“机器人水军”的发展、社会危害及其治理[J]. 新闻研究导刊，2018（22）.

情结”根植于人们的社会行为中。①

罗宾汉是英国民间传说中的一位侠盗人物。他武艺出众、机智勇敢，是一位劫富济贫、行侠仗义的绿林英雄。西方文明中有根深蒂固的“罗宾汉情结”，也是各民族普遍存在的扶弱抑强的人文关怀。“罗宾汉情结”在中国传统文化中也有体现，最著名并广为流传的就是《水浒传》中的绿林好汉们。他们劫富济贫、除暴安良，反映了草根阶层对贪官污吏的憎恨和对自由平等的向往。

在当今社会，“罗宾汉情结”是指人们普遍具有的一种心态，只要涉及官民和贫富之间的冲突，往往不辨案情的是非曲直，一边倒地站在弱势群体一方，形成“我弱我有理”的潜在舆论。新媒体时代，新闻跟帖、BBS以及微博等常常成为草根之怒的发布场、“仇官”“仇富”情绪的宣泄口。农民工、下岗工人、摊贩等群体在网上往往得到一边倒的同情。

“劫富济贫”“平均主义”有历史悠久的思想根源。美国加州大学戴维斯分校的一个研究小组曾开发计算机游戏，用于研究“劫富济贫”心理。实验发现，为求平等，人们愿意拿出自己的钱财。研究者指出，平等愿望是一种极其普遍的心理，它根植于我们许多社会行为中，应该说是具有相当的合理性。愿望和目标是美好的，实现愿望和目标的手段和过程也应该是合法有序的。

互联网的出现拓展了表达渠道，使人们追求平等公正的愿望得以在更大范围内释放。数量庞大、无处不在的网民深刻改变了中国信息传播的结构和模式，对社会生活的各个领域产生日益深刻的影响。当处于群体中的社会个体怀有“罗宾汉情结”的时候，常常具有道义优越感，其行为可能处于相对超脱的下意识的心理状态。

第三人效应（Third Person Effect），又称第三人效果，最早是由美国哥伦比亚大学沃尔特·菲利普斯·戴维森（Walter Phillips Davison）于1983

① 吴建群. 网络语境与创新社会管理：释放“罗宾汉情结”的正面能量[N]. 人民日报，2012-07-03.

年发表的一篇题为《传播的第三人效果》论文中提出的。他认为第三人效应机制是由于大众在判断大众传播影响力之际存在着一种普遍的感知定式，即倾向于认为大众媒介的信息在社会层面（对其他人）上的影响与个人层面（对“我”）上的影响大相径庭，前者的影响要比后者大。第三人效应是指，人们倾向于高估大众媒介对他人的认知和行为的影响。具体来说，劝服传播所面对的受众会认为，这种劝服对他人比对自己有更大的影响，而且不论是否是信息的直接接受者，对媒介影响他人的预期将会导致自己采取行动。

第三人效应的出现，受感受误差的影响。一般来说，人们有一种既想听好话，又想真实地从他人口中了解自己的矛盾心理。一般都会认为背后的第三人的话会比较真实，能说出自己的心里话。还有一种假设：一个人当面都比较喜欢说好话，背后都喜欢讲别人的坏话。而事实上，背后第三人也会说奉承话，特别是在背后人群中有你所熟悉的人存在，人们更会像当面夸奖你一样奉承一番，因为人会传话。可见，这种感受误差是第三人效应的重要因素之一。

第三人效应是否会增加网络暴力发生率，有以下七个影响因素：第一个是一般情况下科学文化知识水平越高，越容易理性地认知他人评价，因此第三人效应影响越低；第二个是是否了解第三人效应原理，以及一个人对第三人效应发生机制的认识程度有多少了解，将影响该效应的发挥程度；第三个是一个人多次破解了第三人效应的发生原因，就不容易再发生该效应；第四个是有的人就喜欢听小道消息，发生第三人效应概率就会高；第五个是年长者阅历丰富、信息渠道多，不易发生第三人效应，年轻者往往相反；第六个是信息渠道多且广者，善于求证，就不易发生第三人效应；第七个是与一个人距离（含社会距离、人际距离）越远，第三人效应越容易发生。

正是由于第三人效应的存在，在网络暴力现象中，有可能存在以下四种情形：

第一，就主体性来说，如果既不是网络暴力的实施者也不是受害者，即网民在看到陌生人之间发生网络暴力行为的时候，受害者不是家人、朋友，或其他有身份代入感及实际利益关系的人，往往并没有切肤之痛。

第二，虽然既不是网络暴力的实施者也不是受害者，家人、朋友等熟人也非受害者，但受害者或实施者是与自己有相同或相近身份及现实利益关系的群体中的人，则有可能感同身受，产生一定的参与意识，而参与者的心理取向可能受价值观、立场及现实利害关系的影响。

第三，如果网络暴力的实施者是家人、朋友等熟人，甚至是自己，则行动主体性最强，此时需要通过主观努力牢固树立法律和道德意识，克服消极或违法的负面影响。

第四，如果网络暴力的受害者是朋友、同事等熟人，特别是自己或家人，则主观感受最强烈，会产生严重的心理伤害和较强的维权意识，严重影响身心健康，引发安全及法律危机等。

竞争舆情的至暗时刻

“二战”时面对来自内部的偏见与外部的法西斯战争，英国首相丘吉尔顶住压力，带领英国人民奋起反抗，赢得了敦刻尔克战役的胜利，度过了黎明前最黑暗的时刻。这段历史被拍成了电影，片名就是《至暗时刻》。这个名词也成为人们形容在极端严峻的形势中克服艰难险阻的危急关头。

社会注意力当然也存在“至暗时刻”。面对复杂的暗流涌动的网络舆论博弈，智者应坚持统揽全局、守正创新，跨越群氓时代的险滩暗礁，行稳而致远。世界上不存在两片完全一样的树叶，当然，世界上也不存在两个完全一样的网络舆情事件。

多年前，我见到有同事绘制过网络舆情分类思维导图，给我留下了深刻的印象。有经验的研究者会把网络舆情的不同种类划分为不同类型，针对每种类型不同的特点和规律，采取有针对性的研判和应对之策。

第一种是草根舆情，即由普通网民在网上反映、讨论而成为网络热点的舆情，“网上来，网上去”，最常见的舆情事件和话题都来自于此，哪里有网络社区和社交媒体，哪里就是草根舆情生生不息的场域。对于草根舆情，只要不触及法律道德底线、不影响现实的社会秩序和造成实际破坏，很多事件都会成为过眼云烟。社会注意力有限而稀缺，多数人没有必要也没有精力顾及无关的话题，其注意力也很快被下一个舆情事件所吸引。

第二种是爆料舆情，即各类媒体介入对特殊和重要的草根舆情及网络热点的报道，从而吸引更广泛的社会注意力，形成更高的社会关注度，产生更大的舆论热点和社会影响的常见舆情类型。爆料舆情和草根舆情的信息源皆来自网络社区，从话题的范围、影响力和公共性来说，前者可以看成是后者的升级。媒体编辑或记者熟练地从网络社区中发现线索，在网络贴文还没有成为热点的时候，媒体介入使其更受社会关注从而推高网络热度，这种情况属于精准爆料舆情。

第三种是传统舆情，即各类传统媒体常规的新闻报道、特别政策报道和重要信息发布内容，引发社会注意力高度关注并引起网民激烈热议的舆情。传统舆情是历史最悠久的舆情类型，官方或新闻机构发布信息，引发民众热议，或褒或贬，或评或赞，或支持或反对，网民深度参与有关国计民生的公共议题。有些引发争议的政策舆情或新闻事件往往是执政者或新闻主体不解民情或此类举措亟待完善而导致的。

第四种是竞争舆情，即不同的社会群体或利益主体竞合博弈在社会注意力和舆论倾向性评价争夺及争取方面的表现，是所有舆情类型中最具有组织性、目的性、对抗性、激烈性和复杂性的终极舆情类型。

在政治领域，竞争舆情表现为不同国家、党派和领导人物的公开辩论、观点冲突等。伴随着网络技术的发达，发帖机器人和数据分析等技术对网民社会注意力的影响和对舆论的干预，也成为政治竞争传播中的热点现象，受到了社会广泛关注。在商业领域，竞争舆情表现为不同市场主体为在市场舆论竞争中胜出而调集各类媒介资源进行的舆论博弈，甚至网络谣言、网络水军和网络打手的身影也受各方影响活跃其中，舆论战常常会上升为经济战和法律战，资本和商业力量也往往通过宣传、公关、招聘、投资、参股或创办各类媒体等各种途径提高舆论影响。

在国际舆论场中，互联网平台、跨国企业、非政府组织、学术机构和媒体等也常常卷入大国博弈的旋涡中。竞争舆情具有巨大的破坏力，特别是在逆全球化、泛政治干预、不正当竞争手段、技术和资本盛行的情况下，竞争舆情将成为考验不同国家、决策者和领导者意志与智慧的场域。

第八章

皮肤：网络谣言与舆论反转

美国作家马克·吐温曾说：“当真相还在穿鞋的时候，谣言已经跑遍半个地球了。”

德国学者诺依曼把舆论称之为“社会皮肤”，用以感知社会注意力的风向以及“意见气候”的冷暖。在社会注意力感知方面，有很多在舆论场中的常见现象，可以比拟为“注意力皮肤”，能够为我们展示这样一个存在于暗流涌动的群体意识中的纷繁世界。

谣言，这个人类历史上最早出现过的信息传播形式，如同自然界中存在的细菌、病毒和微生物，从来没有真正消失或被人为消灭过。如果说信息是社会舆论场中流动的空气和水，那么谣言就如同舆论世界里的暴雨洪流和风暴冰雹。

互联网为信息传播提供了前所未有的优越技术条件，而谣言作为最活跃的并具有一定破坏力的“社会注意力皮肤”，有时则以一种曲折的社会免疫方式表现潜在舆论和社会心理。我们通过对网络谣言的表现、原因和对策进行分析，揭示复杂而暗流涌动的舆论世界和群氓时代多元的社会注意力的动因。

起源：谣言的产生与危害

为何“年年辟谣年年有”？我们每天都要被一些似是而非的传言吸引，社会注意力消耗巨大。那么，网络谣言为什么会产生？造谣传谣需要担负什么责任？有人说，民众随手转发不实信息的背后，也有其科学素养不高、信息不流通的原因。那么，我们如何鉴别和应对谣言？

网络谣言为什么会产生？受美国学者奥尔波特和波斯特曼提出的谣言公式的启发，在接受媒体采访时，我结合近年来国内谣言的发生频率提出了一个公式，即“谣言的滋生频率=事件重要性×信息供给的模糊性”，更侧重谣言易受事件性质和信息发布影响的规律，有助于人们通过判断事件性质和加大信息供给来规避谣言滋生的空间。每当突发公共事件发生时，谣言很快就会滋生。谣言的产生，无外乎以下几个方面的原因：

一是传播者、受众自身没有辨别能力，缺乏科学和新媒介素养。

比如，2011 年 3 月 15 日，因受日本核辐射可能扩散至中国的谣言影响，一股抢购加碘食盐抗核辐射的风潮开始蔓延，同年 3 月 17 日更是出现了多个城市抢购食盐的行为。

继“蒜你狠”“豆你玩”“姜一军”“苹什么”“糖高宗”风潮之后，“盐王爷”终于来了。一夜之间，盐已经成为人际关系中最重要的关键词，并成为联系亲情、友情的“最好礼物”。在这种情况下，政府各职能部门、中国盐业总公司及时积极的应对有效地抑制了恐慌，阻止了谣言进一步扩散。

中国盐业总公司用一个段子幽默地号召大家理性对待谣言：在路上看到有人抢购食盐，一位婆婆很镇静地不为所动，众人奇怪，问其原因，答曰：“我‘非典’期间买的盐还没吃完呢！”不久后食盐供应短缺危机被解除。

二是网民缺少求证的能力、习惯和及时有效的方式。

2021 年 1 月，中国科学技术协会公布的第十一次中国公民科学素养调查结果显示，中老年群体、低文化程度人群的科学素质水平仍较低。2011 年“抢盐事件”中，虽然许多网民较为理性，但也有不少网民迫于“家庭压力”而加入购盐的行列。这说明，公众在面对谣言的时候，很多时候是缺少求证的能力、习惯甚至必要的便捷方式。在这种情况下，人们全靠有限的生活经验和生活小圈子来判断，怎么可能不中招呢？

三是面对危机和巨大的不确定性，表达一种未被证实的推测。

有些人为的揣测和试探的消息被发出以后，经过多轮传播，最终在表述上传播成了貌似真实的和确定性的说法，这已经被一些心理学或传播经验所证实。一句话从开头传到最后，往往会变得离谱，比如许多综艺节目设计传话或者传动作的游戏来娱乐大众。谣言，就是在特定社会背景下产生的一种话语变异。

有这样一则故事。一天，一休在路上走，迎面跑来一头发狂的公牛。他急中生智，倒立起来，使公牛以为看到的是怪异的景象而停了下来，继而被赶来的农民降伏。对于这样一件事情，村民们开始口耳相传，起初的版本是“一休和尚用倒立的办法吓住了一头疯牛”，然后是“一休和尚一个人想办法吓住了一头疯牛”——“一休和尚一个人吓住了一头疯牛”——“一休和尚一个人制服了一头疯牛”——“一休和尚以一人之力制服了一头疯牛”。接下来的故事变得神乎其神，其中一个版本是：“别看一休和尚是一个文弱的小孩子，其实他天生神力且一直在修炼一种很厉害的功夫。那天在路上遇到了发狂的公牛，眼看就要撞过去将他顶翻了，只见一休和尚气定神闲，使出神力，勇斗公牛，一下子就把公牛掀了过来！”

四是因为背后商业利益的驱使而有意造谣或纵容谣言传播蔓延。

每年高考期间，网上都会出现诸如准考证丢失的谣言，骗子留下电话号码，意在非法吸费；电信诈骗也是一种类似的极端情形，主观恶意强烈。浙江某知名网站于 2013 年做了一次调查，48.77%的网民认为造谣者传播谣言的动机为牟利等目的，24.02%的网民认为造谣者想发泄自己心中的不快，对于“纯粹出于好玩”“赚粉丝，提升自己名气”的两个选项，分别有 15.67%、11.55%的网民选择。而 85%以上的网民则认为，谣言的危害最终伤及的是普通民众。

更深层次的一种推断认为，2011 年的抢盐潮源自浙江游资的一轮疯狂掠金炒作。同年 3 月 17 日，微博盛传炒作“谣盐”路线图：浙江游资于 15、16 日在股市大量买入云南盐化等股票，16 日晚间又以 10 元每袋的价格雇用老百姓到各地超市抢盐，然后在 22 点左右通过网络散布消息。17 日成功将云南盐化拉至涨停，达到以小博大的效果。“谣言”路线图仍为传言，但各地警方的确相继查处了一些浑水摸鱼的不法商人。

五是利用人们的好奇心、同情心或借谣言进行诈骗、发泄情绪。

说到利用人们的同情心，2016 年底就有一个例子。2016 年 11 月 25 日，许多人的朋友圈被《罗一笑，你给我站住》这篇文章刷屏，罗尔的女儿罗一笑患重病，但他没有选择公益捐款，而靠朋友圈的这篇文章筹款。网民大都认为当事人没有展现全部的实情。12 月 1 日，微信官方活动信息发布平台“微信派”发布《关于“罗某笑事件”赞赏资金的说明》，决定将“罗某笑事件”的赞赏资金在三天内进行原路退回。

还有一个典型的例子。几乎在每年的 5 月底 6 月初，都会有这样的信息冒出来：“捡到一张高考准考证，考点在一中，请朋友们转发，让×××联系这个号码×××××××××××。一定帮他群发一下，这孩子一家肯定急死了。扩散，扩散，别耽误孩子高考！”教育部门提醒：考生准考证一般在高考前一周予以打印发放，不可能出现“未考就丢”的情况，且考生可以重复打印多张以便备用。即使捡到准考证，也不应通过网络寻找考生，而要第一时间交到当地公安部门或者教育部门，由其处理。网警表示，这类消息的发布者一般都是利用市民的好奇心和同情心，发布诸如丢失准考证等谣言，留下收费电话，制造非法吸费陷阱。

当然，谣言也可能源于编造者发泄情绪。2013 年 8 月 15 日，嘉善县龚某因琐事与家人吵架，谎称“杭州 20 时 10 分飞往成都的川航 3U8912 上有炸弹”。当晚，龚某在嘉善县一出租房内被警方抓获。据龚某交代，当天中午因琐事与家人吵架，故意以编造虚假恐怖信息来泄愤，最终被警方刑拘。①

六是政策发布不及时、不清晰或解读不到位等容易引起焦虑和猜测。

2016 年 10 月，国务院印发《关于激发重点群体活力带动城乡居民增收的实施意见》，意见提出要进一步减轻中等以下收入者的税负，同时适当加大对高收入者的税收调节力度，堵塞高收入者非正规收入渠道，发挥

① 浙江公布十大网络造谣案 刑拘“炸弹谣言”两人[EB/OL]. 浙江在线，2013-08-29.

收入调节功能。文件发布后，“年收入 12 万元是高收入者”的消息不胫而走。北上广深的不少网民怨声载道，但随后财政部、国家税务总局专家辟谣，12 万元不是划分高低收入人群的界限。①

2017 年 4 月 1 日，中共中央、国务院决定设立雄安新区的消息引发广泛关注。据人民网报道，当时一条“保定购车摇号政策于 2017 年 6 月 1 日起实行”的消息在不少网民的朋友圈中流传。保定市公安局工作人员表示，该局未接到类似的文件通知，如有相关政策性变动，政府会向社会公布。石家庄、廊坊等地也出现类似消息，分别被辟谣。

七是满足表现欲，为了被关注、能出名或取得轰动效果。

后现代工业社会和农村的空心化、城镇化狂飙式的发展，导致城乡人口结构失衡加速。孤独、寂寞和无聊的人数量激增，致使社会心理问题增多。在网络时代，希望通过互联网便捷性赢得社会注意力关注和社会交往以缓解心理压力、满足心理需求，常常成为网络言行的心理动因。

八是求知欲，或者是出于关心，转发心灵鸡汤或伪科普内容。

说起利用人们的求知欲、上进心和科学崇拜，朋友圈转得最多的就是心灵鸡汤和励志帖，但很多人是为了利用伪科学赚流量。《金陵晚报》曾有报道：打开爸妈的朋友圈，满眼都是各种分享的文章。《轻松做到，生活中的防癌小妙招》《最新长寿惊奇妙方》《看完惊出我一身冷汗，肯定包括你》……随着智能手机的普及，似乎每个年轻人的父母都在“刷屏”，从养生健康到历史传奇，从股市到楼市，各个标题“耸人听闻”。可是，明明很多漏洞百出的谣言，父母们为何还是要相信和分享呢？网上有人说：“那些伪科学和谣言是专门为迎合老年人的心理编造出来的，很容易被老年人所接受，他们接受新知识的渠道又少，因此整天在朋友圈里大转特转，也算是一种消遣。”面对父母轻信朋友圈谣言，子女首先要做到的是尊重，其次是沟通解释，千万不能一味地指责，还要防止他们被误导。

“提高中老年人安全上网意识，需要广泛发动社会各界力量。”我曾通

① 12 万高收入谣言背后是中产阶级的焦虑[OB/OL]. 未来网，2016-10-25.

过《人民日报》和央广老年之声建议："一方面网络监管部门要设立包括网络谣言、虚假广告等违法线索和案件的举报受理平台，净化中老年人上网环境，拧紧上网安全阀；另一方面要让更多的社会组织、社区、教育机构等关注中老年人上网安全，通过上网技能培训、风险防范宣传等，消除中老年网民上网的安全隐患。"①

九是有目的地策划变相营销，是有利益团体在推动。

2020年，网上有标题为《疫情之下的某国：店铺关门歇业，华商太难了》的文章刷屏，并且同样的文章在互联网平台被炮制出俄罗斯、葡萄牙、土耳其等十多个国家的版本散布，恶意赚取流量，这些账号的行为引发了争议。网站平台开展自查自纠，全面排查平台内网络账号恶意营销问题，集中清理相关违法违规信息，严肃处理涉及恶意营销的网络账号。

十是故意编造信息，有目的地打软广告或不正当竞争。

网络用户通过网络内容产生的黏性可能被市场竞争者人为利用，社会注意力资源常常向商业和营销模式转化，具有变现的经济价值，也会演变为营销手段或不正当竞争手段。因此，制造和吸引社会注意力本身是为了逐利，在某些情况下会偏离或牺牲信息的真实性，造成谣言的出现。

2018年3月26日，因自媒体的几篇指向性很强的文章，一条"伊利股份董事长潘刚被带走协助调查"的消息在各网站和社交媒体上大量传播，让与伊利公司相关的奶农、上下游合作商、企业员工以及资本市场投资者感到恐慌。伊利很快发布澄清公告称相关报道不实，市场传言均为谣言，公司生产经营一切正常。据新华社报道，有关伊利的传言经调查被证实为谣言，相关责任人被依法追责。

近年来，一些网络自媒体编造传播经济领域虚假信息的事件时有发生。这些谣言以其较强的传播力和迷惑性，频频引发市场波动和公众恐慌，扰乱市场经济秩序，影响经济健康发展。究其原因，少数自媒体野蛮生长，以谣博名、以谣博利是其根源。②

① 钱一彬．互联网前沿追踪："银发族"上网 谨防四大风险[N]．人民日报，2018-07-06.
② 自媒体写"小说"诽谤伊利幕后[N]．北京青年报，2018-05-08.

惩戒：谣言不是想造就能造

谣言产生的原因有很多，关键在于围绕信息的不确定性和社会变动要比以往更快，现代社会城乡政治、经济、文化、社会生活不断发展与剧烈变动，相应地会产生更多信息，特别是有价值的真实信息，也伴生着大量不确定的信息。人们根据信息来判断和决定认知和行为选择。

身处互联网时代，人们获取和传播信息有了更多的渠道，各类机构和主体、个人都通过大众传媒、自身网络平台或账号进行信息发布和交流，选择性更多，当权威信息不足时，大家就更多地从其他途径获知相关信息。如果在对信息的接触、认知、判断和分享传播过程中出现判断失准，就可能产生谣言。

此外，各个社会主体的公信力也会影响信息的传播效果。如果信任度高，一些谣言可能很快就会被识破和澄清。传播谣言对于一些人来说，如果存在一定的利益关系，就更加难以杜绝，甚至会加重相关矛盾。

谣言在一定程度上也是社会心态和社会价值观的一种反映，比如涉及道德类的谣言，本身是对“假恶丑”现象的一种批评情绪，这是社会肌体的一种免疫排斥应激反应。当类似谣言出现时，说明社会公序良俗受到了某种侵犯或威胁，网民或口头传播，或发言表达了一种情绪和态度。

当然，对于谣言传播，执法成本和辟谣成本也是巨大的。有关部门应该深入研究和规范谣言治理的分级管理政策办法，提升公众的守法意识、法律素养、科学素养和媒体素养。对于重大谣言，责任人将承担道德、行政和刑事等不同层级的处罚。

在日常的工作和生活中，如果散布谣言侵犯了公民个人的名誉权或者侵犯了法人的商誉，依据我国《民法通则》的规定，要承担停止侵害、恢复名誉、消除影响、赔礼道歉及赔偿损失的责任。如果散布谣言，谎报险情、疫情、警情或者以其他方法故意扰乱公共秩序的，或者公然侮辱他人或者捏造事实诽谤他人的，尚不构成犯罪的，要依据《治安管理处罚法》

等规定给予拘留、罚款等行政处罚。

《治安管理处罚法》第25条规定：“有下列行为之一的，处五日以上十日以下拘留，可以并处五百元以下罚款；情节较轻的，处五日以下拘留或者五百元以下罚款：（一）散布谣言，谎报险情、疫情、警情或者以其他方法故意扰乱公共秩序的；（二）投放虚假的爆炸性、毒害性、放射性、腐蚀性物质或者传染病病原体等危险物质扰乱公共秩序的；（三）扬言实施放火、爆炸、投放危险物质扰乱公共秩序的。”

对于谣言构成犯罪行为的，《刑法修正案（九）》第三十二条规定，在刑法第二百九十一条之一中增加一款作为第二款：“制造虚假的险情、疫情、灾情、警情，在信息网络或者其他媒体上传播，或者明知是上述虚假信息，故意在信息网络或者其他媒体上传播，严重扰乱社会秩序的，处三年以下有期徒刑、拘役或者管制；造成严重后果的，处三年以上七年以下有期徒刑。”

其实大量谣言并没有上升到刑罚的程度，很难笼统地去判定和处理大多数造谣者和传播者应承担的责任，常见的约束办法仍是公开道歉、向当事人道歉、及时辟谣、经济赔偿、舆论引导、道义规范和宣传教育等。

破袭：谣言止于求证与科普

破袭战一般是指为防止对方突然进行袭击而进行的防御。应对时常出现的谣言，更需要防治并举。那么，面对网络谣言，政府、网络平台和社会大众需要注意什么呢？

信息公开和发布制度有待完善，各级机构应具备责任意识。一是要保证信息透明，权威、真实信息及时发布；二是网民举报和建立社会参与渠道；三是加强监管和依法处罚，加强分级管理，提升法律意识；四是做好教育和科普工作，加强科学素养教育，提高新媒体素养；五是媒体和第三方专业机构加强调查；六是建立权威信息的公益查证的数据库等。

经验证明，第一时间发布权威真实的信息，建设辟谣平台，实施专业科普活动与及时辟谣，成为应对谣言最常用的方式方法。比如，南京的政务新媒体打造遏制谣言传播矩阵，多次将案例辟谣时效控制在4小时之内；北京市在应对自然灾害方面，矩阵式的政务信息发布和及时辟谣，已经成为包括政府、企业、机构组织和市民在内的社会广泛参与的协同行为。谣言止于智者，更止于公开透明的信息与多方权威证实。

网络上疯传的视频或消息经常会激起社会注意力的关注。对于类似谣传，会给当事人造成很大的困扰，甚至有时会对其家人、朋友、同事等造成巨大的心理压力。事发之后，当事人一般会很快发出辟谣声明或向公安机关举报。那么，对于公众人物或个人来说，有什么样的防范和破袭谣言的有效手段呢？从根本上说，要了解新环境、新规律，把握社会注意力心理，进行及时预判。对此，也要建立个人心理准备和预案，遇事不慌。

以下七点需要特别注意。第一，当我们收到一些不确定的信息时，首先要想到的就是多方求证互证，如举报中心、医院、消费者协会、涉事企业、媒体等，多跟权威或专业机构反映线索。第二，要有常识判断，养成不迷信、不盲从的好习惯。偶尔要克制贪小便宜和逐利的心态，因为谣言散布者甚至诈骗者往往就利用了人们的这种心理，防不胜防。第二，寻求身边相关的职业人士帮助，相信专业、科学和理性的力量。第四，学会使用各种搜索引擎和文献检索工具，利用权威专业的网站查证，千万不要弄巧成拙，盲目相信一些公信力弱的网站，更要避免一些虚假冒名的网站。第五，对于朋友圈和网上的各种孤证性的信息，在没有得到多方印证的情况下，不能轻易认定为真，特别是一些来自非权威媒体的信息。首先，地市级以上政府网站、官办事业组织或团体单位网站、普通高校和专业研究机构网站、党报党网、电视台、广播台、中央和地方党政机构主管主办的新闻网站的信息权威性较强。其次，各大商业门户网站、都市类媒体转载或报道的消息，有权威来源出处的，也可以进行参考。第六，网络谣言中出于恶意传谣的常常有逐利的动机，所以在不确定性信息中一旦有涉及财产和人身安全的信息，就要提高警惕，避免因为同情心、上进心、逐利心等而掉入陷阱。第七，随着人工智能和音频视频技术的不断发展，假图片、假视频不断出现，很多高科技谣言和诈骗开始出现，人们要加强防护意识。

免疫："遥遥领先的预言"

法国学者让-诺埃尔·卡普费雷在《谣言：世界最古老的传媒》中指出了一个尴尬的事实：谣言控制学派的研究刻意忽视了那些"被证为实"的谣言。[①] 尽管生活中存在许多虚假的谣言，但也有不少谣言被证实为确有其事，大部分谣言也并非空穴来风。有人甚至称谣言为"遥遥领先的预言"。

应对谣言的社会免疫，一是要真正具有应对各类谣言和鉴别信息真伪的能力，二是要认识到谣言现象或个别谣言本身有可能是信息试探和社会具有免疫力的体现。研究谣言的历史不难发现，在没有权威信息证实之前，传播谣言有时也能帮助缓解特定群体的心理焦虑。卡普费雷的研究论断被提出后获得了广泛的认同。

美籍日裔社会学家涩谷保（Tamotsu Shibutani）研究谣言的一本书叫《即兴的新闻》。谣言控制学说倾向于把谣言看作"较少理性"的社会活动形式。涩谷保认为，谣言的产生以及传播是对事件模糊性的一种回应，谣言被不断建构的过程，就是"不明真相"的群众努力追寻答案的过程。谣言信息的真假已不再重要，即使谣言建构的方向偏离了真实，也不意味着其追寻真相的努力全然付诸东流。

2002 年底，有关"非典"疫情的信息就作为谣言在网络论坛里流传。2003 年，广东省政府新闻办正式公布"非典"疫情前的两天，"广州发生致命流感""不明病毒一夜夺命"等谣言通过手机短信和互联网在广州城内散布。尽管这些谣言以夺人眼球、耸人听闻的形式出现，但它们不乏事实基础，更重要的是，它们的出现并非是对已知真实信息的偏离，而是对未知事件的探寻。

除了事件本身的重要性和模糊性，事件牵涉的人群多寡、对日常生活

---

① [法]让-诺埃尔·卡普费雷著，郑若麟译．谣言：世界最古老的传媒[M]．上海：上海人民出版社，2020. 9.

的影响程度、对群体共同行动的阻力，都是促生谣言的因素。“非典”事件期间大量谣言之所以出现，与当时的疫情无法得到官方及时、权威的信息有一定关系。谣言在一定程度上弥补了信息的空白，尽管其承载的信息有谬误甚至荒唐之处，但它是群体面对重大公共事件所采取的探知真相的集体社会行动，在特定条件下也可能具有社会精神交往、群体心理试探或争取信息知情权的社会免疫效果。

舆论反转：媒体失灵风险的防范

互联网新媒体快速发展，让普通大众获得了便捷的表达渠道。网络消息越来越多，越来越快，但也泥沙俱下。可能事实还未调查清楚，各种评论和意见就如山呼海啸般汹涌而至。

媒体的天职是报道社会新近发生变动的事实，报道如果出现失误偏差、把关不严的情况，则会造成严重的舆论混乱和巨大的社会损失，伤及传媒的社会公信力。从某种程度上来说，新闻反转和失实是媒体失灵的表现，比网络谣言还要可怕。

“上海女孩逃离江西农村”“成都女司机被打事件”“山东产妇纱布门”……反转新闻接连上演，不仅伤害媒体公信力，也让公众情绪被反复玩弄，次生网络谣言、极端化表达、隐私权侵犯等都不断污染着网络舆论环境。①

大量“舆论反转剧”不断刷新着人们的观感，上演了一出出闹剧。各类“舆论反转”现象居高不下，网络阅读量惊人，带来的是媒体和社会信任的伤害。那么，舆论反转为何反复发生呢？

复旦大学教授李良荣认为：“新闻失实指新闻报道脱离和违背客观事实而未能反映事实真相的现象。”② 反转新闻从本质上来讲是新闻失实，或者更确切地说，是以新闻的名义传播的信息的失实。舆论反转的范畴更是

① 刘鹏飞、孙欣、朱丽娜．泛媒体媒介素养缺失的十大表现[N]．新闻与写作，2017（06）．
② 李良荣．新闻学概论（第七版）[M]．上海：复旦大学出版社，2021.2.

比反转新闻要宽泛，是指社会舆论场对某一新闻事件或话题的主导性变化及其走向。

舆论反转的发生，反映了众声喧哗时代新老媒体“把关人”角色的缺失。一方面，一些专业媒体存在失范操作、把关功能削弱的问题，一味追求首发权、第一定义权，将“网传”“网曝”内容的核查工作抛给公众舆论，在一定程度上偏离了新闻生产的基本流程和专业精神；另一方面，自媒体抢夺着主流媒体的话语权，规避了传统把关机制，营销号商业传播行为通过夸大和重构某些社会情绪、制造新闻故事，以“蹭热点”“抢头条”的方式成为反转事件推波助澜的因素。具体来说有以下原因：

第一，深处社交媒体时代，没有经过新闻专业训练的网民数以亿计，其新媒体素养和法律意识比较薄弱，对新闻事实调查核实的意识和能力都不强，特别是感性大于理性者居多，从众者较多，常常产生群体极化和网络暴力现象。①

因为自媒体传播的流行，普通人通过社交媒体传播信息的技术门槛几乎为零，微信、微视频、微博、网上群组等自媒体的“病毒式”传播，特别是隐秘性、熟人网络的特点，助长了信息传播热度。同时，受众获得新闻的渠道增多，不同渠道提供的信息不一致，但随着熟人社交媒体“圈子化”传播的扩大，信息处于半公开状态，不容易被公众和媒体发现及追踪核实，相互印证不足。

第二，舆论反转新闻绝大多数话题性强，契合某种社会心理或民众情绪。很多所谓的新闻本身未必具有新闻价值，如“偷鸡腿妈妈”事件就是一起普通的社会治安事件，“上海女逃离江西农村”事件也被证明不实，但是它本身所带来的关于城乡差异、地域歧视、婚嫁观念、贫富差距等话题的讨论，超过了对事件本身的关注。媒体的助推与网友的互动和热议造成了春节期间的刷屏级现象。

第三，媒体不当报道或者失实报道而产生虚假新闻。不少市场化媒体

① 刘鹏飞．新闻真假的是与非——虚假新闻的发展趋势与应对[J]．青年记者，2016(21)．

和网络媒体，也因新媒体的竞争压力加大，刻意追求点击率或迎合受众，在新闻专业把关方面不严，导致舆论反转现象不断出现，甚至造成谣言传播。各类碎片化、非理性的信息容易激起网民情绪，这不仅对当事人造成了伤害，也消耗了巨大的社会成本。

第四，如今受众对媒体的信任度降低，是媒体内部环境和外部环境共同作用的结果。媒介环境正在经历前所未有的大变局，移动互联网时代到来，社交媒体兴盛。在这场大变局中，传统媒体受到冲击，面临用户流失、广告流失、核心竞争力下降等问题，而新兴媒体也面临用户争夺、可持续运营等问题，整个媒体圈陷入集体焦虑。

一些市场化媒体，甚至一些主流媒体一味迎合市场和受众，低趣味性话题增多，对新闻职业操守形成了冲击。社交媒体的迅速发展与传播、部分传统媒体的不严谨报道以及网络媒体出现“标题党”造成网络舆论容易被误导。更值得注意的是，经过多起名人被去世、道德事件被反转、正常人被吸毒嫖娼案件后，受众对媒体出错已见怪不怪，遇事“坐等反转”。这种见怪不怪的想法更是对媒体公信力和生命力的最大打击。因此，媒体不仅要关注个案的细节真实，更要重视社会整体性和动态性的真实把握，通过连续不断的真实报道来准确反映社会真实情况，维护好社会公信力。

客观来说，无论是从网络传播与管理现实，还是从媒体素养来说，对于“舆论反转剧”给社会带来的种种危害和影响，媒体无疑负有不可推卸的重要责任。那么，如何才能化解舆论反转呢？媒体要推动社会舆论格局的健康发展，切实提高新闻舆论传播力、引导力、影响力、公信力，维护和提升自身的专业能力和社会责任。

从数起舆论反转新闻处置过程来看，我们必须重视及妥善处置舆论反转的个案。一是做好微博、微信、新闻 App 等高黏性新媒体的报道，这对于吸引社会注意力和引导舆论非常重要；二是相比及时准确的报道，主流媒体更主要的优势在于观点权威；三是理性、专业、均衡、法治和科学的价值信仰，是破除舆论反转的重要武器；四是在政务新媒体流行的时代，主流媒体已经不是舆论传播引导的唯一选项，一大批政务微博发挥了积极的舆论作用；五是善于在事实变动、舆情发酵或舆论反转的当口，做好媒体动态反应，充分运用权威主流媒体的杠杆效应；六是充分运用网络媒体，联合社交媒体运营平台与账号，扩大舆论传播效果。只有新老媒体联盟矩阵，网聚正能量，才能有效阻击网络群氓效应，减少破坏性的“舆论反转剧”。

严格来说，舆论反转是信息未经充分核实的结果。为了减少舆论反转和假新闻的出现，必须要加强快速透明的信息机制建设，提升媒体专业能力和职业操守。为了在更广、更深的范围内化解舆论反转问题，我们应认识到：

第一，舆论反转问题需要多方共同治理。为避免乌龙事件的再度发生，解决信息发布中“求新求快”与“求真求实”不能兼顾的矛盾，应成为媒体工作的重点，提高自媒体运营者媒介素养和法律意识是当下的重中之重。

第二，依法治网步伐逐步加快，互联网与新闻主管部门应依法加强监管。近年来国家网信部门和国家广播电视总局等公开通报多家媒体发布虚假失实报道的查办情况，并强调全国媒体机构要切实履行管理职责，加强马克思主义新闻观教育，加大业务知识培训，全面提高新闻采编人员政治素质、职业道德和业务水平；要继续保持打击新闻敲诈和假新闻的高压态势，加大案件查办力度，严厉打击各类新闻违法活动。

第三，互联网企业和平台企业自身也需要加强监管职责，肩负社会责任。互联网新闻信息服务提供者在转载新闻信息时，应当保证内容完整、准确，不得歪曲、篡改标题原意和新闻信息内容。作者需字斟句酌，谨慎起标题，避免给文章新增含义，给原发媒体造成伤害。

第四，媒体平台、新闻行业组织和自媒体人等，也需要加强新闻调查、评议、监督和自律的作用。中国记协对于“传媒工作者应当如何履职”的社会调查显示，公众对媒体角色扮演最看重的四项分别是：忠实记录现实、引导社会舆论；反映百姓呼声、疏导舆论热点；凝聚各界共识、汇集进步力量；恪守职业道德、坚守社会责任。

第九章

模型：舆论风险不对称

互联网时代，网络舆情处于高发态势，继而产生舆论风险。我们要通过归纳总结过去的大量舆情案例，找到舆论风险发生的相关常见指标和评估依据，以此提高相关机构和人士评估舆论风险和预防的能力。

舆情的发酵和升级都离不开社会关注，即社会注意力的快速聚集。当我们面临社会注意力高度集中的窗口期时，滋生网络社会注意力风险的概率也大幅上升，机遇与风险并存。社会注意力是一把双刃剑，在网络舆情的天空，人们要擅于感知风险变动，才能决胜千里。

具体来说，在不确定性和多变性增加的移动互联网舆论场中，我们只有深谙社会心理和舆论规律，才能够掌握诀窍和正确路径。在这种情境下，熟练驾驭信息发布和具有新媒体素养的人能够游刃有余，借助社会注意力达到理想的效果，或者能够平稳度过社会注意力窗口期。

当社会注意力高度集中时，如果出现不当的表现或不利的因素，就有可能滋生负面舆情，而且相比社会关注度低的情况，会造成数倍或千百倍的放大效应。我们也可以把这种优劣反差类比为“社会注意力弹簧”，表现得好就成为“天使”，表现失当则可能被网民“有罪推定”。那么，雷区和陷阱到底在哪里呢？

黑天鹅还是灰犀牛

塔勒布眼中的“黑天鹅”

17 世纪之前的欧洲人认为天鹅都是白色的。但随着在澳大利亚第一只黑天鹅的出现，这个不可动摇的观念崩塌了。黑天鹅的存在寓意着不可预测的重大且稀有事件，它在意料之外，却又改变着一切。

人类总是过度相信经验，并不知道一只黑天鹅的出现就足以颠覆一切。然而，无论是在对股市的预期，还是政府的决策，或是普通人日常简单的抉择中，“黑天鹅”事件都是无法预测的。美国的次贷危机、“9・11”事件的发生和 2008 年中国南方雪灾，都证实了这一点。

纽约大学特聘教授、风险管理专家纳西姆・尼古拉斯・塔勒布①（Nassim Nicholas Taleb）认为，“黑天鹅”事件（Black Swan Event）指非常难以预测且不寻常的事件，通常会在市场引发连锁负面反应甚至颠覆市场。一般来说，“黑天鹅”事件是指满足以下三个特点的事件：它具有意外性；它产生重大影响；虽然它具有意外性，但人的本性促使我们在事后为它的发生编造理由，并且或多或少认为它是可解释和可预测的。“黑天鹅”存在于各个领域，无论是金融市场、商业经济还是个人生活，都逃不过。

大约在四百年前，英国唯物主义哲学家弗朗西斯・培根（Francis Bacon）就曾经发出这样的警告：当心被我们自己思想的丝丝线线束缚。但是我们经常犯这种错误，以为发生过的事情很有可能再次发生，所以免不了会凭经验办事。比如，我们会编出简单的理由或故事来解释我们尚不知晓的（而且很有可能是我们根本就不可能知道的）复杂的事情。

我们无法预知在未来的某一天股市会涨还是会跌，据以推断预测的理由要么过于简单，要么根本就是错的。事实上，真正重大的事件是无法预

---

① [美]纳西姆・尼古拉斯・塔勒布著，万丹、刘宁译. 黑天鹅如何应对不可预知的未来[M]. 北京：中信出版社，2019. 5.

知的，塔勒布把这称之为“黑天鹅”。“黑天鹅”的逻辑是：你不知道的事比你知道的事更有意义。在人类社会发展的进程中，对我们的历史和社会产生重大影响的，通常都不是我们已知或可以预见的东西。股市会突然崩盘；美国地产泡沫会引发谁都没有预料到的次贷危机；一场突如其来的大雪会使得大半个中国陷入瘫痪状态，带来上千亿元的损失……

2011 年 3 月 11 日，日本气象厅表示，日本于当地时间 14 时 46 分发生了里氏 8.9 级地震，震中位于宫城县以东太平洋海域，震源深度 20 公里，东京有强烈震感。北京时间同年 3 月 13 日，日本气象厅将震级修改为 9.0 级。这次灾害最终导致了严重的福岛核电站核泄漏特大事故。

与 2008 年全球金融危机和经济大衰退相比，2020 年新型冠状病毒肺炎疫情的流行更像是一只巨大的“黑天鹅”。与美国住房按揭贷款危机不同的是，没有人预测到 2020 年可能会暴发一场新冠肺炎疫情。截至 2021 年 5 月底，这次严重的疫情已经导致全球超过 1.7 亿人感染，超过 350 万人死亡，目前这些数字仍然在持续攀升。

“黑天鹅”事件的三大特点包括稀有性、巨大冲击性和事后而不是事前的预测性。关于其重大影响，塔勒布认为，生活只是少数重大事件的累积结果。他提醒说：“历史和社会不会爬行。它们会跳跃。它们从一个断层跃上另一个断层，之间只有很少的摇摆。而我们（以及历史学家）喜欢相信我们能够预测小的逐步演变。”①

自然灾害、事故灾难和突发事件，往往具有不可预测性。而三分之二的“黑天鹅”事件是由上市公司自身原因造成的，治理不当是最主要诱因，且数量呈每年上升之势。产品安全、财务造假、信披不实、业绩变脸、污染事故最为典型。为此，公司安全管理制度及危机公关处理能力，在市场表现中起着关键作用。

---

① [美]纳西姆·尼古拉斯·塔勒布著，万丹、刘宁译. 黑天鹅如何应对不可预知的未来[M]. 北京：中信出版社，2019.5.

“灰犀牛” 与大概率危机

“灰犀牛”是与“黑天鹅”相互补足的概念。“黑天鹅”事件是极其罕见的、出乎人们意料的风险。“灰犀牛”事件（The Gray Rhino Event）则是指太过于常见以至于人们习以为常的风险，比喻大概率且影响巨大的潜在危机。

2017 年 3 月，在进行博鳌亚洲论坛年会主题报道时，新华社就关注到了“灰犀牛”现象，新华社特稿提出“灰犀牛”比“黑天鹅”更可怕，更值得关注。[①] 2017 年 7 月 17 日，《人民日报》在头版刊发评论员文章提到：防范化解金融风险，需要增强忧患意识。既防“黑天鹅”，也防“灰犀牛”，对各类风险苗头既不能掉以轻心，也不能置若罔闻。[②]

纽约国际政策研究所所长米歇尔·沃克（Michele Wucker）撰写的《灰犀牛：如何应对大概率危机》一书让“灰犀牛”为世界所知。沃克观察到，2008 年美国房地产泡沫集中爆发以及在此之前的诸多泡沫破裂；飓风卡特里娜和桑迪以及其他自然灾害过后带来毁灭性余波；颠覆了传统媒体的现实数码技术；大桥坍塌和摇摇欲坠的城市基础设施；苏联的迅速衰败和中东地区的混乱，在事前均出现过明显的迹象。[③] 沃克也提出了疑问，为什么领导者和决策者们不能在局面失去控制之前解除危机？人们应该如何辨识和有效应对那些明显的、高概率的危机事件？

灰犀牛体型笨重、反应迟缓，你能看见它在远处，却毫不在意，一旦它向你狂奔而来，定会让你猝不及防，直接被扑倒在地。它并不神秘，却更危险。可以说，“灰犀牛”是一种大概率危机，在社会各个领域不断上演。很多危机事件，与其说是“黑天鹅”，其实更像是“灰犀牛”，在发生前已有迹象显现，但却常常被忽视。现实中，限于人类科技和认知能力，

---

① 杜静．特稿：透视“逆全球化”表象——从博鳌亚洲论坛 2017 年年会主题说起（简版）[EB/OL]．新华网，2017-03-22.

② 有效防范金融风险——二论做好当前金融工作[N]．人民日报，2017-07-17.

③ [美]米歇尔·沃克著，王丽云译．灰犀牛：如何应对大概率危机[M]．北京：中信出版社，2017.2.

以及事故和灾难的责任追究等复杂缘由，很多原本是“灰犀牛”事件的问题，却被归结为“黑天鹅”事件。有些风险和隐患是显性和可知的，最终却被认定为“黑天鹅”而非“灰犀牛”，原因则可能是多方面的。

1986 年，美国“挑战者”号航天飞机爆炸，这是人类航天史上的一次重大灾难。据事后调查，灾难的主要原因与航天飞机上的 O 型密封圈有关。这种密封圈存在一个缺陷，即在低温环境下密封性会变差，导致危险气体漏出，从而威胁整架航天飞机的安全。“挑战者”号发射之前，有几个工程师已经发现这个问题并提出警告，可是美国宇航局忽视了这些警告，仍然在一个寒冷的早晨强行发射，结果酿成机毁人亡的惨剧。“挑战者”号灾难事故发生的原因令人深思，乍一看好像是“黑天鹅”事件，但实际上是典型的“灰犀牛”事件。类似的事件太多了，其发生有时是认知能力问题，有时是责任问题。

当下，中国经济金融领域也存在“灰犀牛”现象。中国正是认识到了“灰犀牛”的存在及其危险性，将防范风险提升到了更加突出的位置。近些年举行的全国金融工作会议就提出，防止发生系统性金融风险是金融工作的永恒主题，要把主动防范化解系统性金融风险放在更加重要的位置，科学防范，早识别、早预警、早发现、早处置。这无疑是应对金融领域“灰犀牛”的正确姿态。

从全球视角看，目前全球化、气候变化、难民等全球性问题正面临巨大的“灰犀牛”风险。应对这些风险，各国唯有同舟共济，携手前行。

沃克提出，应对“灰犀牛”风险，不要浪费已经发生的危机，要真正做到从灾难中吸取教训。从美国次贷危机到欧洲债务危机，可以说，每一次危机背后都隐藏着巨大的灰犀牛风险。次贷危机中，美国房地产泡沫、信贷过度膨胀等迹象早已显现；欧债危机中，欧洲多国债台高筑、财赤超标问题也远非一日之寒。在这些危机中，灰犀牛风险被忽视，更得不到妥善应对，最终酿成重大危机。沃克在《灰犀牛》一书中给出了“灰犀牛”风险（危机）的应对策略：

第一，要承认危机的存在。

第二，要定义“灰犀牛”风险的性质。

第三，不要静止不动，也就是不要在冲击面前僵在原地。

第四，不要浪费已经发生的危机，要真正做到从灾难中吸取教训。

第五，要站在顺风处，眼睛紧紧盯住远方，准确预测远处看似遥远的风险，摒除犹疑心态，优化决策和行动过程。

第六，一般来看，成为发现“灰犀牛”风险的人，就能成为控制“灰犀牛”风险的人。

舆情危机定式与风险信号

“黑天鹅”和“灰犀牛”现象，在社会注意力风险领域也十分常见。早年，当政府和企业面对舆情危机时，常常陷入躲闪被动、恶性循环的怪圈中，消极颟顸的做法治标不治本，而且容易引发舆论次生灾害，激化和扩大社会矛盾，扭曲和异化社会法治秩序。从主观能动性的角度来看，安全问题是否能够通过完善的制度、技术和文化等来进行预防？

海因里希法则

海因里希法则（Heinrich’s Law）是美国著名的安全工程师海因里希（Heinrich）提出的 300：29：1 法则。这是他通过分析工伤事故的发生概率，为保险公司的经营提出的法则。当一个企业有 300 个隐患或违章，必然会发生 29 起轻伤事故或故障，在这 29 起轻伤事故或故障当中，必然包含有一起重伤、死亡或重大事故。这一法则广泛应用于企业的安全管理上，即在一件重大的事故背后必有 29 件轻度的事故，还有 300 个潜在的隐患。可怕的是企业对潜在性事故毫无觉察，或是麻木不仁，结果导致无法挽回的损失。了解海因里希法则的目的是通过对事故成因的分析，让人们少走弯路，把事故消灭在萌芽状态。

海因里希法则揭示了安全风险管理的两个共性规律：第一，安全事故的发生会经历多个环节，环环相扣，任何一个中间环节起到了预防作用，事故就能避免；第二，只有重视消除轻微事故，才能防止轻伤和重伤事故，否则大事故的发生只是时间问题。

社会注意力首先是一个心理感知的范畴。安全风险发生的概率可以通过健全制度管理体系加以干预。海因里希首先提出了事故因果连锁论，用以阐明导致伤亡事故的各种原因及与事故之间的关系。他把工业伤害事故的发生、发展过程描述为具有一定因果关系的事件的连锁发生过程，即人员伤亡的发生是事故的结果，事故的发生是由于人的不安全行为或物的不安全状态。人的不安全行为或物的不安全状态是人的缺点造成的，人的缺点是不良环境诱发的，或者是先天的遗传因素造成的。

“千里之堤，溃于蚁穴。”要正视社会矛盾的源头及根本问题，将社会注意力风险的治理路径从事中、事后的被动应对，转变为对社会治理和舆论风险的事前评估，做到及时发现与解决，及时转变工作思路，做到防患于未然，维护社会的长治久安。

危机管理和风险管理的最高境界，不是研判与应对，而是风险评估和避免危机的实际发生。战国时期思想家韩非的《扁鹊见蔡桓公》，讲述了蔡桓公讳疾忌医，最后病入骨髓、无药可救的故事，意在告诫世人特别是决策者，应该勇于正视现实，直面个人灾难、社会危机，及早采取措施。

社会注意力风险评估

近年来，公众利用互联网表达权利诉求的自觉意识在不断增强，地方政府在重大项目决策中，公众参与缺位，往往招致媒体与民间舆论的合力“围攻”，酿成社会冲突甚至群体性事件。特别是一些具有争议的可能造成污染隐患的基建、化工、城建项目，在环境污染和生态破坏等话题方面，数度让地方政府在舆论压力中遭受质疑，导致政民关系的紧张和政府公信力的损伤。

智能手机、移动互联网尤其是社交新媒体的出现，使普通民众拥有了非常便捷的发声渠道。网络舆论发酵与传播的速度、规模和力度，都得到了明显提升，甚至局部、个别、细小的问题，都能够在短时间内迅速发酵，变成影响全国、全行业的舆情风波，影响着重大事件的走向。各种舆情热点背后，还体现了管理者主观方面的原因。政府决策前期民意调查与评估严重缺失，公共政策沟通协商的制度化平台缺位，治理理念和方式落后，仅仅依靠“环评”无法反映多方民意诉求，导致决策中遗留了不少社会风险隐患。一旦出现突发舆情，不少地方和部门往往陷入被动局面，或者临时抱佛脚，传统简单的“维稳”常常无法有效应对。

对此，我国各地党政部门和主流媒体纷纷建立政务微博，探索和建设更加畅通的政民互动渠道，把网上问题引到网下解决，促进科学决策，这已经取得初步成效。但一些政府部门对于污染事件的民意反弹情况一直估计不足，习惯性地以地区经济发展作为借口漠视民意。然而当下舆论环境已不同于以往，“打铁还需自身硬”，政府如果要求民众理性表达诉求，自身决策就必须做到科学、公开、透明。尤其是在重大项目实施之前，政府务必从公众心理承受能力角度做好“舆评”，以此化解舆情压力，提升形象与公信力。

自党的十九大以来，新发展阶段、新发展理念和新发展格局的构建，也在催生“环评”“舆评”先行，逐渐成为社会共识。重大工程和公共政策对社会、经济发展有重大影响，其投资大，涉及的利益群体也大，因此其决策和执行更需重视公众的知情权、表达权、监督权和参与权。应对公共突发事件往往需要提前调查沟通，保持信息透明。

社会注意力风险评估，主要针对地方政府在做出重大事项决策前及日常社会治理过程中，围绕重大事项的公众参与度、舆论风险性、民意承受力、组织保障力以及舆情动态反应能力等因素开展系统的调研，科学预测、分析和评估，对重大事项进行预判，进而调整决策，建立风险防范和处置措施，从源头预防和化解网络社会注意力风险，推动科学民主决策，提高社会治理能力。同时，要注意以下几点：

第一，建议政府组织协调专家、媒体与舆情研究机构，论证和制定“舆评”工作制度、政策、标准与办法等。政府应该在重大项目决策环节中，借鉴以往重大项目“环境影响评价”的经验，及时引入“舆论承受力评估”的制度化建设，注意“引进来”，吸取“环评”制度经验，扩大民意诉求渠道，把“舆评”与“环评”一齐列入政府公共治理和重大工程的决策环节，加以政策制度保障。实施“舆评”先行，实现公众与政府的良性互动，这既是执政善意，也是执政智慧，更是顺应社交媒体时代民众需求的必然选择。我们要及时总结各地经验，顺应当前形势和时代潮流，把经验上升到政策和制度，从根本上疏通体制机制，从而推动科学发展。

第二，在互联网信息时代，政府和企业在重大项目决策中，应化被动为主动，搭建公共政策公开沟通协商的制度化平台。积极以听证会、网络舆情调查、新闻发布会、社会调查等多样化形式汇聚市场资源、专家智慧和网络民意，积极引导群众和网民扩大现实政治制度参与，把各种复杂社会利益诉求和矛盾的处置提到前端，追根溯源、防治并举，只有这样才能促进科学决策。舆情并非敌情，地方政府开诚布公、提前沟通，就会很容易得到公众的理解。

第三，建立重大项目“舆评”与“环评”并重机制的同时，有关部门可以制定政策，扶持和规范舆情信息工作。在这个方面，主流媒体、专业舆情机构及智库能够发挥重要作用。各级党报党刊、广播电视台、通讯社、新闻网站和网络问政平台等，都应该履行社会职责，保障社情民意的上传下达以及信息的真实、全面、准确和畅通，及时反映相关重大舆情信息，进行线上与线下的民意调查、评估，做好信息发布和效果反馈，为各地重大项目和科学决策提供充分和必要的依据。

邻避效应：社会失灵的挑战

邻避效应（Not-In-My-Back-Yard）是指居民或当地单位因担心建设项目（如垃圾场、核电厂、殡仪馆）对身体健康、环境质量和资产价值等带来诸多负面影响，从而激发人们的嫌恶情结，滋生“不要建在我家后院”的心理，即产生强烈的和坚决的、有时高度情绪化的集体反对甚至抗争行为。

进入工业文明时代，政府部门规划经济项目或公共设施，产生效益为全体社会所共享，但负面的外部效应却由附近居民来承担，由于当地群众不甘牺牲自身来承受各类污染成本，衍生出对政府引进项目的集体抵制。于是很多重工业或给人留下消极印象的项目受到选址周边居民的反对，这种“不要建在我家后院”的邻避效应是社会失灵的表现之一，指成果受益者只愿意付出与其他人等价的成本，不愿付出高额的成本。这在国际社会已是普遍现象，也是世界各国面临的共同挑战。

过去一些地方政府和企业牺牲发展质量换取经济增速，特别是与民众缺乏真诚的沟通，致使社会信任流失，这可能会放大邻避效应。如2012年7月的四川省什邡市钼铜项目、江苏省启东市造纸厂排污项目，2007年厦门PX项目事件以及2012年宁波镇海PX项目事件等重大工程项目引发群体环保抗议，频频遭到民众的抵制。四川省什邡市宣布永久停建钼铜项目，导致宏达股份一度跌停，给企业、投资者带来巨大的经济损失。“不闹不解决”“大闹大解决”的方式使得大量年轻人也参与到群众抗议中来，这种破坏性强、成本高的危机处置模式形成的恶性循环亟待打破。

追根溯源，重大工程或项目决策屡遭群众抵制的原因，除了我国社会转型期社会各阶层利益诉求分层格局的形成，还在于文化与消费诉求也出现了多元化局面。在市场经济体制转轨中，利益协调更加复杂化，加上市场本身存在的诸多缺陷，政府公共服务与治理面临的任务十分艰巨。以下几点可作参考：

首先，避免和化解邻避效应的关键是建立邻避项目的选址规范程序和机制，既发挥政府作用，又保障公众合适参与并贯穿始终，做好民意征集、论证会及听证会；确保居民的知情权、参与权、表达权和监督权，努力达成政民相互信任与满意的目标。

其次，在做好建设项目的环境影响评价和风险评估的同时，要做好舆论和民意风险评估。预防是解决危机的重要思路，认真评价各选址的环境影响和潜在风险，提出有效方法及利益补偿办法，及时全面地向周边居民发布“环评”报告。同时，要通过事前、事中和事后的调查走访、问卷收集、电话和网络访问等方法，全过程地征求当地民众的意见建议，就民众心理和舆论接受程度做出准确的风险评估和复盘。

再次，加强信息发布、宣传教育和舆论引导，形成和扩大发展共识。加强目标和计划管理，需要政府、企业和民众良性互动。有专家指出，企业应坚持信息透明化，向公众和政府提供完全的信息，消除信息不完全和不对称对公众心理和政府决策的负面影响。

最后，坚持以人为本，借鉴“枫桥经验”，才能从根本上长远地解决基层治理问题。20 世纪 60 年代初，浙江省绍兴市诸暨市枫桥镇干部群众创造了“发动和依靠群众，坚持矛盾不上交，就地解决。实现捕人少，治安好”的“枫桥经验”。为此，1963 年毛泽东同志就曾亲笔批示“要各地仿效，经过试点，推广去做”。几十年来，“枫桥经验”得到不断发展，形成了具有鲜明时代特色的“党政动手，依靠群众，预防纠纷，化解矛盾，维护稳定，促进发展”的枫桥新经验，成为新时期把党的群众路线坚持好、贯彻好的典范。

舆论风险因子结构模型

我们在对大量舆情案例原因分析的基础上，搭建舆论风险生成分析模型工具，即舆论风险不对称分析模型。我们通过了解和掌握这个模型，能够提高判断和把握舆论风险的能力。该模型分别涉及信息、角色、力量、承诺和认知五个维度，着眼于评价舆论主体间的关系是否对称和平衡。一旦某一方面出现不对称或不平衡，甚至是巨大反差，就容易形成舆情的“堰塞湖”，随时可能形成新的舆情。

信息不对称

信息不对称理论（Asymmetric Information Theory）最初是经济学理论，指交易中的各人拥有的信息不同：掌握信息比较充分的人员，往往处于比较有利的地位，而掌握信息贫乏的人员，则处于比较不利的地位。

然而，舆论世界是现实的“逆世界”，现实世界的强者往往容易成为舆论上的弱者。舆论学规律与上述经济学信息不对称理论恰恰相反，占有更充分信息的当事方反而在舆论上处于更不利的位置。网民虽然在占有信息方面有劣势，但人数多，更激进，容易抱团形成“多数人持有的共同意见”。相对而言，政府、企业和相关当事者虽然在信息占有方面具有相对的优势，但在舆情事件和舆论表现方面，常常处于被动、受质疑的地位。这就是舆论学意义上的信息不对称规律。

比如，2018 年 12 月 7 日，华北某县环境保护局官方微信公众号发布题为《我县拘留 2 名燃烧散煤用户》的文章，并于次日删除。经查，此消息内容有误，系工作人员失误所致。文中所称“拘留处罚”，实为对 2 人燃用劣质散煤后给予了批评教育，而图片实为前一日因非法排污接受询问的两位当事人的照片。这样的案例说明，常常在系统内外都存在信息不对称的情况，这种情况可以通过辟谣和查证则有利于舆情化解。

角色不对称

人是社会关系的动物。每个人生活在社会中，都被赋予了特定的社会角色预期和社会身份定位。特别是对于知名人士和公职人员来说，一旦身处社会注意力高度集中的舆论环境和公共场合，如果不注意言语行为、穿着搭配和外在形象，就容易受到来自媒体和网民无处不在的监督。

关于角色的错位和不对称有很多例子，比如，“天价烟”事件的当事人因公职身份的角色和收入与消费行为明显产生巨大反差，引发网民的诸多质疑，进而被调查。陕西“微笑局长”因在重大交通事故现场拍摄的新闻照片中面带微笑引发网民的关注，然后被人肉搜索，结果发现他在大量新闻照片中戴过十几款不同的名牌手表，与他角色身份产生巨大反差，在网上成为争议的焦点，经纪检部门介入查处。这些大家熟悉的例子，都属于角色不对称造成的社会注意力风险。

角色不对称模型也可以用来分析舆情中经常出现的新闻搭车效应。曾经在一些重要会议期间或公开新闻场合中，会议、访谈或活动表现及发言的主体内容没有引起网民的关注，反倒是个别公职人员、公众人物因本身的衣着穿戴、言行举止等出现了与其职业身份或与公众期待违和的画面，而引发了网民的讨论和争议，对当事人或活动本身造成了不好的影响。

一些机构和人物如果发生社会角色错位和角色反差，往往是舆论风险的致乱之源。国内曾有职业学校卷入角色陷阱，一度负面新闻缠身，该校管理层因为家庭矛盾或企业利益，有校领导“跨省打架”“强迫招工”等，这种与身份和职业角色严重不符的行为在网上被曝光，引发社会注意力聚焦，成为学校舆情剪不断理还乱的源头。不断出现的舆情发酵、刺激因素、网络爆料和次生舆情，给学校造成了很大的舆论阴影。

力量不对称

力量不对称，是指在一些具体的社会注意力风险案例中，网上出现反对和对立的观点占据多数，甚至形成一边倒的情况，就形成了网络舆论力量的不对称。从长期和宏观环境来看，面对社会注意力风险的当事方，在传统媒体和新媒体资源方面严重缺失，处于舆论传播力和覆盖力的弱势地位，因此各地也要重视新媒体建设和公共媒体关系的改善。

根据“沉默的螺旋”理论，舆情工作应该避免出现一边倒的复杂和不利局面，尽量化解负面压力，放大正面的声音和全面的事实材料，形成多元的充分的观点市场，朝着有利于解决问题和化解矛盾冲突的方向转变。比如，有网友曝出，某城市遭遇大暴雨时一位时任区委女领导乘皮划艇指导抗涝的照片，并指责其摆拍。随后，当地公安分局当晚发布消息称，当事人与街道工委书记乘坐冲锋艇巡查。街道工委书记拍摄其正前方水情，上传区防汛指挥部，并非拍摄当事人本人。当时辖区水灾严重，当事干部系大病过后仍坚持上前线，而非网民所说的摆拍。当地部门和媒体的澄清在发布更多抢险救灾、服务百姓的新闻和照片后，获得了网民的理解。

力量不对称分析模型的使用，其优势在于配合信息不对称模型的使用，能够在短期内形成辟谣的效果，化解一定的舆论压力。不过，该模型的使用存在一定的前提，特别是要坚持以人民群众和相对方合理利益诉求的换位思考为依托。如果不能和利益攸关者、弱势群体产生连接，就会刺激大众心理的反作用，加剧观点对立。

承诺不对称

承诺不对称，是指当事方在言语或行为中做出许诺，在事中或事后却未能如期兑现，或者当事方在与相对方达成契约、规则或信任的前提下，虽然承担或负有某项特定的义务，却没有履行该义务，背弃了信任和契约精神，进而导致在舆论中存在发生或潜在发生的巨大风险。

某地一酒店曾发布集赞换代金券免费吃大餐的活动，附近一所大学大约400位学生前来兑换时，酒店却不予兑换，继而引发舆情危机。因为他们中有很多都是财经政法学院的大学生，所以能够积极维权。经警方和消协调解，酒店答应按承诺给代金券。承诺和信任问题，是舆论场中最容易引发争议和道义讨伐的舆情因子，网络舆论也会用契约的天平来衡量和判断事物。

认知不对称

认知不对称，多源于在互联网舆论场中，不同的群体因多元的价值观而产生评价、观点认同与重要性选择的差异。认知不对称是社会注意力风险判断中最不容易把握的。比如，2018 年 8 月 27 日，昆山市街头出现宝马车主砍杀电动车主被反杀事件，引发了网上有关“正当防卫”的争论。

一些舆情的爆发，不仅可能受当事各方信息不对称的影响，而且在很大程度上源于各方对事物的评价和理解不同，生成舆情话题。对于决策者来说，应该针对风险生成的不同原因，制定相应的预案和机制，不仅就工作内容做出改进，对可能发生的风险提前做出预判，也要对可能涉及的相关者提前预告，做出相应准备。

第十章

风暴："狼"真的来了吗

《孙子兵法·行军篇》里有句话："众树动者，来也；众草多障者，疑也；鸟起者，伏也；兽骇者，覆也；尘高而锐者，车来也；卑而广者，徒来也；散而条达者，樵采也；少而往来者，营军也。"一叶知秋，见微知著，智者往往能够根据一些表层现象和特征预判形势和未来。

以天气预报为例，现在预报员最常用的预报方法有天气图预报、统计预报、数值预报、单站预报等。预报员要做出天气形势和气象要素的研究判断，不仅要掌握大气状况和大气静力学、热力学、动力学等知识，还要熟悉自然环境、天气系统和天气过程。

很多时候，我们能够通过外界的特征来预判事物的变化和动向。判断工具和具体方法，对于风险的及时甄别与发现，具有很大的意义。

工具：社会注意力发现

社会无时无刻不在发生着变化，我们如何观察社会注意力风险的变化和走向呢？社会注意力发现可以通过六个基本工具来实现，即关键词、搜索引擎、信息源、时间线、倾向性分析、智能化平台。这些分析工具，已经成为今天从事舆论研究人员的基础工具。

关键词

在互联网时代，信息的最基础元素就是词汇和语料，连人工智能都要以分词和识别技术为前提。信息浩如烟海，我们可以通过“关键词”作为筛箩，提取最新、最有价值的信息。

关键词源于英文单词“keywords”，是图书馆学中的词汇。关键词的更新换代频率屡屡被刷新，网友更是将关键词的作用发挥到极致，于是产生了“热词”“锐词”“网络流行语”等，迅速普及到传统出版和传媒领域。

舆论研究者对关键词的选取，很注重精准性和技巧性。关键词的选取需要从大到小，关键词组合及逻辑算法也会从少到多、从简单到复杂，其筛选的信息颗粒度也是从粗到细、从普遍撒网到精准锁定。

关键词多为名词、动词或词组等，能够充分体现考察对象和考察范围。但是，我们只确定了关键词，并不能获得所需要的有价值的信息素材。那么，第二个工具——搜索引擎就非常重要。

搜索引擎

搜索引擎，应该是目前已知的互联网媒介的最主要的入口之一。人们在登录互联网阅览信息的时候，直接在浏览器地址栏输入网址的情况并不多，大多数是通过点击主要的网站链接，特别是通过在各类搜索引擎中进行检索，来获取最新的网站及各类有用信息。

研究社会注意力，不仅要关注人们网络搜索行为的内容、渠道和形式变化，更要善于使用搜索引擎，把握在网络信息化时代的高超的信息检索与挖掘技能。对于专业人士来说，能够用好百度搜索、搜狗搜索、谷歌搜索等的高级搜索功能，熟悉关键词组合方法和语法逻辑规则，是最基本的要求。不仅如此，搜索引擎和各类数据库，对于各行各业的研究人员来说，都具有非常重要的意义。

大众化的搜索引擎工具并不能满足专业化的使用场景和专业需求，各类新闻数据库、学术数据库、财经金融经济类数据库、外文数据库等都搭建有配套的专业搜索引擎入口，掌握和熟练使用专业数据平台搜索引擎，也是研究人员做研究的基础。

信息源

信息源是影响研究精确性和代表性的关键因素，也是社会注意力分析的第三项基本工具。通过对信息源的广泛调研、考察和梳理，深入勾画和掌握互联网人文地图，熟悉网络社群用户的分布演变、族群流派和代际迁移特征，就变得非常重要。

互联网从诞生发展至今，经历了从 Web 1.0 时代到 Web 3.0 时代的历程。其中，传统媒体和网站的新闻页面被称为 Web 1.0 的传播媒介，构成了主要媒体网站的基础盘。而网络社区属于 Web 2.0 的传播媒介，包括论坛 BBS、新闻跟帖、博客、互动视频、QQ 群等，这是一种互动的媒体，是一种汇集中国数以亿计的电脑终端网民言论的新媒体。而移动互联网属于 Web 3.0 的传播媒介，微博、微信、客户端、短视频和直播等都是智能手机的热门应用，网民个性化的自媒体空前爆发，视音频大行其道。

在未来的智能化媒体时代，一些依赖大数据、5G 和云计算等技术的虚拟现实、人工智能和沉浸式全息智能化媒体，将是下一代互联网场景。

社会注意力发现与分析的主要信息源，一直在快速迭代变化。我们必须着眼于新媒介技术形态下的社会舆论表达内容、渠道与形式。我们在关注网络门户转载新闻与原创新闻的同时，还必须侧重于 Web 3.0 媒介和虚拟智慧场景。

时间线

时间线，是我们在进行事态分析和倾向性分析时，需要准确梳理和把握的时空脉络。依靠时间线的准确定位，我们能够对事件和社会注意力的发展变化，基于现实发生的先后顺序，进行统计学意义上的分布、构成、相关和因果关系的准确分析。这对于我们突破社会注意力现象，抓住事物和舆论变化发展的规律，还原事实和调查定性，具有极为重要的现实意义。

我回想起大学期间学习过的《影视语言》课程，对今天从事时间线的研究颇有裨益。蒙太奇（montage）是音译的外来语，原为建筑学术语，意为“构成、装配”，电影发明后又在法语中引申为“剪辑”。《电影艺术词典》一书认为，蒙太奇即镜头的组合是电影艺术感染力之源，两个镜头的并列形成新特质，产生新含义。蒙太奇思维揭示事物和现象之间的内在联系，通过感性表象理解事物的本质。当不同的镜头组接在一起时，往往会产生各个镜头单独存在时所不具有的含义。特别是同样的视频素材，如果剪接的时间顺序不同，则表达的含义迥异，甚至完全相反。类似的电影实验让我印象深刻。

作为社会注意力研究者，尤其要尊重客观真实，克服主观随意性。社会注意力研究是一门严肃的人文社会科学，有关信息、事实和社会心理的实证性研究，要以基本的真实性为基础，符合科学与逻辑，绝不能发生时空再造蒙太奇现象。

我曾主持写过一份有关某地安全事故的热点舆情报告，课题组通过时间分段抽样和调查，网络样本时间线分布清晰，通过倾向性分析清晰地印证了网民对不同层级部门的评价分野，不同时段的变化巨大。后来经过反复测试，如果没有时间线的设定，我们就很难看出评价分化的真实变化。

倾向性分析

倾向性分析原本是指人们通过文字或作品表达对某一事物的态度及爱憎褒贬的趋向。社会注意力分析，如果深入一步，则需要从大量新闻作品和网络贴文及其表达中，分析发言主体所持有的对于客观事实的立场、观点、兴趣、评价、爱憎与褒贬等。不同的价值观念、政治态度、文化素养的新闻人士或网络用户，表现出的倾向性是完全不同的，有些倾向性是显而易见的，有些倾向性则比较隐晦。

倾向性分析也指媒体在一个时期内的报道观点、基本看法形成的舆论导向，特别是对于特定的媒体、网站和网络社群，往往具有倾向性的相对稳定性，要特别注意识别和把握。只有分析倾向性，我们才能透过社会注意力现象，深入把握舆论分层和民意走向。

智能化平台

今天，我们深处互联网大数据和智能化媒体传播时代的交汇点，各类网络媒介信息纷繁复杂，依靠过去的观测和研究手段，已经远远不能满足今天新媒体技术发展如火如荼的形势。有限的人力和方法手段在考察以几何量级规模增长的社会注意力资源的方面，显得捉襟见肘，更是难以破解一些新媒介和网络圈层化传播出现的"黑洞""茧房"或"闭环"效应。

智能化手段应运而生，人工研究加上智能化大数据平台的辅助，可以丰富现在社会科学和自然科学的研究手段与方法体系。目前舆情和互联网数据分析是一项智能化信息服务，横跨多个学科。

互联网信息数据收集、增值分析，衍生出围绕管理决策的数据和管理科学，具备了前沿性、科学性和综合性学科的较高门槛。新闻跟帖、BBS论坛、微博、SNS 社交网站中大量非结构化数据，其采集、聚类和语义分析有很高的技术门槛，需要具有较强技术和传媒经验的专业机构承担舆情追踪、解读和研判的重任。①

我们以往从百度指数、百度风云榜、百度沸点、微博话题榜、淘宝指数、微信指数等一些互联网指数中也能够发现社会注意力的显著变化，发现网民画像、运动轨迹和消费画像。同时，通过借助各种专业数据库的指数检索工具，政务云服务、智慧交通、城市大脑、城市智慧云、融媒体中心等智能化数据服务平台，也能实现社会注意力和治理研究的提升。

舆情风暴来临的信号

面对迅速变化的舆情风暴，我们唯有综合运用经验和实证方法才能快速精准地把握。我曾提出迅速直观判断社会注意力风险的六个数据热度指标②，简称舆情"六步法"，指的是在舆情爆发之初，评判舆情是否将会升

① 刘鹏飞．新机遇：基于互联网大数据的管理创新[N]. 人民政协报，2016-11-30.

② 刘鹏飞．舆情研究与数据新闻业务探索[J]. 青年记者，2014（21）.

级的直观维度。“六步法”评估包括网民关注热度、网站显著推荐、传统媒体介入报道、意见领袖参与、境外媒体报道和集体行动出现。

在“四全”媒体环境下，社会注意力风险更加复杂多变。舆情事件发生后，首要任务是判断事件的社会注意力风险，这是后续应当采取何种处置手段的重要判断。

我们运用社会统计学判断风险，首先需要将概念操作化，建立评判体系，划分评判标准。其中，“六步法”具有可监测、可量化、可评估、可比较的特点，可通过监测系统用以判断舆情热度以及事件的风险。在实际的研判中，各个指标如果达到一项，往往都会产生较高的风险，如果是多项叠加，风险系数可能会呈指数倍增长。①

网民关注热度

网民关注热度包括网络信息的网民关注度、点击率、阅读量、转发量、评论量以及网站推荐及版面分布情况等，是评价话题对网民参与的吸引力和舆情发酵的群众基础。

网民关注度是舆情事件中的不稳定因素，其中包括网民对此事的阅读量、评论情况、态度倾向等，这些决定着事件舆情发展态势。一般在高热舆情事件中，网民评论观点纷繁复杂，却暗含舆情事件发展方向。一方面，在一些关乎民众切身利益或者存在争议的政策出台时，网民观点是打捞民意、集中民智的重要途径；另一方面，网民高声量评论也是事件未来发展的风险点，并存在聚集意见、不断推高事件热度的可能。

网站显著推荐

网站显著推荐会促使事件在短时间内得到大量曝光。中央和地方重点新闻网站、重点门户网站等如果在首页显著位置推送相关信息，带来的曝光量会导致事件受到更密集的关注，推动相关事件热度在短时间内快速上

① 钟新星．舆情引导处置 46 式——舆情事件的六个显性指标[EB/OL]．人民网，2020-11-03.

升，不过相应的风险也更大。

几乎所有的互联网平台都具有"把关"和推送流量的能力，网站审核编辑和版主们几乎占据和主导着舆论的"半壁江山"。内容算法和置顶推荐拥有社会注意力导流的功用，以此作为管理手段、发展资源的也不在少数。

传统媒体介入报道

传统媒体报道是舆情事件的"压舱石"和"定盘星"。纵观诸多引发全民热议的舆情事件，《人民日报》、新华社、中央电视台等中央级媒体或其他省市级报纸、电视台等媒体的报道，被自媒体、网民热转或反复引用，证明传统媒体具有突出的公信力。同时，这些媒体的新媒体形式在网民心中也具有相同的权威性。

大量舆情热点事件表明，尽管"两微一端一抖（微博、微信、移动客户端、抖音）"在舆情发展中颇具影响力，但传统媒体在热点事件舆论引导中仍发挥着"压舱石"及"定盘星"的作用。一方面，传统媒体（尤其是中央级媒体）的报道会引起自媒体、商业性媒体的广泛转载，推动热度快速提升，风险系数也会相应提升；另一方面，传统媒体具有较强的公信力和传播力，其报道内容具有定性作用，会影响甚至主导舆论风向。

意见领袖参与

意见领袖或网络名人的关注和参与会带来舆情事件发展的转折点。在舆情事件发生时，需要重点关注是否有该行业中影响力较大的专家或者长期关注某行业拥有 10 万个以上粉丝的网络名人参与。

网络名人的影响力易产生二次传播或多次传播，形成影响力裂变，因而在事件初期如果有网络名人介入舆论场，需格外注意跟踪，研判其传播态势。此外，他们的言论也需分类处理，相比事实性叙述，评论具有更大的社会注意力风险。评论从性质上可以分为"理性分析"和"情绪化发言"，对这两种评论应当区别对待。"理性分析"需客观看待，勿因其中含有负面评论而全面否定或抗拒，应抱有虚心接受合理意见的态度，并对不正确的部分予以辟谣，化被动为主动，赢取好感，将这部分人争取过来。“情绪化发言”需冷静处理，宜疏不宜堵，强硬的处理方式往往容易激发网络名人及其粉丝的逆反情绪。

境外媒体报道

境外媒体介入或会引起事件解读升级。在突发事件引发网络舆情时，需关注是否存在境外媒体炒作煽动的报道。或者在境内相关部门未及时进行正面回应，官方权威信息空缺的情况下，需要关注是否存在境外虚假或猜测言论广泛在境内传播的现象，又称为“舆论倒灌”。在部分突发事件中，境外媒体的介入让舆情存在较多不确定性，易推动事件热度快速上升，甚至被过度解读、夸大歪曲，需要格外注意。

集体行动出现

利益相关群体的集体线下行动会“反哺”舆情热度。突发事件引发网络舆情后，应关注是否有线下集聚、游行、散步、静坐、堵门等示威行动，是否有信息透露相关群体即将采取线下行动。

如存在线下行动，事件的负面影响将扩大和提升，甚至诱发社会不确定因素。面对存在线下行动的舆情事件，需将线上线下舆情分开处理，尽量将问题在线下解决，避免线下行动往线上转移，从而导致舆情影响范围扩大，如地方性事件扩散成全国性影响反而会增加相关部门的处置压力。

社会注意力宏观研判

在社会注意力观测方面，面对刚刚发生或正在发展中的各类热点事件或话题，研究者需要对舆情事件的波及范围、事件性质和严重程度进行初步的总体性研判。网络舆情可划分为不同的预警级别，经研究人员初步发现和宏观研判的重大事件，要及时上报和进一步监测分析，以有利于及时有效地化解舆情危机。

社会舆论规律的研究正逐渐朝着专业化、深入化和细分化发展。网络舆情研判的维度，已经从时空研判、民意研判、社会研判、名实研判等宏观基础研判向政治研判、技术研判、法律研判、经济研判等中微观层面深化拓展。

网络舆情宏观研判主要包括时空研判、周期研判、民意研判、社会研判和名实研判五个方面。五项指数之间存在紧密的联系，是从不同角度和层次对舆情事件的综合考察。其中任何一个指数出现大幅度攀升迹象，都可能带动整体舆情压力的迅速上升。网络舆情宏观研判是重视和介入重大舆情危机应对的前期基础性工作，也是贯穿于舆情应对全过程的常规性工作。

时空研判

时空研判，是指对网络舆情事件、话题和现象在时间历史重大关联性和地域空间重大关联性方面的考察，即对舆情是否发生在敏感时间和重要地点进行初步分析判断。

首先，时空研判考察的是舆情发生地区和波及地域范围，具体包括舆情发生的地域是否是政治、经济、文化等中心城市，舆情发酵与传播的波及地域是否广泛是否在国内其他重要地区引起连锁反应。另外，时空研判还要考察舆情是否引起了境外媒体和网络的关注。

由于网络传播具有超越时空局限的特性，国内互联网时间和空间的地区差别并不明显，地域性的网络舆论平台上的信息很快会在全国性网络社区和其他地区网络社区中传播。因此，时空研判实际上考察的是国内媒体，尤其是国内网民对于舆情事件的关注度，及其在网络言论中的实际反映。需要指出的是，地方局部的舆情事件被中央媒体、地方媒体、全国性市场化媒体、地方性市场化媒体关注和报道，其分布状况如何，也是舆情时空研判要考察的重要方面，这也是地方政府和企业非常关注的方面。

与此同时，时空研判在对比考察境外媒体和网民对于国内舆情关注度方面，具有更重要、更明显的舆情研判价值。对比国际政治、经济、军事、外交、文化等领域的历史和近期重大事件，可以反观国内局势和国际局势之间存在的千丝万缕的联系。从舆情监测实践来看，很多重大突发事件正是由于引起了境内外媒体和网民的共同关注，尤其是境外舆论的关注，舆情价值才被有关部门、单位和舆情监测机构及时发现。

国际重大时事、重要节日和舆论热点也有可能在国内产生反响。时空研判的国际比较分析在涉外重大舆情事件、公共食品卫生安全事件和突发社会事件中，表现得更为突出。

其次，时空研判在时间研判方面，则主要考察舆情发生的时间是不是处于或接近重大节日或重要活动期；舆情事件是否迁延日久，仍未有效平息；事件发展处于何种舆情发展时期，要争取及时发现问题等。

在具体考察某一舆情事件的时间延续性特点时，我们要从舆情事件本身的发展和应对角度出发，考察舆情本身存在的时间跨度，政府和企业等舆情应对主体是否采取了及时有效的舆情应对举措，稳定和化解网络舆情，尽快地平息事态。在一般情况下，对于负面舆情事件、话题和现象来说，时间延续越久，其危害性也就越大，反之亦然。

周期研判

社会注意力也是有生命周期的。新闻因其自身特性，要反映社会最新变动，是新近发生事实的报道，因此也是最“喜新厌旧”的事物。常见的新闻网站通常每天有新热点，每个热点一般停留一两天，稍有地区或行业影响的新闻热点会停留超过三天，能持续超过一周的全国热点比例很少，超过一个月或数月的少之又少。

新闻这种与生俱来的特征，从根本性的社会需求来说，是源于社会注意力的需求。人们需要通过获取新闻，来了解社会和自然新近发生的变动信息和情况，从而获得新的认知，开展工作，增加社会知识、生活经验以及增加决策依据等。新闻的生命周期演变，从根本上来说，反映的是社会注意力需求的生命周期和生发演化的特性。

严肃的网络新闻内容虽然也带有新闻的生命周期的一般特点，但互联网不同的地方在于容量较大，数月甚至数年之前的新闻信息内容、网页或帖子，多数仍然存储在这些网站的服务器中，可以通过搜索引擎、网址、数据库或者硬盘访问和搜索。互联网跨越了时空，拥有“怀旧”的记忆效应和刻板印象。这就是为什么有些国家在探讨和制定互联网大数据监管规则时提出“被遗忘权”。

网络舆情爆发时，所遵循的仍然是热点爆发后的生命周期规律。突发公共事件舆情发展都有一个从无到有、从小到大、从低谷到高潮的过程。一般认为，网络舆情可分为舆情潜伏期、舆情爆发期、舆情持续期、舆情消退期等主要阶段，也有研究将其周期细分为发酵期、发生期（现场）、发展期（舆论）、高涨期、回应期、回落期、反弹期、反馈期、修复期等。

网络舆情之下的社会注意力运动变化才是舆论波动的动力源，网络舆情分期的快速演化，是社会注意力和群体心理意识交往、碰撞的外在表现，也可能形成舆论泡沫。

针对舆情发展的态势和特征，结合事件处置和舆论引导的一般性规律，我们分析舆情发展的最新状况，研判其所处的舆情发展阶段，是发酵期还是发展期，是高涨期还是回落期，是否引起了舆情反弹，有助于及时把握舆情走势，准确和及时预见舆情发展的未来状况和可能出现的重大问题，并向有关部门和重要领导人通报，提供有价值的应对方案和建议。

据统计，一般突发事件发生后，2 小时之内网上就会出现文字或视频，6 小时左右就可能被多家网站转载，24 小时左右网上跟帖就会达到高潮，形成热点。现在，微博、微信、短视频等智能手机上的应用软件，已经能够在突发事件中实现现场直播，2 小时内就能形成热点话题，4 小时之内就能形成社会舆论热点。因此，对于网络舆情的宏观研判，需要我们对新媒体传播和舆情分期规律有更进一步的认识。

民意研判

民意研判，是指对与舆情事件、话题或现象相关的媒体报道与评论倾向性和网络言论倾向性的分析考察。民意研判是网络舆情宏观研判中较为细微的言论分析，是宏观指导下的微观分析。

作为舆情宏观研判的初步研判，民意研判较注重舆情分析者的主体性感受，在较短时间内通过舆情宏观基本面的全面浏览和初步分析，坚持客观、公正和负责的态度，对同主题的媒体报道和网络言论的舆情价值做出经验性判断。民意研判的主要范围包括：

（1）哪些网民关注事件，关注点是否容易演变为社会矛盾焦点，消息来源是否可靠，讨论在多大的人群范围内展开；

（2）媒体关注程度如何，客观报道还是深度关注；

（3）媒体和网友对当事人和责任方的态度分别是支持还是反对，到达何种程度，主要观点分布结构和比重如何；

（4）事件责任部门及其人员如何评价和应对网络舆情；

（5）网友对事件本身的反应，是处在认知和态度层面，还是已经上升到现实行动层面。

网络时代，个别官员在处理社会问题时表现出的迟钝、无知、蛮横等行为，都会被放到网上无情渲染；少数官员腐败、无能、处理事件低效等情况，都会在网上被迅速放大，产生“多米诺骨牌”效应，个别人员、个别现象也将迅速波及并影响政府的整体形象。

网络使社情民意得到充分表达，有助于监督社会腐败现象，但也有可能使社会情绪对立扩大。如城管、警察、医生、教师、官员被“妖魔化”为网上的“黑五类”，尤其是公权力大、公益性强、公众关注度高的部门，极其容易成为网络新闻炒作的焦点。网友在负面舆情事件中倾向于对政府行为做“有错推定”，形成压倒性的舆论压力，给政府形象造成损失。因此，政府要对网络民意的“双刃剑”作用有客观而清醒的认识。

网络舆情宏观研判，旨在调研舆情发酵期与发展期的突出特点，民意研判方法和舆情内容微观分析相同，更强调舆情基本面的概括和对舆情走势的预测。网络言论的消息源，传统媒体的首次报道，网络爆料人信息，事件、话题和现象的当事人及网络意见领袖言论是民意研判需要关注的重点。

2008 年 12 月 8 日，在西安电子科技大学校园论坛上，出现了一篇名为《平白无故多张信用卡，大家赶紧查查》的帖子。爆料和关注者均是当地大学生，引起媒体记者和网民的关注。12 月 17 日，中国广播网介入，在记者采访结束后，一位校干部要求记者坐下，并表示“要占领天涯（论坛），占领你们所有得到信息的渠道”。节目录音在网上传开后，该领导被网民冠以“最牛宣传部长”的称谓。在该事件中，媒体的介入和现场录音保证了消息来源的可靠性，该校宣传部态度鲜明。此时当地学生和网民产生了抵制学校和银行的行动，网络舆情也迅速扩展为全国关注的热点，又引发大量重要媒体介入。该校财务部门于 12 月 17 日迅速与银行联系，注销未征求意见的学生的信用卡。当事人该校宣传部长也很快道歉，校财务处在校园网公开向学生说明情况。

社会研判

社会研判，是指把孤立的舆情事件置于社会系统和矛盾运动的结构中深入考察的网络舆情宏观研判，是对于新近发生的网络舆情事件、话题或现象，提高更具社会深度和广度的最重要的研判环节。

社会研判一方面强调事实证据的可靠性和可验证性，防止出现捕风捉影的主观臆断，重社会性研判，少政治化解读，同时需要有充足的历史和舆情案例支撑，以及舆情事件本身具体和真实的细节佐证；另一方面强调社会学、统计学、公共管理学和新闻传播学等研判理论的科学运用。

社会研判作为网络舆情研判的最后环节，不仅是时空研判和民意研判的补充，更是时空研判和民意研判的深化。在社会矛盾的高发时期，社会研判还为政府公共治理和企业现代化管理提供改革发展所必需的第一手民意调研数据，以舆情事件的社会研判为参考，政府和企业可以及时发现问题、分析问题，为解决发展中存在的各种问题打下坚实的基础，也有利于促进社会创新管理。

社会研判的内容一般包括：

（1）新近发生的舆情事件引起民众从认知、态度表达到社会运动甚至社会骚乱的程度；事件在民间引发的刺激效应和对社会稳定性的风险预期。

（2）当事各方行动有无计划性，是自发行为还是有组织和明确目标，其组织化程度如何。

（3）有没有明确的利益诉求。

（4）有没有对现存社会体制构成巨大冲击。

（5）背后有没有被某种势力利用的现实可能性，是否有超出目前可控范围的可能。

（6）行动的对象目标明确与否，其指向是某些具体部门还是现行规章制度。

（7）舆情事件当事各方在事故责任、道义、法律上分别受到的舆论评价如何等。

对于突发社会安全事件，尤其是社会群体性事件，舆情监测部门必须给予充分重视。参考2006年1月8日国务院发布的《国家突发公共事件总体应急预案》，舆情监测人员应该密切关注以下较重大社会群体性事件的主要特征：

第一，突发事件参与人数众多，超过100人为“较大”事件，超过1000人为“重大”事件，超过3000人为“特别重大”事件。

第二，影响较大的非法集会、游行示威、上访请愿、聚众闹事、罢工（市、课）等，或人数不多但涉及面广和有可能进京的非法集会和集体上访事件。

第三，人群出现阻断铁路干线、国道、省道、高速公路和重要交通枢纽、城市交通4小时甚至8小时以上的事件；或阻挠、妨碍国家重点建设工程施工、造成24小时以上停工的事件；或阻挠、妨碍省重点建设工程施工、造成72小时以上停工的事件。

第四，造成3人以上10人以下死亡，或10人以上30人以下受伤的群体性事件。

第五，关注高校校园网上出现的大范围串联、煽动和蛊惑信息，造成校园人群聚集规模迅速扩大并出现多校串联聚集趋势，学校正常教学秩序受到严重影响甚至瘫痪，或因高校统一招生试题泄密引发的群体性事件；

甚至未经批准走出校门进行大规模游行、集会、绝食、静坐、请愿等，引发跨地区连锁反应，严重影响社会稳定的事件。

第六，参与人数在 100 人以上 1000 人以下，或造成较大人员伤亡的群体性械斗、冲突事件，如参与人数在 3000 人以上，冲击、围攻县级以上党政军机关和要害部门；或打、砸、抢、烧乡镇级以上党政军机关的特别重大社会群体性事件。

第七，涉及境内外宗教组织背景的大型非法宗教活动，或因民族宗教问题引发的严重影响民族团结的群体性事件。

第八，因土地、矿产、水资源、森林、水域、海域等权属争议和环境污染、生态破坏引发，造成严重后果的群体性事件。

第九，已出现跨省（区、市）或跨行业影响社会稳定的连锁反应，或造成了较严重的危害和损失，事态仍可能进一步扩大和升级的事件等。

大量的突发案例，本身并不是发生在重要节日和重大活动时期，也不是发生在国家和地区政治、经济与文化中心，却依然因其社会研判指数较高，引起政府的高度重视。

一些大规模的群体性事件往往发生在县城或乡镇，如山西襄汾溃坝事故、湖北石首骚乱、贵州瓮安事件、云南孟连事件、山西霍宝干河煤矿"封口费"事件、湖北巴东邓玉娇案等。县域社会基层民众和官员心理分界更大，政府强势的行政作风可能导致官民隔阂更难化解。群众依托于血亲、姻亲、邻居、同乡、同学、朋友等关系，遇事迅速聚集。我国自古就有"郡县治，则天下安"的说法。近年来，中央把县视为维护社会稳定、促进社会和谐的基本单元，称县委书记是"执政治国的骨干力量"，寄予厚望，其责任重大。

和民意研判相比，社会研判较关注社会群体宏观的考察分析，也更注重组织性考察和制度性考察，以及舆情事件在行政、司法、市场经济体制改革和现代企业制度方面产生的正反作用。

以贵州瓮安事件为例，2008 年 6 月 28 日，瓮安事件当天一度引发局部社会混乱，造成百人受伤以及财产损失，引起全国舆论的震动和中央高层的关注。经研判发现，网上批评声占据绝大多数，当地政府形象和社会秩序受到影响。多数媒体介入后，才揭示了事件背后有深层的社会原因和明确的利益诉求。官方调查显示，事件深层原因是当地长期以来治安状况较差，各种社会矛盾交织，合法权益没有得到维护，法制和品德教育重视不够，部分干部作风不扎实，基层基础工作较薄弱等。①

通过研判还发现，瓮安当地民众行动无明显的计划性和组织性，多是自发行为。另外，据调查报告显示，当地政府部门、参与事件的群众和女学生家属等当事各方在事故责任、道义、法律上的舆论评价较为清晰。这些研判都有助于为事件处理提供有价值的参考依据。

在社会研判中，负责人需要与有关方面的专家、干部、媒体人士和网民代表等进行会商，制定对策和预案。社会研判报告需要提供事件处置的初步建议，如果能及时地进行舆情回应、信息发布和事件调查，依法追责和善后处理，就能有效地化解危机、平息事态、修复公信力。如果反应迟缓、处理不当，则舆情扩大甚至被借机炒作的风险就会上升。

在更长的时期里，网络舆情社会研判还将在推动社会创新管理能力方面发挥积极作用，如改善社会监督和政府监督机制，提高地方政府舆情应对能力，协助提升地方政府施政和执政为民的水平等。

名实研判

名实研判又可称为虚实研判，舆情纷繁复杂，有名有实，如雾里看花。有些舆论风险来势汹汹，但实际上最后处理并未根除病灶。有些话题看似轻描淡写，但“事大话不多”，看似不经意的舆论风险，最终的处理力度却超乎寻常。

关注舆情风波，要深刻理解当前工作面临的困难和国内外形势。脱贫攻坚战成效显著，但在一些基层地方也面临着形式主义和官僚主义的挑战。据报道，华东某扶贫县，在脱贫攻坚工作中出现做表面文章、投机取

① 杨龙．贵州官方分析瓮安事件深层原因：部分民众有怨气[N]．贵州日报，2008-07-03.

巧的问题。中央巡视组本来已经完成调研，正准备乘车返程，等快上高速公路的时候远远看到一处村庄清一色白刷刷的建筑，看起来十分美观和整洁。但正是这个景象引起了巡视组的注意，他们转回来实地考察，于是发现了该村家家户户的外墙和大红门都被刷白了。据说该县花了几百万元，专门用来刷白墙。该案例后来被中央和地方纪检监察部门定为警示教育典型后，很多地方展开问题排查、严肃整治和限期整改工作。

名实研判还在于甄别"低级红""高级黑"。有些是能力水平问题，有些则是政治素养问题。《党建》杂志文章称，我们身边存在不少"低级红""高级黑"的现象。比如，某法院在网上发文表扬一位先进人物"28 天连续加班，没换过衣服，没洗过头，在执行局干警的心中，她就是女神、女超人"，看似颂扬敬业精神，却是违背人情常理的"低级红"。

再比如，有人讲作风变化，写出了《副市长吃上了自己掏钱买的月饼》的文章，言下之意就是官员以前"不用掏腰包"；有人讲纪律严明，宣传"因洗澡 4 分钟没接巡视组电话而受警告处分"，让人感到抓纪律"缺少人性"；有人讲脱贫攻坚，采写了"扶贫干部与女贫困户结婚"的故事，很容易让人联想到我们党扶贫政策"偏离主题"。这些"高级黑"的例子，有的用力过猛，授人以柄；有的主观臆断，偏离实际；有的行为极端，适得其反；有的乱扣帽子，混淆视听。说到底，黑的是党的形象，党的威信。①

《史记·孔子世家》记载："孔子在位听讼，文辞有可与人共者，弗独有也。至于为《春秋》，笔则笔，削则削，子夏之徒不能赞一词。"孔子修《春秋》记了八百多起事件，但一些直接危害政治的大事概不记入。他认为该写的就写，该删的就删。孔子对弟子说："后代了解我凭的是这部《春秋》，而怪罪我也凭的是这部《春秋》。"② 这是"春秋笔法"的来历，但该词含义已经发生巨大变化。在做名实研判的时候，我们需要不断积累正反两方面的经验，避免出现过度解读和大局误判的情况。

---

① 桑林峰. 严防"低级红""高级黑"[J]. 党建，2019（04）.
② 参见第四章"后真相时代"信息特征的相关论述。

第十一章

活法：危机读心术

古希腊哲学家、数学家和物理学家阿基米德（Archimedes）曾经说过："给我一个支点，我就能撬起整个地球。"

社会注意力风险的应急管理对于突发公共事件的处置和舆论疏导非常重要，时间紧迫，很多工作都是在情况危急的状况下实施的。我们要找准支点，根据事态和网络舆情的变化，快速调整政策和部署，以达到最优处理效果。

舆论心法：选择比努力重要

议程设置如何影响判断

议程设置是大众传播的重要社会功能和效果之一。理论界有一个说法，议程设置的思想，最早见于美国学者李普曼的《公众舆论》，虽然没有提到议程设置这个词语，但李普曼阐明了一个类似的基本思想：媒体创造了我们头脑中象征性的想象，这些想象可能与我们经历的"外在"的真实世界不尽相同。大众媒体是现实世界的某个事件和我们大脑中对这个事件的想象（脑中景象）之间的主要连接物。议程设置过程描绘了舆论在民主制中如何发挥作用。

20 世纪 40 年代，拉斯韦尔进一步提出大众传播具有"环境监测功能"。20 世纪 60 年代，美国政治学家科恩（Cohen）在考察报刊的国际报道影响时曾指出："在许多场合，告诉人们应该'怎样想'时并不成功，但是在告诉读者'想什么'方面，却是惊人的成功。"最终，传播学家马克斯韦尔·麦库姆斯（Maxwell McCombs）和唐纳德·肖（Donald Shaw）将大众传播的环境认知影响最早明确地概括为"议程设置功能"，并进行了初步考察。

1968 年，麦库姆斯和肖对美国总统大选进行了调查，看媒介议程对公众议程有多大的影响。研究发现，在公众对社会公共事务中重要问题的认识和判断与传播媒介的报道活动之间，存在着一种高度对应的关系，即传播媒介作为大事加以报道的问题，同样也作为大事反映在公众的意识中；传播媒介给予的强调越多，公众对该问题的重视程度越高。

麦库姆斯和肖通过实证研究这种高度对应的相关关系，认为大众传播具有一种形成社会"议事日程"的功能，传播媒介以赋予各种议题不同程度"显著性"的方式，影响着公众瞩目的焦点和对社会环境的认知。

1972 年，麦库姆斯和肖发表了研究报告《大众传播媒介的议程设置功能》，提出了议程设置理论（Agenda-setting Theory）。该理论认为大众传播不能决定人们对某一事件或意见的具体看法，但可以通过提供信息和安排相关的议题来有效地左右人们关注哪些事实和意见及他们谈论的先后顺序。大众传播可能无法影响人们怎么想，却可以影响人们去想什么。

后来，也有一些研究对报纸、广播、电视等不同媒介的议程设置功能的特点进行了探讨。传媒的新闻报道和信息传达活动以赋予各种议题不同程度的显著性的方式，影响着人们对周围世界的大事及重要性的判断。

美国学者沃纳·J. 塞佛林（Werner J. Severin）和小詹姆斯·W. 坦卡德（James W. Tankard，Jr.）在其《传播理论：起源、方法与应用》一书中，对议程设置理论提出了较为理性的认识，认为"媒介的议程设置功能就是指媒介的这样一种能力：通过反复播出某类新闻报道，强化该话题在公众心目中的重要程度"。

中国学者郭庆光认为，大众传播具有一种为公众设置"议事日程"的功能，传媒的新闻报道和信息传达活动以赋予各种"议题"不同程度的显著性的方式，影响着人们对周围世界的大事及其重要性的判断 。

根据麦库姆斯和肖的研究，媒介的议程设置效果还要看公众与媒介的接触频率、公众对媒介的需要程度、当时人际交流的情况、不同公众的兴趣等因素的影响。而且，人际交流和亲身观察以及很多具体情况也会增大或减弱媒介议程设置的效果。

另外，一些学者通过研究发现，时间在媒介的议程设置中也是一个重要的因素，媒介议程设置的效果并不是立即出现的，一般都是在新闻报道几周之后。同时，公众对信息的接受量一般是有一定限度的，过多的议程往往会削弱媒介议程设置的效果。麦库姆斯和肖发现公众的议事日程中不能超过 5~7 个议题，否则受众就会忽略很多媒介认为重要的议题。

传统媒体（报纸、广播、电视）的议程设置功能，已经被众多的学者接受，并从政治、社会生活的多方面进行了实证研究。人们也普遍意识到传统媒体在一定程度上对公众议程的影响是潜移默化的，也是强大的。但是，随着互联网的飞速发展，网络作为新媒体已经成为信息传播的重要载体。在网络媒体兴起之前，传统媒体在社会传播中占据主要地位，传统媒体议程也对公众议程和政策议程产生着巨大影响。而网络媒体与传统媒体相比，由于具备“渠道容量丰富性”“实时性”“多元互动性”三个特性，已经对传统媒体议程产生实质性的影响。

由于网络传播相对于传统媒体而言，有着很强的互动性，网络受众可以自由地选择信息和表达观点，既是传播者，又是接受者；以头版或头条形式出现的传统媒介的议程设置功能在网络上也不再那么明显；网络上的信息量是传统媒体所不能比拟的。因此，很多学者认为，在网络传播中媒介的议程设置功能将会弱化，甚至不再存在。

议程设置理论为人们认识社会注意力提供了一个新的角度。尽管议程设置功能是强大的，但是我们不能把它的效果绝对化。不过，议程设置功能依然启发我们，要想在互联网中影响社会注意力，就要注意以下几点：第一，建立共识，实现对话：通过议程设置，媒介可以使意见相左的团体就某些议题达成某种一致，从而实现不同团体的对话；第二，明确责任，引导舆论：记者对新闻事件的评判在很大程度上影响着公众关注的与该事件相关的议题，故记者的责任心很重要；第三，设置议题，吸引关注：公关人员要想捕捉公众的注意力，就应该以恰当的方式构造相应的媒介议题。

议程设置的细节是否重要？举例来说，有一次某地下了大雨，很多水库都要开闸泄洪，但是下游也存在水患，万亩良田可能要泡汤，这是当地很多农户最为关切的事。前方记者第一时间来到当地上游水库闸口采访，介绍现场天气如何、雨量大小、水库开闸的时间和点位等。但画蛇添足的是，记者在新闻中说该水库开闸未对下游造成影响，结果招致当地网民发帖质疑。这是媒体人对社会注意力风险和社会心理把握不到位的结果。记者抢了专家的话，设置了被动的议题陷阱。上下游雨量和天气变化是不确定因素，是否对下游造成影响，原因是多元且复杂的，不宜贸然断定。

媒体在议程设置方面，应该讲究角色和身份定位，做专业的事，不越线。统计学中常常要用到各类图表（以趋势图、饼图、散点图和鱼骨图为典型代表）来阐释四类关系，即分布关系、构成关系、相关关系和因果关系。对此，媒体在一些突发现场的正确做法是：快讲分布关系和构成关系，慎讲相关关系与因果关系。

培养理论与“主观现实”

20 世纪六七十年代，美国传播学者格伯纳（Gerbner）等人开始进行一系列有关电视暴力内容的研究，除了对电视暴力进行内容分析以外，还测量电视对受众态度的影响，最终创建了“培养理论”（Cultivation Theory）。培养理论是基于广播电视时代提出的一种舆论效果学说。我们身处互联网时代，能够发现传统主流媒体的影响范式受到网络社交媒体的解构。美国前总统特朗普和美国主流媒体之间紧张的关系就是一例。不可否认的是，主流媒体的影响力仍然是社会的“压舱石”。2016 年美国大选以后，因为竞选期间受众颇受虚假新闻的影响，《华盛顿邮报》《纽约时报》《华尔街日报》等报纸的订阅量不降反升。

格伯纳认为，现代社会传播媒介提示的“象征性现实”对人们认识和理解现实世界发挥着巨大的作用。由于传播媒介的某些倾向性，人们心目中描绘的主观现实与实际存在的客观现实之间发生很大的偏离。同时，这种影响不是短期的，而是一个长期的、潜移默化的、培养的过程，它在不知不觉当中制约着人们的现实观。

培养理论指出，大众传播媒介在潜移默化中培养受众的世界观。比如，接触大量电视暴力节目的受众，对遭受暴力攻击可能性的估计远高于实际，也高于少接触或不接触同类节目者。这就用实证的方法证实了媒介的长期效果，对受众世界观、价值观的影响来说，媒介具有正反两方面的效果。①

如果媒介对客观世界进行客观的、真实的、全面的反映，提供给受众正确的信息，就可以对培养受众健康全面的世界观、价值观起到积极作用。反之，如果媒介对客观世界进行了偏颇的描述，就会歪曲人们对客观世界的认识，从而形成不正确的世界观、价值观。

20 世纪 80 年代后，培养理论提出了主流效果理论和回响效果理论。主流效果理论指出，本该多样化的价值观，因为接触电视而变得和电视出现的主流意见相近②。而回响效果理论指出，当电视世界的经验与个人经验趋于相同时，培养效果如同空谷回音明显增大。③ 比如女性更加容易受到暴力伤害，因此大量收看电视的女性受众更加倾向于认为暴力犯罪是严重的社会问题，也就是“与电视中呈现的高犯罪世界的描绘产生了共鸣”。

因此，我们应当合理借鉴培养理论的这一观点，重视新闻媒介在建构人们世界观和价值观以及具体见解中的作用和任务。首先，我们要把新闻真实性摆在第一位，兼顾整体真实和细节真实，扩大“回响效果”。其次，我们要注意平衡报道，始终坚持正面报道为主，也就是要把新闻真实性置于宏观背景下去考量，使受众获得对客观世界的积极正确的认识。

---

① 王旭雁．电视传媒对儿童的涵化效果探究——以电视暴力为视角[D]．南京：南京师范大学，2006．

② 这与“沉默的螺旋”理论不谋而合。电视作为大众传播媒介，代表并引导社会主流舆论，从而使公众意见趋于一致。

③ 陈磊．西方培养理论及其在中国的传播[N]．中国广播电视学刊，2012（04）．

媒体报道对影响公众态度具有重要作用。伊拉克战争爆发后，美国国内新闻媒介大量支持布什政府的单边主义就是例证。媒介宣传变革、启蒙民智的作用也表现得十分明显。比如，我国近代史上的两次办报高潮，通过改良或社会革命改变社会既有行为模式。在我国改革开放进程中，媒介在倡导新的社会行为模式方面也发挥了不小的作用。

杠杆：社交媒体的舆论支点

舆论的强弱反差效应

舆论规律往往与自然科学和经济学等有相反的规律呈现。舆论的强弱反差效应，是指现实生活中的强者，常常是舆论场上的弱者，政府、企业、名人等，概莫能外。这种形象和力量的强弱对比，是社会注意力风向的常见规律，具有相对性而且变动不居，特别是在早年的网络舆论阶段。

比如，2008 年 10 月，哈尔滨市某酒吧前发生了一起恶性伤害致死案件，被害人林某当场死亡，6 名嫌疑人均是警察。事发时，网上就炒作成了“6 名警察围殴致死一大学生”的舆论热点，网民纷纷将矛头指向警察。随后剪辑的打架监控录像公布，录像显示的是大学生先动手，网上又传言他有一个舅舅在北京当领导，说法就改成了“六提辖拳打林衙内”。

围绕死者家庭背景，媒体报道一波三折，民意在短短几天内发生数次转折，事实的真相到底是怎样的?[①] 领导、警察和大学生的身份在现实和舆论场中的心理差异如此明显，该案让人们领略到舆论强弱反差效应和非理性情绪化特征。

厦门大学教授邹振东曾提出“弱传播理论”[②]。他认为，除自然世界外，人类生活在现实世界与舆论世界这两个世界中，前者是强世界，后者是弱世界。舆论世界是现实世界的反世界或逆世界，在强弱属性、主次关

① 夜幕下的哈尔滨[EB/OL]. 央视网，2008-10-21.

② 邹振东 . 弱传播：舆论世界的哲学[M]. 北京：国家行政学院出版社，2018.12.

系、轻重判断与情理导向上，两个世界方向有时基本相反。搞清楚舆论世界与现实世界不同的逻辑，就能够理解舆论为什么会有这样那样的特点，从而指导我们更好地在舆论世界里生存与发展。

现实社会中的强者到了网上往往会变成弱者；现实中的弱势群体到了网上反而群体声音更强势。网上舆论场往往是现实社会的“逆世界”。就如同过去人们常说，现实中没有实现的事物或想法可能在文学作品中出现一样，舆论的世界有时候是人们对现实世界经过主观加工改造后的一种反映。

弱连接：社会交往资本

“社会交往资本”概念是本书的新提法，可以从布迪厄的社会资本概念以及哈贝马斯的交往行动理论说起，其最终目标是能够用以指导我们投身于社交媒体的潮流。

在经济学和金融投资领域里，格雷厄姆（Graham）、巴菲特（Buffett）和芒格（Munger）的价值投资理论受到很多人的推崇，主张正确评估价值，并选择在股票价格低于价值的适当时机买入，并建议坚持长期持有，从而使得持有财富或估值不断升值。当价值投资达到回报预期后就可以卖出。而社会交往资本是无形资产，关乎声誉和影响力，会永远跟随我们。只有建立与弱者和数量占优的大众的连接，才能筑牢群众基础和道义根基，更好地增加“社会交往资本”。

大家对“感情投资”这个日常用语并不陌生。我通过中国知网检索发现，有关“感情投资”的文章达2000多篇，较多涉及企业管理、经贸金融、高等教育、思想政治、刑事法律乃至行政管理和领导决策学、文化等方面。“感情投资”和“社交交往资本”有无区别和联系？大概在某种程度上可看作日常生活世俗化和微观化的表现之一，而后者更强调跨圈层、群体性、影响力和弱连接。

在社会注意力剧烈变动的环境中，无人能置身事外。在现实社会和网络空间中，公众人物应与普通人建立更多的“连接”与“交往”，很多时候需要打破圈层，扩大和深入开展符合社会角色预期的互动性与公益性强的社会活动和媒体活动。人们应保持谦抑性，在互联网舆论场当中保持低调和虔诚。实际上，也是以低估“身价”增加社会交往资本，获得影响力和声誉方面的增长。

情感：关系 + 态度 > 事实

为何在社交媒体的时代，关系和态度比事实更优先？

今天，互联网的空前发达，使每一个人都成为一家“新媒体”。在社会注意力风险或舆情危机中，人们渐渐被一次又一次的铁一样的事实刷新认知，在这样一个大众话语权的时代，每当我们要试图扭转舆论走向，就必须要认识到，传统时代那种摆事实、讲道理的叙事法已经收不到太多立竿见影的效果。

互联网时代的传播大师们，已经把握了舆论互动的精髓，那就是在社交平台中更多地选择以拉近关系、表明态度的方式，进行更为有效的精准沟通，而这种主观型策略，比辨析事实还要紧迫。尽管还原真相也非常重要，但似乎网上的年轻人和各种网络群体对于“嘴上有没有我”“眼里有没有我”“心里有没有我”更在意。

关系与态度大于事实，体现了舆论交往早期的紧迫性，并不是说在舆论回应中只有拉关系和摆态度重要，也不是说唯此便一切迎刃而解了，更不是说事实不重要。而是说，第一步要解决关系、态度问题，而非急于辩论事实和道理。因为，当起初情绪对立的时候，你说了也没人听。并且在事发之初，事件还未调查清楚，真相尚待水落石出。选择出了问题，再努力也难以达到效果。

互联网传播者要充分意识到，在大众化自媒体泛滥的舆论环境中，首先，与对话沟通者坐到同一条板凳上，避免成为剑拔弩张的对立方；其次，及时表明处理事件的积极负责的态度，吸引和说服网络群体和对话者们能够心悦诚服地坐下来对话，这是前提或必要条件。

万事开头难，姿态只有放得足够低，格局才能打得足够开，效果方能达到无穷大。社交媒体是典型的弱者通吃的感性舆论场。那么，如何才能从关系和态度中找到抽丝剥茧的危机读心术呢？这里，我们试以低姿态和弱传播的角度为例，来破解社会注意力风险旋涡的社会心理法则。

1. 谦抑性原则

谦抑性原则（Principle of Necessity），又称必要性原则，是法学中的重要应用概念。刑法的谦抑性是指刑法应依据一定的规则控制处罚范围与处罚程度，即凡是适用其他法律足以抑止某种违法行为、足以保护合法权益时，就不要将其规定为犯罪；凡是适用较轻的制裁方法足以抑止某种犯罪行为、足以保护合法权益时，就不要规定较重的制裁方法。[①] 刑法的谦抑性主要用于当出现刑罚无效果、可以他法替代、无效益等情况时。

近年来，人们从法学中吸收了理论经验，谦抑性被多次提及。我们所称的社会舆论回应中的谦抑性原则，是指舆论主体所采取的信息回应层级、态度、规模、渠道及目标等方面的必要性及合理性。谦抑性在信息回应的议程设置效应、回应策略技巧和化解矛盾等具体效果方面，具有重要和现实的指导意义。

凡事过犹不及。在一些社会注意力高度关注的名人事件中，很多公众人物性格很高调，甚至绝不妥协，在舆论风暴中的高调回应，可能并不一定能够收到好的反馈，甚至可能因为某些局部问题滋生次生舆情和扩大社会矛盾争议。坚持谦抑性，更常见的做法是积极响应社会关切，时刻认识到名人“自带流量”的显著性本身就是注意力风险因子，保持低调和及时适度回应，是最好的表达习惯。

社会注意力引导适用谦抑性主要存在三个前提或场景：一是高调回应易扩大矛盾、引发负面次生舆情或者争议性话题设置风险的情况；二是可以通过线下沟通或其他替代性活动进行“釜底抽薪”式化解的局面；三是预测到高调回应也很难取得预期社会互动效果的情况。类似这三种情形都可以并且应该适用谦抑性原则。我们很容易就能从回应规格、声量、渠道、目的和效果等方面，综合判断社会主体是否深谙谦抑之道，在起步时

① 张明楷．论刑法的谦抑性[J]．法商研究（中南政法学院学报），1995（04）．

是否选对了心法。

2. 示“弱”

《道德经》第二十八章说：“知其雄，守其雌，为天下溪。”这里的“雄”可以理解为刚强，而“雌”可以理解为柔弱。有智慧的人往往以柔弱的态度处世，凡是过于完美或理想的事物往往都不可能长久存在。

很多人在跌入社会注意力陷阱的时候，往往要表现出刚强的一面，誓与网络对手争个你死我活，这当然是据理力争、理直气壮的缘由。而刚强并不等同于坚韧，刚猛者易折。在网络舆论场中，舆论强弱反差效应会非常不利于强势者，而会发生向弱势群体一边倒的“罗宾汉情结”。

示“弱”也是多数网络舆论场中定纷止争、相互妥协和达成共识的第一步。在舆论对立的双方，一方回应态度、事实和回应细节的弱化，是事态朝宽容谅解和矛盾化解方向转化的前提条件。

在舆论层面的示“强”，取决于是否能代表更广大民众的统一意志和根本利益，是否经得起事实和历史检验，是否有利于消弭深层矛盾等。正因为示“强”的条件非常苛刻，往往是触犯社会大众心理忌讳的，很多人在舆论旋涡中因为示“强”而被认同者“临阵倒戈”的也不在少数。即便示“强”有利，最终也可能落下“得理不饶人”的印象，舆论场有时是没有“小道理”可讲的。所谓“小道理”就是一城一池的得失，而人心所向和刻板印象才是“大道理”。

需要指出的是，很多人认为示“弱”就是在舆论场上实施“绥靖”政策，扔个白毛巾，无条件投降，“你好我亏大家好”。事实并非如此。示“弱”，并不意味着一味忍让、猥自枉屈甚至不顾事实和原则的退让，“小道理”可以退一步海阔天空，但如果有“大道理”，法律面前人人平等，示“弱”的同时还应该还原真相，争取支持，阐明原委，获得最广泛的社会认同感，扩大社会共识和支持力量。

读史使人明智。历史上很少有谈判不是伴随着平行场域的斗争，不能在战场上攻城略地，就别想在谈判桌上得到实惠。社会舆论和解虽然并非军事和政治博弈，但尊重事实和维护法理情，同样需要胸怀宽广、头脑清醒和坚韧不拔的意志。战略上示“弱”怀柔，战术上则需要未雨绸缪和防微杜渐的坚韧。

3. 联“弱”

顺藤摸瓜，舆论的天平与生俱来是弱者的好朋友。舆论回应的次优策略，除了示“弱”以外，还能与“弱”建立纽带的就是联“弱”。所谓联“弱”，就是与弱者产生社会场景下的紧密连接。

很多社会注意力风暴的发生源于当事人脱离大众。据《晋书・惠帝纪》记载：“及天下荒乱，百姓饿死，帝曰：‘何不食肉糜？’”也许晋惠帝的确想为百姓做点实事，但很显然他没有深入民间，很少访贫问苦，更不可能与广大百姓建立紧密连接，所以才会提出这样的疑问。

除了性别、基因、健康、年龄、性格、职业、地域、兴趣、道德品行等条件外，每个人在社会财富、社会关系、职位头衔、家族背景、社会地位、社会声誉、个人能力等方面千差万别。所谓“尺有所短，寸有所长”，人与人之间、群体与群体之间的强弱态势是千差万别的，从来不存在绝对的强者和绝对的弱者，要看具体的环境、场景、条件、相对方以及发生社会作用的机制等，这方面的强者也可能是那方面的弱者，强者也可能因为场景、形势和对象快速变化而成为弱者。强弱的维度是多元的，我们无法以偏概全，或从单一层次上来界定。

虽然不是所有事物都能够代替和补偿，但代偿性机制仍是联“弱”可能发生的一种社会心理机制。每一个社会主体可以通过自身努力，让自身发展不平衡的资源禀赋及社会资本，在社会整体发展不平衡的环境下，通过双向和多元社会交互，实现均衡的发展，形成整体性或全局性的均衡态。比如，历史上有关土地的兼并和再分配制度多次调整，其间伴随着社会动荡和朝代更替，人的发展失衡会带来问题，社会发展的失衡也不可长久，当社会矛盾达到不可调和的严重程度时，就会出现不确定因素。

社会现象中的代偿现象，可以给我们探索社会注意力风险管理的代偿机制以启发。从社会效果上来看，心理代偿机制有利于取长补短，抱团取暖。人可以通过联“弱”实现社会责任，打破圈层，积累更多社会舆论资本的无形资产，树立和提升良好的社会责任形象，而在某一方面的弱者群体可以得到帮助，让社会发展更加均衡和公平。

为什么有那么多的社会名人热衷于公益事业？这些也涉及我们对于平等概念的理解与思考。我们所说的社会注意力风险治理中，很多人注意到，事后要进行形象修复，事前要建立和践行社会责任行动常态化。公益行为是最为常见的联“弱”行动。一些社会公共政策实施的本身，具有均贫富和扶助弱者的社会功能，比如扶贫、基础设施建设、生态环保等项目，多参与其中，一定能够提升人们的社会形象。但这种参与本身，是不应该先有功利目的和思想的，那样就颠倒了事物的主次先后顺序。

人们常说的“沽名钓誉”属于态度不诚恳，因为过于在乎博得好名声而投身于社会建设，就会误入歧途、迷失方向，失去本身的价值和意义，甚至引发反效果。所以，联“弱”的精髓是“精诚所至”。

特定行业的职业行为也体现出联“弱”的特征。从某种程度来说，医生是以科学精湛的医术救助医学知识贫弱的患者群体的重要职业；教师是以渊博的知识、崇高的修为，帮助在知识和能力方面较浅者获得成长的重要职业；警察是维护社会安定、打击违法犯罪行为、帮助社会上自我保护能力不足的弱者的重要职业。很多职业本身就包括联“弱”护“弱”的应有之义。

随着现代社会的发展，社会工作变得更加丰富和必要，社会志愿者、应急救援、生活服务、生态保护等领域也出现大量社会互助性的新职业形态。以职业划定的边界壁垒是不容易跨越的，但学习专业的知识和技能、积累了一定职业经验的人士，可以通过参与不同的社会志愿活动，增加社会口碑效应和积极导向，学习并担当不同的职业角色，能够参与和帮助那些需要帮助的弱者，客观上将增加参与者在社会舆论场域中无形的社会交往资本。

抉择：情境式危机沟通理论

抉择，即重大而果断的选择。有一个被很多人忽略的极为重要的事实就是，人生像马拉松长途赛跑，但真正影响我们命运的可能仅仅是那么屈指可数的几次关键时刻的选择。人一生总要面临无数次选择，但能影响命运的关键选择却不多。我们当时在不经意间做出的选择，可能已经影响甚至主宰了自己未来一生的命运。无论我们是否承认，当我们追忆往昔的时候，脑海中仍然浮现尘封已久的记忆，选择已成为过去，而今天的我们仍然在各自奋勇努力的路上。

选择，常常比努力更重要。选择对了，就成功了大半；如果选择错了，即便再努力，也可能会失败。我们在社会注意力风险的博弈场上，看到了更多的挑战和机遇、选择与努力。每当我们在风险涌动的舆论关头，都需要研判舆情、观察形势，提出各种风险可能的应对之策，反复权衡利弊，以便从中做出最优的选择。

危急关头更需要抓大放小，认清形势和社会心理，透过现象把握问题的本质，破解主要矛盾。社会注意力风险危机的发生，伴随着各种突发情形和大量不确定性因素。每一个社会主体都可能存在先天禀赋的差异，当危机来临时，怎么能够有针对性地应对呢？

在各类应急管理和危机传播研究中，美国中部佛罗里达大学尼克森传播学院教授库姆斯（Coombs）提出的情境式危机沟通理论（Situational Crisis Communication Theory），就是比较典型的分类管理的应用模型，能够提供全面而有针对性的可选策略，把握主动，对症下药。

有研究者将危机情境划分为三种基本类型，即受害型、事故型和错误型，其承担的危机责任从无到有，并呈现递增的趋势。受害型危机常见于自然因素导致的灾害及谣言；事故型危机情境常见于出发点正当但因技术或管理能力不足等因素引发的次生问题；错误型危机情境常见于严重人为原因导致的事故、企业严重的产品服务质量问题及管理层不当行为等。这种划分方法能够涵盖大部分场景，但对于专业领域危机场景的针对性不够强。

库姆斯基于社会心理学的重要理论归因论（Attribution Theory）建立起理论模型，将所有危机划分成若干类型。我们据此结合国内情况，可以大体将其划分为：

（1）犯错情境：面对他人指责，自身进入危机状态，但并不承认自身有错，而认为对方指责有误。在此情境下，通常使用“否认策略”，即反驳对方指责有误。最常见的运用场景就是辟谣或澄清声明。

（2）控制情境：面对他人的错误指责，自身不能拿出全面证据推翻他人观点，不能完全否认他人指责。在此情境下，采取“借口策略”，有时被解读为“淡化型”策略。通常，使用这个策略，即官方出发点是善意的，或将事件归因为偶然或意外因素。危机应对的着眼点是寻求一定合理性，大事化小，小事化了，把危机和矛盾控制在可控范围内。常见的运用场景是意外事故或活动管理问题。

（3）各持标准情境：面对他人指责，不认为自身有错，因双方所持标准不一，“我无法反驳你”，此时采取“辩护策略”。这个策略列举双方标准，反驳对方以不同标准要求自己的做法。常见的运用场景是司法、医疗和科学等专业领域。我认为这也可以称为“科普策略”或“跨界策略”，打破专业壁垒，破圈沟通是重要的途径。

（4）同意情境：面对他人证据确凿的指责，同意他人观点并自我反省。在此情境下，宜先致歉，后修复。常见的运用场景是重大过错或责任事故。有专家将其称为“重塑型”策略，即认清过错和损失，郑重诚恳地致歉和合理地补偿损失。

在社交媒体环境下，如何判断危机类型，如何选择合适的危机传播策略，以及在通常情况下的主要策略及次要策略，必须先判断自身对错、事实结论、社会关切点及事件相对方的态度。随着人们对于危机情境研究的不断深入，这些模型也在不断被丰富和完善。比如，对于化解危机有帮助的思路，还包括“支持型”策略，面对舆论危机中的利益相关方，当事者需要积极传播和响应各方的心理诉求，以同样是危机受害者而非对立方的角度，强调自己的历史成果和荣誉，利用现有克服问题和困难的努力态度和有利条件，以增加社会信任和信心，从而挽回局面和修复形象。

第十二章

破局：舆情十日谈

网络舆情其实是通过互联网表达和传播的，是公众对自己关心或与自身利益紧密相关的各种公共事务所持有的多种情绪、态度和意见交错的总和。①

谈到社会注意力风险，就绕不开网络舆情。从概念来看，舆情与社会注意力风险是同源的事物，网络舆情是社会注意力叠加互联网风险因素与现实相接的最典型的体现，更加侧重舆论和社会治理视角的观照。为此，我们将从网络舆情工作的视角，探索社会注意力风险研究应用的多维空间。

在“人人都有麦克风”的时代，网民能够随时随地参与突发公共事件的讨论。互联网中的各种行为，都是现实矛盾和社会心理在网上的折射。互联网线上与线下之间的互动、激荡，扩大了突发公共事件的波及面与影响力，增强了对社会冲击的烈度。

随着全球化的不断增强，思潮多元化、诉求多元化不断凸显，民众维权与表达意识不断上升，推动了网络舆论以极强的延展力和渗透力，加剧问题复杂化、普遍化、热点化的趋势。据统计，自 2013 年以来，接近 1/4 的社交媒体舆情会引发线下行动和人肉搜索，其中网络维权是引发社会动员的重要因素。②

---

① 刘毅．网络舆情研究概论[M]．天津：天津人民出版社，2007. 9.

② 刘鹏飞、卢永春、邱若辰．2013 年中国社交媒体舆情发展报告[R]．人民网舆情监测室，2014-06-25.

社会转型期也是矛盾多发期。近年来，众多突发公共事件对社会稳定和民众的生产生活造成损害。突发公共事件应对和舆论疏导是社会治理的重要一环，突发公共事件应对既要考虑“治标”，也要注意“治本”，特别要注重社会良好秩序的恢复和不良心理情绪的疏导，避免因处理不当造成的“蝴蝶效应”，从而导致事态不断扩大升级。

一般情况下，突发公共事件或舆情危机一旦爆发，就应运用科学思路积极处置，并把握统一领导、信息透明、生命至上、实事求是、扩大共识、群众中心、快速高效、依法依规、公平开放、文明有序等基本原则。既然是基本原则，因为它们来源于多年的大量案例和反复论证的经验教训，对于明智的决策者来说，更意味着这是不可违背的。守好基本原则不动摇，实际应用则掌握灵活性，在不同场景有所侧重。

意大利作家乔万尼·薄伽丘（Giovanni Boccaccio）曾写过小说集《十日谈》，讲的是 1348 年意大利佛罗伦萨瘟疫流行，10 名男女在乡村一所别墅里避难，每人每天讲一个故事，十天讲了一百个故事。这部短篇集成为人文主义的经典之作。

今天，如果要仿照文学名著的叙事法，编成一部案例故事集，恐怕十天十夜也讲不完。那么，结合前面介绍的危机破局的十大原则，我们可以从数以百计的经典舆情案例中提炼精华，对未来则更有价值。

“角力认承信，意境动网媒。疏治任转场，薪墙巧术多。”① 社会注意力风险爆发之日，就是舆情风起之时。面对纷繁复杂的信息风险和舆论危机，有没有常见的思路方法可以拨开云雾呢?

第一日：现场控制

突发公共事件的爆发，往往意味着群众生命财产安全遭遇重大威胁。

---

① 角色、力量、认知、承诺、信息是舆情发生前出现失衡情形的主要风险因子。意见领袖、境外媒体、线下行动、网络关注度和媒体介入是直观判断舆情升级的热度指标。疏导对冲、生态治理、责任切割、转移淡化、现场控制，以及釜底抽薪、边界筑墙、巧用第三方、外科手术和多利益协商等是舆情处置中最常见的做法。这四句各取每个词的一个字组合而成。

同时，舆论危机的爆发，很多都有一个现实场景或场合，如新闻照片、视频直播、电视画面或者在新闻事件发生的救援或维护秩序的第一现场等。

参与事件处置和新闻发布的领导干部、新闻发言人、新闻主播、记者、消防员、医生、警察等具有特定身份的人士，都要意识到特定新闻现场的社会注意力风口的镁光灯放大效应，务必做出符合危机场景和社会角色预期的言论、穿戴、表情、仪态和行为，维护好现场的正常秩序。

突发公共事件发生初期，常常会出现某种程度的混乱。保证人员生命和财产安全，尽早消除管理混乱，恢复社会正常秩序，避免新闻搭车效应，是相关人员处置工作的一大要务。

2014 年 12 月 31 日跨年夜，上海外滩发生踩踏事件，造成 36 人死亡，49 人受伤。2015 年 1 月 21 日，调查报告认定这是一起对群众性活动预防准备不足、现场管理不力、应对处置不当而引发的拥挤踩踏并造成重大伤亡和严重后果的公共安全责任事件。相关部门和责任人受到处理。①

具体来说，生命至上和以人为本的价值取向，一方面要主动保护，另一方面要在一些突发群体事件的社会矛盾处理的现场，尽量减少冲突。社会治理应根据实际情况科学判断，大多数情况下民众内部矛盾纠纷处理应避免使用强制力；对于严重违法活动和安全事件，则必须坚决打击犯罪，捍卫群众安全和法律底线。比如，2008 年，孟建柱曾在《求是》杂志撰文指出，在处置群体性事件中，要坚持“三个慎用”，即“慎用警力、慎用警械、慎用强制措施”，还要“坚决防止因用警不当、定位不准、处置不妥而激化矛盾，坚决防止发生流血伤亡事件”。

原则一：生命至上

绝大多数突发公共事件都与人员伤亡和财产损失相关。突发公共事件发生后，应当把人民群众的生命安全放到第一位，充分体现出“以人为本”的理念。在危急关头，要尽力减少人民群众的生命财产损失。在“生

① 上海外滩拥挤踩踏事件调查报告全文[EB/OL]. 人民网，2015-01-21.

命”与“财产”中，生命是第一位的，其次是重要财产和设施。在生命得到保障的前提下，尽量减少财产和设施的损失。

生命至上是突发公共事件应对的第一要务。自然灾害、事故灾难、社会安全事件和公共卫生事件的处置，都要千方百计、不惜一切代价抢救生命，永不放弃，有一丝希望，就要付出百倍努力。汶川地震和雅安地震发生后，党和国家领导人一再强调救人第一，赶赴灾区指导，所有舆论都在关注救人，每救出一人，都能吸引舆论目光。这一政策及原则，为抗震救灾树立了基本工作方针，增强了社会凝聚力。与此相反，凡是未将生命安全放在第一位的处置行动，甚至过度使用强制力激化冲突的处置，都会引起民众批评，激起舆论风波。

第二日：疏导对冲

疏导对冲，即遇到大量舆论危机时，当事方需要针对网上负面压力进行信息发布、舆论引导，通过影响力相当的各类媒体平台，丰富媒体观点评论，释放更多积极正面、充分有力的信息进行疏导，还原更加全面真实的信息或观点，形成更加丰富多元的均衡的输出。

隧道效应（Tunnel Effeet）是由美国经济学家阿尔伯特·奥托·赫希曼（Albert Otto Hirschman）于1973年提出的概念，是指在经济发展过程中，人们对不平等程度的忍耐力较高的现象。当你开车进入隧道时，只要交通缓解，一旦车可以移动，即使速度很慢，司机和车辆也能保持有序。但是，如果有车道拥堵停滞，很多人就会骚动、变道或下车，次生风险就会爆发。所以，在任何危机场景下，保持推动事态不断向前，保证动态发展的积极形势，是确保社会不失序的条件。

将疏导对冲的办法，直接作用于舆论场，只要有真实全面的信息不断释放，就有利于发挥隧道效应，最终达到平稳事态和疏解舆情的目标。

原则二：信息透明

信息透明是指及时发布与突发公共事件相关的信息，它既包括主动发布，也包括被动发布。被动发布是指公众有要求、有质疑时，或不准确信息被传播后，事件处置部门及时发布相关信息，以正视听。及时发布信息，这是近十来年突发公共事件处置经验教训的总结，已经得到各方认可。“速报事实，慎报原因，再报进展”以及“黄金 4 小时”原则，都是经典总结。

信息发布时间与应对效果有显著的相关性：信息发布或回应时间与事件发生或质疑提出的时间相距越短，获得的效果评估分值越高。由于突发公共事件具有不确定性，公众容易出现信息“饥渴症”，而信息传播源头的多样化以及传播渠道的无序性，又会令公众无所适从。

只有让真相跑在谣言前面，才能抢占舆论先机，否则需要付出更大代价。这需要事件处置者第一时间发声，做突发公共事件的第一定义者，让官方信息跑在小道消息前面，掌握网络舆论话语权。需要注意的是，盲目求快，不经调查就草率回应，容易埋下隐患。所以信息透明是非常重要的。风险预警是信息公开透明的手段之一。

社会注意力风险预警指针对热点事件、敏感信息等进行监测，对相关信息进行研判，必要时提出警示。监测预警，要有设备、软件、人员、机制和预警程序等，工具要先进，系统要完备，更重要的是人员素质要高，有经验、学识和辨别力。对监测发现的大量信息，能够做出准确判断，能够发现苗头性、倾向性的信息。

风险预警是对发现可能导致舆论风波的信息动向发出警示。预警是风险研判、舆情处置的前提，有预警才能更快、更有效地进行研判、处置。预警也是一个过程，随着突发公共事件的发展演化，需要不断地预警，不断地发现可能对舆论发展、事件演变带来影响的信息。因此，建立预警体系，全面持续地收集相关舆情信息，才能做到有效预警，不贻误研判处置时机。

政府和企业应该建立风险预警、研判与处置体系，及时发现和上报重大舆情。网络舆情具有复杂性和特殊性，各级政府和单位应强化预警意识，为民众提供便捷有效的线上诉求渠道，建立系统化的预警机制，以便及时发现和上报重大舆情。

舆情机制的建立、舆情预案的完备和事件最终的处理效果均呈现显著的正相关关系：具有完善的舆情预警制度，能够预先发现舆情，提前做好应对准备，有针对性地采取有效措施，进而掌握舆论的主动权，较好地处置突发公共事件舆情，获得较为正面的社会评价。

预警需要落到实处。若只开设预警平台，不重视建设维护，或预警机制流于形式，往往会让民众产生强烈的不信任感。有的政府部门和企业，将监测预警变成控制封堵，很容易激起民众的抵触。建立舆情预警机制要重视新媒体运营管理，保持日常更新，积极回复网民提问。同时要与专业机构建立长期合作，建立完备的预警机制，重视学习科学方法。

研判通报是根据舆情监测预警的结果，对热度可能提高或者进一步恶化的舆情事件进行全面而深入的研究，研判它将造成的影响，并根据其影响程度确定等级，根据等级报送上级或相关部门。在舆情发现和传播流程中，传统媒体、新媒体和公众是非常重要的环节，既是信息发现之地，也是预警信息传播渠道和送达地。

信息公开透明的另一个手段是及时辟谣，即指针对谣言、传言、流言及时回应、澄清，阻止其扩散。防堵、澄清谣言已经成为应对突发公共事件的“必要措施”。辟谣不及时，危害甚大。谣言的产生，原因极其复杂，有误传带来的，有别有用心制造的，等等。不管是什么原因导致的谣言，凡是不利于突发公共事件处置的，都要及时辟谣。

辟谣还要有针对性，要用事实说话，用数据说话，把真实情况告诉网民，不回避、不掩盖、不护短，实事求是，坦诚相告，才有利于事件处置。辟谣，首先要及时准确，让真相和权威信息挤压谣言滋生和扩大蔓延的空间；其次要调动各种媒介渠道，打好信息传播的“组合拳”。

第三日：生态治理

“加强互联网内容建设，建立网络综合治理体系，营造清朗的网络空间”，是党的十九大作出的战略部署。从实践层面看，要全面构建“党委领导、政府管理、企业履责、社会监督、网民自律”的网络综合治理体系。生态治理是通过制度创新、改良土壤、发动社会而形成相互制约和良性循环的系统性治理模式。随着国家治理体系和干部能力的不断提升，文明有序、相互制约、良性循环的精细化治理模式正逐渐形成。

突发公共事件舆情应对，从生态治理模式上看，主要有以下三种：

（1）源头治理模式：通过实时监控，掌握舆论引爆源头，在舆情发酵前期采取有效措施“断流”，阻止舆论洪潮的形成。

（2）开闸泄洪模式：对正在形成或已经初具规模的舆情流进行释放或覆盖，通过“有进有出”实现平衡。

（3）长效治理模式：不仅仅是对舆情事件的良好处置，更多地体现在对舆情环境的重视上，强化对舆论场土壤的改良，侧重长期的科学治理，提升公信力。

比如，为做好社会化监督工作，我们可以开设举报平台，让很多人参与进来，是把社会看作一个有机整体的一种生态化综合治理体系，可以让各个部门发挥各种功能，并形成整体功能大于部分功能之和的效果。畅通社情民意上传下达的表达渠道，激发社会各主体参与的积极性，发挥相互制约、相互促进、自我净化和优化的目标与效果。

原则三： 文明有序

文明有序原则，是在舆情回应和突发事件现场处置中，坚持维护信息发布和事件处置的良好秩序，维护社会文明有序的环境和氛围，注意文明规范用语和避免过度使用强制性手段。

舆情不是敌情。在处理舆情危机过程中，要增强分析和判断力，正确区分人民内部矛盾和敌我矛盾，注意事件现场处置和舆论回应的方式方法以及工作细节，避免矛盾和损失扩大化。

国家治理体系和治理能力的现代化，需要文明有序的精细化治理，也考验着我国各级决策者的领导能力和水平。过去一些地方存在简单粗放的做法，个别干部在舆论工作中滥用刚性思维，不善于坚持思想说服、教育科普、统一战线、利益调解和扩大共识的柔性思维，很容易造成矛盾激化、转移和扩大。也有的地方在近些年疫情防控、征地拆迁等工作中手段过于简单，大包大揽，忽视困难群众就医看病和生活物资等合理诉求，出现暴力言行和“一刀切”现象，形式主义和官僚主义时有发生。

第四日：责任切割

对于舆论危机中反映出来的存在严重人为责任的地方，一定要追查相关监管部门职责及事故主要责任，对于失职渎职、贪污腐败、违法犯罪、触犯法纪及严重过失行为进行责任追究和依法惩处，以儆效尤，避免系统发生制度监督失灵，决不能让局部的问题影响全局。

责任切割主要是事件处置过程中使用的方法。责任切割是问责与追责的前奏，将责任区分清楚，坚持依据事实、依法依规进行。在面对舆论时，要坚持客观公正、秉公办事和不偏不倚，不宜过度承诺和过激反应。受到惩处的一些责任人绝大部分是不能参与事件处置的。责任切割，就是将他们与处置事件的部门区隔开来，有利于处置者“不背包袱”地去公正处置。

原则四： 实事求是

实事求是是应对突发公共事件处置的基本原则和应有的工作态度。实事求是的原则应贯穿于整个处置过程中，有关事故伤亡、受灾和损失情况的通报要实事求是，事故原因调查、责任认定和事件处置都要实事求是。

实事求是，除了数量、程度、分寸等要准确无误外，有时也体现在责任的认定及担当上，相关人员公开承认过错是令其尴尬的，但是责任人应该实事求是，勇于承担责任。若决策者能及时表态、勇于担责、主动道歉、积极反思，很多对立与冲突都能被诚恳的态度化解和消融。

实事求是，态度是关键。在突发事件处置过程中，损失、责任、原因、真相等都不是一目了然的，有时甚至扑朔迷离，常常需要反复探求，因而实事求是的工作态度很重要，要以这种工作态度处理各种事务以及对待和回应各种质疑。

第五日：转移淡化

一般的社会注意力聚集和舆论热点停留周期不超过三天，重大事件可能会停留一周，只有少数舆论热点或特大舆情事件会停留超过一周乃至一个月。有时候一些舆论热点不宜在社会注意力的高风险点停留太久，一旦有新的热点出来，有些舆情热点会自然地流动和转移，要先解决主要矛盾和问题，展示诚恳态度，通过科学的议程设置“化危为机”，顺应社会焦点的转移。

新闻传播心理和社会注意力的规律有时候显得“喜新厌旧”，但也有积极效应，有些舆情矛头需要淡化，自然而然地流动和被动转移，在有条件的情况下，解决主要矛盾和问题以后，可以充分运用议题设置或化危为机的营销技巧，展示诚恳的低姿态，进行社会注意力焦点的主动转移。化危为机，指在处置突发公共事件过程中，随着事件的发展、新情况和新问题的出现或者事件起因、矛盾的发现，及时调整处置政策、措施、手段，也包括处置失误的纠偏，目的是更有效、更妥善地进行处置。

舆情应对要根据事态变化采取灵活的应变方法。灵活应变在不同类型的突发公共事件中都能帮助责任主体获得较高的总体效果。以往由于责任意识不强、经验不足，很多地方在处置突发公共事件时陷入“怕、躲、捂、压、盖、删”的怪圈。近年来，随着各地对互联网的认识不断加深，突发事件应对能力和意识均有所提升。比如，2011 年 6 月 26 日，天涯社区曝出四川会理县领导视察会理县高标准建设通乡路的照片是“悬浮照”(即人为修过的照片)。此事迅速引起网民围观，并掀起了网民照片“PS大赛”来嘲弄此事。会理县政府及时开通微博，主动道歉，应对手段和方式十分灵活。在承认错误之后，用幽默诚恳的话语请求网民谅解并呼吁大家关注会理县旅游业，化危为机，使得舆情迅速平息。

原则五： 快速高效

突发事件发生以后，要迅速考察零星而起的网络言论具体会在哪些网站、网友群体之间迅速酝酿成为社会热点。社会注意力洞察也要深入考察舆论压力的形成脉络与走势、网络传播特征和媒体互动特征。

传统观点认为，在事发24小时内发布权威消息主导舆论是平息事件的关键，官方处置突发事件有“黄金24小时”之说。新媒体崛起后，渗透并深刻参与到突发事件的发展过程中。在新媒体的冲击下，传统的“黄金24小时”法则渐显无力。

基于多年对网络舆情的分析，以及对当下媒体环境的判断，人民网舆情监测室提出了突发事件处置的“黄金4小时”原则，并进一步提出了突发事件中的“黄金4小时媒体”概念。

信息发布的及时与否决定了事件不同的走向。“黄金4小时”指的是新闻发布的及时性，政府要第一时间发声，第一时间处理问题，做突发事件的“第一定义者”。事实上，“黄金4小时”的功夫并不只在这“4小时”上，更在地方政府部门长效机制的建立上。与此相对应，“黄金4小时媒体”主要指能产生快速舆论传播的网络媒体，并以微博客、QQ群、微信群、短视频平台、人气高的BBS论坛等为代表。网络媒体快速的传播速度会导致信息鱼龙混杂、泥沙俱下。每一个网络信息的接受者又可能成为信息的发布者。在数小时内，“黄金4小时媒体”就可能将突发事件传播、发酵为有着重大舆论影响的事件。速报事实、慎报原因、再报跟进，贯穿了政府与民意互动、真相与谣言赛跑的意识。

中国社会科学院研究员单光鼐认为：“无论是突发事件还是公共危机，

一个最主要的特点就是时间压力。一是需要在很短的时间内对事情做出判断、认识和评估；二是怎么处置，危机事件来临时，既有危险，也有机会。”

第六日：釜底抽薪

“扬汤止沸，不如釜底抽薪。”网上问题常常需要引导到网下来，在现实生活和矛盾中得以解决。釜底抽薪在这时指的是在突发公共事件处置过程中采取措施消除导致事件失控、矛盾激化的主要原因，或者在事件基本平息后采取有效措施化解、消除引发事件的主要矛盾。

损失严重的突发公共事件，或多或少与人的言行有关，有值得总结经验、吸取教训的地方，即使强地震、强台风、特大暴雨、生产事故等事件，也有加强预测和防范之道。面对这些事件，有突发公共事件处置过程中的釜底抽薪，还有事件平息后根除问题本源的釜底抽薪。2014 年 8 月，美国密苏里州弗格森镇白人警察开枪打死黑人青年，引发黑人持续抗议。美国司法部表示对弗格森警方展开民事调查，密苏里州表示将采取措施消除种族歧视，这是要进行釜底抽薪的姿态。但是 11 月 24 日晚，密苏里州大陪审团裁决警察无罪，这一裁决引爆规模更大的抗议行动，蔓延到 170 多个城市。[①]

突发公共事件平息后，可以通过解决基层诉求、制度创新和善后修复来实现釜底抽薪，而是否存在“遗留问题”，也可以作为工作效果的判断依据之一。

原则六：群众中心

群众中心原则，是以绝大多数民众的根本利益为中心，重视和维护他们的利益，决不损害他们的利益，决不忽视民众的重要关切。具体而言，

---

① 张霓、王法治．弗洛伊德案的“罪”与“罚”[EB/OL]．海外网，2020-06-09.

要在事件处置过程中，准确了解民众的诉求，及时回应社会关切和质疑，充分满足公众的知情权，充分尊重公众的参与权、表达权、监督权。群众中心原则还要求用群众喜闻乐见的方式方法与他们沟通，如上门走访慰问、邀请群众或网民代表进行实地考察等，消解民众的各种质疑。

群众中心原则要求尊重群众，在解答质疑时，切忌对关键问题避而不谈或含糊不清。多数网民并非专业人士，官方发布的信息还需考虑受众的知识水平与理解能力，做到通俗易懂。在相关信息发布后，还应跟踪舆论反馈，根据实际需要与网民进一步沟通，防止因网民误解而削弱信息的权威性。

在工作方法上，应借助多个渠道与平台，诚恳细致地倾听民意、陈述实情，对网民的疑点进行清晰确切的答复，让谣言止于真相。帮助网民做出正确判断，以获得广大群众的认同、理解与拥护，为后期的修复工作奠定舆论基础。严厉打击非法侵害群众利益、与民争利的行为，依法维护群众利益，减少生命财产损失。

在处理突发公共事件的过程中，始终以人民群众利益为重，想民众之所想，及时回应民众的诉求，谋求最大公约数，获取更多的民意支持。在工作作风和语言风格上表现为话语表达诚恳，不能傲慢、冷淡，不能以自我为中心，忽视民众的情感、情绪。比如，2009 年，某县一处煤矿因为占地赔付问题与当地村民发生冲突，事态一度扩大。当地党政部门主要负责人迅速到达现场，听取村民意见，积极回应民众诉求。宣传部门通知中提到“大多数群众的共同诉求都有合理的地方”。此后，该县又派出 300 多个工作人员，挨家挨户登门询问，共征集了几百条意见，并进行细致的梳理、分析和归纳。经过努力，事件得到妥善处置，民众提出的吃水难、搬迁等主要问题也得到了解决。

第七日：划界筑墙

面对各种风险隐患，为避免人为造成的损失，很多组织部门都意识到要提前“约法三章”和建章立制，这就是我们说的划界筑墙。划界筑墙有时候是对内，有时候是对外。比如为了保护环境，很多地方提前声明禁止在市区燃放烟花爆竹，划定了执法边界。近年来我国互联网管理部门出台了不少依法治网的政策，也是约法三章的有效举措。

面对纷繁复杂的互联网乱象和新挑战，互联网管理部门出台了不少政策，2018 年起对具有舆论属性或社会动员能力的互联网信息服务进行安全评估。对很多网络“存量”问题治理，会涉及不小的社会成本、用户黏性和现实利益。对于“增量”问题采取前瞻性风险评估，则更为科学。比如，教育部门明文规定，商业广告和问题 App 不准进校园，加强了治理力度。

对外划界筑墙更容易，对内划界筑墙更可贵。公元前 207 年，刘邦率领大军攻入关中。《史记·高祖本纪》：“与父老约，法三章耳：杀人者死，伤人及盗抵罪。”百姓们听了，箪食壶浆，慰劳刘邦的军队。刘邦得到民心，最终取得天下，建立了西汉王朝。其实，项羽的谋士范增早就看出来：“（沛公）今入关，财物无所取，妇女无所幸，此其志不在小”。能给自己划界筑墙、刀刃向内的改革者，无往而不利。

原则七：公平开放

公平开放，是指突发公共事件处置权的公平开放运行，具体来说，包括信息公开透明，处置措施公平、公正、公开，能够及时回应利益相关方及公众的疑问，以积极开放的心态面对媒体与社会的监督。公平开放是处置突发公共事件、化解危机的重要原则。

公平开放的本质在于重视公众的信息需求，最大限度地满足公众的知情权，达到解疑释惑、消除误解和矛盾的效果。越公平开放，公众对有关部门的信任度就越高。公众的利益诉求或负面情绪若得不到正确对待和引导，往往会以过激的方式表达，这会加剧社会的恐慌心理和信任危机，导致局势恶化。比如，2010 年 10 月 16 日，河北大学校内发生一起交通事故。这本是一起普通的交通肇事案，但因一句话“我爸是李刚”传遍网络，随后衍生出“五套房”“家庭背景复杂”“学术不端”等传闻，形成信息堰塞湖。当地舆情回应和事件处置陷入被动，次生的负面舆情不断蔓延，迁延数月才得以澄清。

坚持公平开放原则，要做到几点：第一，要主动发布信息，约法三章，找准边界，以公开公正的处理方式让媒体和民众知情，减少误解，消除谣言，增进民众对官方处置的理解；第二，要准确把握舆论诉求，及时发布公众迫切需要了解的信息；第三，灵活运用多种技巧，拿捏好公开的尺度，把握好公开的时机，选择好公开的渠道；第四，通过日常设立网络新闻发言人、政务微博、网上留言板、在线客服等渠道，及时掌握舆论走向，解疑释惑，将危机解决在萌芽状态。

第八日：巧用外脑

巧用外脑（即第三方），可以是与热点事件中的当事双方无关的专业研究机构，也可以是专家、媒体、组织等。突发公共事件处置过程中，为了避嫌，也需要引入更高层级或专业的第三方参与调查、鉴定、评判等，这有利于促进舆情化解。在2020年新冠肺炎疫情防控工作中，在国家卫健委各部门的有力协调下，权威医学专家、媒体和国际组织纷纷发声，增强了社会信心。

很多单位遭遇舆情时，不同的领导有不同的理念、阅历和风格，虽然不少单位内部不缺舆论专家或传播人才，但限于行政管辖和利害关系，勇于直谏者是少数。从管理规律来说，决策从上到下推进很容易，从下往上则不易，特别需要语言沟通技巧、特殊场景及人际关系等辅助条件，说得不好反受其累。

寒蝉效应（Chilling Effect）是指广泛的人群因为害怕给自己带来损失而不敢发声或参与公共事务。决策者需要在组织内外打破寒蝉效应，充分释放组织和人才活力，这才需要引入“外来的和尚”，全力念好“难念的经”。国内曾发生“脚臭盐”事件，当时企业舆情难以疏导，后来专业科研机构和媒体纷纷发布检测报告，回应公众关切，消除了安全担忧。如果当事方公信力不足，权威的第三方回应，网民也更容易接受。此外，为了避嫌，也可能需要引入中立的第三方调查和鉴定。

原则八：扩大共识

在突发公共事件的处置中，要坚持扩大共识的原则，在采取处置措施、消除问题与矛盾时，要争取凝聚社会共识，寻求最大公约数。公众的舆论参与不断增大，媒体及网上意见领袖都在关注事件的处置，要尽可能汇聚媒体、意见领袖、民众与政府的意见，加强沟通，争取达到各方满意的处置效果。

在对内工作中，涉及组织团结和凝聚力建设时，应充分发挥组织内部的协调性与协同性，通过上下级部门之间的纵向联合，以及同级部门之间的合作，促进舆情处置工作的有序进行。对此，事件相关方尤其是上级部门或企业集团应有大局意识与系统思维，能够适时采取部门联动计策，避免危机的蝴蝶效应出现。

首先，要争取与媒体达成共识。在网络时代，政府和企业若能处理好与媒体的关系，在突发事件出现时就不会陷入被动的处境。在具体的实施过程中，责任单位除了在事件发生时做到及时与媒体沟通，还需在平时建立自己的媒体圈子，维护好媒体关系。

其次，要争取与意见领袖达成共识。对待意见领袖则需注意分类管理，通过多种渠道对意见领袖进行调研，掌握他们的地域分布情况、职业专长、关注领域、影响人群等具体情况，与他们建立友好联系，为意见领袖发表理性观点提供宽容的舆论环境，鼓励他们建言献策。与媒体、意见领袖达成共识，其实质是要与多数民众达成共识。媒体、意见领袖是事件处置者与多数民众达成共识的渠道。

在社会价值日益多元化的当下，处理突发公共事件，在大多数情况下对不同意见要采取包容团结的态度。此外，对网民的不理解、牢骚、怨言，要有必要的包容。具体来讲，要尽量听取各方意见，吸取各方意见中有价值的部分，采取多方能接受的措施促成事件的圆满解决。还要注意团结与培养意见领袖，发挥社会精英的作用，掌握舆论主导的力量，维护社会主流价值观。包容和团结的方法，对突发公共事件的处理具有积极意义。

第九日：外科手术

舆情危机发生后，在现实中要找到问题发生的根源，就像查找病因一样，对症下药，直击病灶。这种思路如同西医手术，能够在短时间内解决病灶。但其大前提是需要合乎法律、道义和情理，否则刚性治理思维可能会激起巨大的次生舆情和副作用。

医学经验表明，手术实施很重要，但治疗前的诊断更重要，不然就成了“病急乱投医”，贻害不浅。在舆情工作中，先“退烧止痛”，稳住局势，紧接着抓紧检测会诊、查清“病因”、研究对策，这是解决舆情危机的必要前提。事后更要形成判例和经验，推动法治完善和制度创新。

依法治网已进入快车道，一般涉及违法违规或谣言等内容，通过合法渠道和规范程序，及时与网站、主管机构或当事人联系沟通，皆能依法处理。如果涉及热点话题，在互联网传播速度非常迅速的情况下，通过信息声明和疏导解决才更科学。而迷信“删帖有用”者不仅可能侵犯网民权利，也可能触犯法律，激起更大的舆情危机。

原则九：依法依规

自先秦以来，法治思想和儒学都是历朝历代治理国家的重要途径。法律法规是现代国家和契约社会最基本的管理原则，国家与人民处理社会事务最普遍的社会共识，科学治理的经验总结和崇高的文明标尺，也是日常及特殊时期评判和处理专业事务的有效手段和公信力来源。

过去，多少基层舆情处理手段简单，轻视法治，极易造成舆情内伤。依法依规是舆情风险化解的基本原则之一，在突发事件信息发布、舆情回应和事件处置过程中，凡是国家法律法规有规定的情形，应该严格遵照法律法规处置。这样能够确保最大化地避免人为主观因素、多元复杂的利益关系和偶然不确定因素对重大事项处理举措形成的影响，不仅有利于确保事件的高效解决和妥善回应，为信息回应和处置确认了法律依据和扩大共识基础，也有利于在舆论引导和化解社会矛盾中维护和增强措施合法性与公信力。

自党的十八大以来，全面依法治国成为“四个全面”战略布局的重要组成部分，成为党治国理政和国家发展的战略原则。按照实践经验，面对纷繁复杂的社会注意力风险和舆情状况，凡是能够依法依规及时处理，做到“有法可依、有法必依、执法必严、违法必究”，以及对于涉及互联网和经济社会新发展领域，存在法律法规空白或局部特点的，也可以结合法治理念和司法解释精神，本着最大化维护社会公共利益和公民合法权益的初衷，及时开展调查和征求多方意见，进而形成公正合理的解决案例，有利于加快推动法治化进程。

第十日：多方联动

在国际互联网治理领域曾有“多利益相关方”的说法，其核心要点是政府、私营机构、国际组织、媒体、专家等不同利益相关方在平等基础上共同参与协商和治理。“多边主义”模式更突出了政府在各利益相关方中的主导地位，不排斥其他利益相关方的参与并发挥重要的作用。

决策者、组织者需要搭建协商沟通的机制和平台。一般遇到项目上马、交通调价、公共政策、城市治理等热点领域，有关部门会启动多方听证和协商沟通机制，作为舆论沟通的重要途径。比如，2014 年，北京市曾就公交地铁价格调整开展了广泛深入的调查研究，公开征集了意见，举行了公共交通价格调整听证会并全程直播。2016 年 11 月 1 日，《网络预约出租汽车经营服务管理暂行办法》正式施行。交通运输部在北京召开了网约车平台公司座谈会，会议直面问题，开诚布公，共同推进行业健康稳定的可持续发展。

原则十：统一领导

统一领导，是指在突发公共事件处置中，成立总揽全局的指挥机构，统一调度指挥整个事件的应对工作。统一领导表现是多方面的，其中包括：决策统一，杜绝法出多门；人员、资源调配和信息发布统一，不能众声喧哗；政令通畅、上下贯通，条块协调配合，不能各自为政，等等。在特别重大的突发公共事件中，在特殊区域甚至可以实行全局有序管理，以保证处置工作的高效推进。

统一领导，指有统一领导的机构，实行集体领导和民主集中制。当然，在集体领导中要有班长，而且应该是既善于听取大家意见，又有魄力、善决断、勇于担当的班长。统一领导原则是突发公共事件应对的最重要原则，也是具有凝聚力、战斗力的集中体现。

突发公共事件处置中，决策不统一会贻害无穷，不但会造成应对工作的失序混乱、权责不清、扯皮推诿等，还可能使事态恶化，贻误重要时机，带来更大的事故损失与破坏，甚至酿成灾难性后果。不坚持统一领导原则，不重视，没有人拍板定调，没有明确的应对措施与办法，犹豫不决，危机处置就会处处被动。

第十三章

伐谋：管理之抓手

据诸葛亮《南征教》记载，建兴三年，诸葛亮远征南中，马谡送行时郑重地说："用兵之道，攻心为上，攻城为下；心战为上，兵战为下。"诸葛亮深感有理，采纳建议，七擒孟获，致南蛮上下诚心归顺。

决策者日常做外部风险的管理，虽然不像打仗或攻城略地那样危急，但"攻心为上"却同样是至理名言。近年来，突发公共事件频繁发生，由于缺乏经验，一些地方在处置突发公共事件时，时常大而化之，过于简单，加上措施不当、应对不力，不仅未能解决好问题，反而引发了更加严重的舆论次生灾害。

我们对这些经验教训的梳理越来越具有紧迫性。根据隧道效应启示，哪怕再小的进步，也可能主导前进的方向。面对纷繁复杂的舆情危机，我们应采取"分而治之"的精细化治理政策。

策略：分而治之

分步应对

应对的顺序为何如此重要？因为网民认为，顺序的先后是官方态度及价值判断之体现。由于互联网舆论兴起和社会正处于转型期，面对突发事件，要立足于事件中存在的社会矛盾进行妥善处理，也要根据舆情及社会情绪进行积极引导，两者相辅相成、缺一不可。

突发公共事件应对可分解为三个阶段：前期侧重事件回应，中期侧重处置应对和媒体沟通，后期则侧重制度完善和声誉修复。与监测预警、研判通报、处置应对、善后修复、总结反思五大舆情应对流程结合，进一步探索建立突发公共事件的应对策略体系，将不同策略运用到各个流程当中，有利于事件的有效解决。

分级应对

突发公共事件的破坏性、规模、影响、性质、范围等各不相同，我们要据此进行分级，根据事件级数，提出相应对策。①

2006 年 1 月 8 日，国务院发布并实施了《国家突发公共事件总体应急预案》。② 突发公共事件主要分为以下四类：自然灾害、事故灾难、公共卫生事件以及社会安全事件。各类突发公共事件按照其性质、严重程度、可控性和影响范围等因素，一般分为四级：Ⅰ级（特别重大）、Ⅱ级（重大）、Ⅲ级（较大）和Ⅳ级（一般）。根据突发公共事件的四个等级，分别制定不同层级的响应对策，应当有不同的侧重点、不同的策略。

在全国范围内统一适用的《特别重大、重大突发公共事件分级标准》，只对特别重大与重大的突发公共事件进行了分级，而较大与一般的突发公共事件则由各地方根据本地实际情况制定标准。

特别重大事故是指一次事故造成 30 人及其以上死亡，或者 100 人以上重伤（包括急性工业中毒），或者 1 亿元以上直接经济损失的事故。特别重大事故需要启动Ⅰ级应对预案。在特别重大事故中，人员伤亡数量巨大，财产损失严重，舆论关注度高。在应对过程中，多数事件处置效果良好，党政响应层级均为国家级，信息发布透明度高，各项救援与调查处置工作有序展开，群众工作积极主动，行政问责力度大。

重大事故是指造成 10 人以上 30 人以下死亡，或者 50 人以上 100 人以下重伤，或者 5000 万元以上 1 亿元以下直接经济损失的事故。需要启动Ⅱ

① 官建文．突发公共事件舆情应对研究[M]．北京：中国社会科学出版社，2016. 7.

② 国家突发公共事件总体应急预案[EB/OL]．中国政府网，2006-01-08.

级应对预案的重大事件数量更多，特别是在事件处置时，稍有不慎，极有可能转换为特别重大事件，引发舆论“海啸”。

较大事故，是指造成3人以上10人以下死亡，或者10人以上50人以下重伤，或者1000万元以上5000万元以下直接经济损失的事故。

一般事故，是指造成3人以下死亡，或者10以下重伤，或者1000万元以下直接经济损失的事故。

在舆论引导方面，较大事故与一般事故要注重舆情预警、信息发布、善用网络的技巧。利用政务微博、微信公众号以及地方政务网站公布调查进展与处理结果，必须及时召开新闻发布会。而在舆情应对方面，避免调查结果失实或延误，是防止事态升级的关键。

分类应对

根据自然灾害、事故灾难、公共卫生事件、社会安全事件、典型网络舆情事件的不同表现和不同特征，采取不同的应对策略。

突发公共事件“分类应对”策略是指，要根据不同的突发公共事件类型来制定应对的方式方法等。自然灾害、事故灾难、公共卫生事件和社会安全事件处置方法各有不同。随着互联网的发展，一些典型的舆情热点也具有突发公共事件的性质，需要重视并有针对性地应对，如各类网络炫富事件、网络举报案等。

就行业来说，重大突发公共事件多发生在宣传、网信、应急、教育、公安、环保、交通、消防、气象、纪检、拆迁办、地震局、城管、疾病预防等行业。就涉及范围来说，重大突发事故、群体性事件、环境保护、自然灾害、社会事件、吏治反腐、食品安全、医药卫生、涉及未成年人事件等，应该确立不同的应对重点。

对于自然灾害，要采取“群防联治”的策略。遇到重大突发事件，应保证救援速度与信息透明度，避免因人员伤亡、救援不力、网络谣言等引发次生灾害。特别要做好应急预案、灾害预警、防灾减灾、战略储备、部门联动和应急演练工作，重在预防大灾大难的发生，定期巡查，降低风险损失。

对于事故灾难，要采取“以儆效尤”的策略。对矿难、空难、校车事故、油管爆炸、交通事故、空气污染等事件，除了全力做好事故调查、依法严格行政问责，还要建章立制，推动制度创新。同时，要加强对受灾群众、遇难者家属的心理辅导与救助，减少心理灾害的发生。多数事故灾难的发生，往往并非“天灾”，而是“人祸”。通过严谨负责的调查，找准原因，对症下药，加强问责，防止类似事故再次出现。

对于公共卫生事件，要采取“防治并举”的策略。要切实加强医疗卫生事业建设，加大医疗科技研究投入，对潜在的流行病菌、污染和传染病威胁进行监测研究，提升防治能力。同时，加大公共卫生常识普及，建立良好公共卫生行为规范，贮备必要医疗力量和应急物资，做好部门联动，为防控疫情做好一切准备。

对于社会安全事件，要采取“欲扬先抑”的策略。先严格稳控事态，后发扬群众路线，妥善化解社会矛盾。首先，必须控制事件恶化态势，恢复正常社会秩序，减少人员与财产损失，坚决打击犯罪行为。其次，要倾听利益诉求，深入协调沟通，惩恶扬善。突发公共事件大部分是安全类事件，要加强社会安保制度和突发危机应急机制建设，强化现场处突处暴、解救排险、信息导控的能力。

在社会注意力泛滥的风险社会，对于典型的网络舆情事件，要提升媒介素养，从解疑释惑方面下功夫。生活在互联网时代，领导干部、企业家、医生、警察、教师乃至普通人都需要加强新媒介素养的培养。政府在倾听民意上要补课，有效提升信息发布和舆论引导能力。“提升媒介素养”策略侧重对事实的辨析、坦诚的姿态、思想认识的提升和舆论的引导，要求管理者要具有足够的诚心和耐心。

分期应对

根据舆情的时空研判方法，判断事件是否处在敏感的时间节点上，然后做相应规划；判断当时舆情进入何种发展阶段，高潮期还是回落期，根据舆情发展周期规律采取相应措施。

突发公共事件中，舆情发展有一个从无到有、从小到大、从低谷到高潮的过程。分期应对，是指根据突发公共事件舆情演变周期特征，采取不同的应对策略，有效化解舆情危机，推动事件的根本解决。突发公共事件的发展周期可分为潜伏期、爆发期、持续期、消退期等不同阶段。

舆情潜伏期，应采取“防患未然”策略，侧重预警研判和风险预判。舆情潜伏期是舆情不明朗时期，什么东西会演化为舆论风波还不太清楚。因此，此时要密切关注网上网下两方面的动向，做好舆情预警和现存风险的研判。

风险研判至关重要。比如，管理风险体现在因管理不当造成的事态扩大，领导风险往往出现在重大事件中领导现场缺位或言行争议；谣言风险源于应对方口径不一导致信息混乱或信息真空等。只有根据当时情况及时通报重要事实，并提前预判风险，才能有效防止事态扩大。“防患未然”，要注重分析“患”在哪里，参照以往案例，制定有效措施防止其发生，或者尽量减少“患”的损害。“防患未然”策略也体现在突发公共事件发生之后次生灾害的防范。汶川抗震救灾，因为没有经验，有疏漏之处。雅安抗震救灾吸取了汶川抗震救灾的教训，应对中注意防患于未然，避免了许多问题。

舆情爆发期，应采取“筑坝引水”策略，即重在冷静面对、有效疏导。在舆情爆发期，舆论来势汹汹，民众负面情绪、愤怒情绪高涨，舆情处置应对必须做到慎重、准确和高效。抢险救援、恢复秩序、事故调查、责任切割等举措都有利于增强应对突发危机的基石，构筑坚实的“防洪堤坝”，从根本上维护政府和企业形象。

舆情爆发期的“筑坝引水”策略，重要的是防止舆情的进一步扩大，防范舆情演化成更大的风波，这需要对各种质疑批评和社会矛盾争议进行认真分析，找准对策和社会痛点，进行有效的疏导和化解。

舆情持续期，应采取“因势利导”策略，解决主要矛盾，努力淡化枝节问题，使负面话题转移。舆情持续期是相持阶段，处于十字路口，有可能恶化，有可能消退。舆情处置当然是争取向好的方向发展，促进舆情消退、事件平息。

在舆情持续期，调查基本结束，问题也基本弄清，此时，应对方可以基于事实准确“定性”，为舆论引导“定调”。发布权威真实信息，化解负面话题，为善后处理和形象修复营造良好舆论环境。比如，2008 年的“三鹿”奶粉事件 9 月初爆发，9 月 17 日进入舆情持续期后，卫计委开通全国服务热线，质检总局决定停止该食品企业免检资格，至 9 月 22 日有 7 位该企业高管被问责。有关部门把调查、公开、问责、引导等作为化解舆情危机之举。

舆情消退期，宜采取“亡羊补牢”策略。舆情消退期，主要矛盾已化解，舆论关注度大幅降温，但死灰复燃的可能仍然存在。对此，一是需要采取必要措施，做好舆情监测，防止舆情再起波澜；二是要总结经验，吸取教训，查找问题根源，从根本上消除隐患，还要举一反三，扎牢防堵各类风险“篱笆”。

从根本上来说，只有根除弊端才能够保证矛盾彻底化解，避免再次爆发重大危机。“羊”已亡，但“牢”无漏洞，真正的坚固才能确保“羊”不再亡。

分区应对

不同地区、不同行政区域爆发的突发公共事件，存在城乡差异、东西部差异、文化差异等状况，对此需采取恰当的应对策略。突发公共事件的“分区应对”策略，要求处置主体十分重视突发公共事件发生的类型和发生区域，重视其背后的重要社会关系和区域特征。我国不同地区、不同行政区域爆发的突发公共事件具有不同的特点，在应对策略方面，要因地施策，根据城乡差异、东西部差异、文化差异等状况，把握地区不平衡规律，采取恰当的应对策略。

第一，大中城市与经济高度发达地区的突发公共事件应对，必须坚持“推陈出新”策略。从统计数据来看，爆发于城市和发达地区的突发公共事件，处理不能因循守旧，要敢于创新，采用新理念、新方法、新手段去应对。大中城市居民和发达地区的民众，文化素质较高，媒介接触频繁，现代观念和民主意识较强，权利意识强，理念较先进。这些地区发生突发公共事件，处置者应注意善待媒体、善待网民，稳妥处理复杂的问题，特别要注意采用新思路、新手段回应诉求，化解危机。

第二，较小城市与中西部欠发达城镇地区，突发公共事件应对要运用“循序渐进”策略。据统计，近年来的突发公共事件，除征地拆迁类事件主要发生在城郊接合部之外，城市、城镇是突发公共事件发生的主要行政区域。发生在县及乡镇的突发公共事件，以吏治反腐和网络曝光类舆情事件为主。

在欠发达地区处置突发公共事件，我们需结合当地经济社会情况，把社会管理创新思维具体运用于实际问题的解决。一是要把拒腐防变放在首要位置。在发展中地区，经济利益诱惑最易引发干部腐败和社会不满，许多突发公共事件的根源是干部腐败。不解决腐败问题，群众不会满意。二是要重视监督、惩处公权力的滥用。贵州翁安事件、湖北邓玉娇事件、成都唐福珍拆迁自焚事件等，均与公权力的滥用有关。原因找来找去，不是与腐败有关，就是因公权力滥用引起的。三是注意平衡不同群体的利益诉求，维护社会公平正义，让改革发展的成果惠及普通民众，特别要鼓励、引导形成良好的法律意识和道德风尚。浙江织里抗税事件、广州增城新塘群体性事件、甘肃陇南武都事件等，处置都有相当大的难度。循序渐进，先解决容易的问题、紧迫的问题，再逐步解决其他问题，但最终要形成良好的道德风尚，要尊重法律，养成守法的风气。

第三，在民族地区和农林牧矿地区，处置突发公共事件应对要坚持“点面结合”策略。防微杜渐，防止因小失大；防止乡镇的、西部的较小的事件，演化为全国性的舆情事件；防止普通的突发公共事件演变为民族和宗教类事件。通过建立基层舆情“气象站”，把握乡村民意脉搏的跳动，及时化解基层矛盾。

“点面结合”既要解决“点”的问题——当地的问题，那些引起突发公共事件的社会问题、社会矛盾，又要解决“面”的问题——外面世界的议论与评论，因为舆论压力往往来自本地以外的媒体及网络。“点”上存在什么问题，如贪污腐败、滥用职权、宗族矛盾、欺行霸市……实实在在地解决这些问题，根源消除了，才能取得民众的信任。“面”上的问题，是舆论问题，要开明开放，说出真相，解释原因，做媒体的工作，做意见领袖的工作，不能躲和拖。还应争取上级领导部门的支持，在他们的指导下应对媒体，做好舆论解释、引导工作。

分角应对

在突发公共事件应对中，有事件责任方、利益受损方、舆论监督者、第三方、旁观者等不同角色，处置方要努力协调各方关系，分别进行沟通。突发公共事件从爆发到平息，有许多相关方。在特定的社会关系、事态发展和舆论环境下，不同的社会角色产生不同的行为，发表不同的言论，发挥不同的社会作用。一些特定的、与事件走向和演变结果休戚相关的角色，是有直接或间接影响的人或群体，称之为突发公共事件的相关方。

我们可以把舆情应对相关者分为事件处置方与责任方、利益受损方、舆论监督者、旁观者、第三方五个主要类型。各相关方应该如何应对突发公共事件，事件的处置者如何应对相关方，如何同相关方共同处理好突发公共事件，是较复杂的关系。

这里的“分角应对”策略，主要谈事件处置方和事件责任方如何根据角色定位共同处理好突发公共事件。事件处置方与事件责任方是突发公共事件中最主要的矛盾关系主体。党政机关、企业和组织常常是突发公共事件的处置方，有的部门或企业则是要对事件负责任的责任方。突发公共事件面前，处置方和责任方如何进行事件救援和信息发布，很大程度上主导了事件舆情的态势。

第一，事件处置方对责任方常常需要采取一种监管推动的策略。比如，火灾事故多源于企业安全生产责任不到位，政府职能部门监管不力。

在事故灾难处理中，政府部门作为事件处置方，必须要对事件责任方的企业依法实施严格的监管，对事故发生的原因进行深入调查，并严格追究相关失职人员所应承担的责任。

第二，事件责任方要采取积极主动的策略。对事件处置方的调查处置工作要给予积极配合，以换取更宽大的处理和公众的谅解。事件处置方对事件进行干预，当事件处理结果符合公众预期，事件舆情会逐渐衰退。责任方不仅要积极争取事态向好的发展，还要避免与处置方和主流民意发生严重的抵触。

第三，事件处置对于利益受损方，必须依法补偿。利益受损方通常是健康、人身安全、财产、名誉等受到损害的企业或群体。无论从法理还是从情感出发，责任方都要给利益受损方以合理补偿等。对利益受损方的救助补偿，依法依规，让受损方满意是基本原则，也是妥善处置的前提。

第四，对舆论监督者、第三方和旁观者，要实行“统一战线”，争取得到他们的认同。要做到这一点，需要多沟通，听取他们合情合理的意见，尊重他们的建议。

政务舆情工作锦囊

网络舆情管理工作，主要是针对所辖部门在网络舆情应对的各方面管理行为、活动表现及其最终社会效果的评价。通过评估工作的开展，在政绩、业绩、晋升、奖励、惩罚等方面，提供科学权威的依据，产生社会舆论、理论和管理创新方面的综合影响。

政务舆情主要对象是各级党政部门、军事部门、事业单位和教育科研机构等。在热点舆情应对中，主管机构可以组织舆情分析师、专家智囊、资深媒体和一线人员等进行舆情会商，提出对策，事后针对方案实施效果及时跟踪评估，建立专业标准，对不同地区和时段的热点舆情事件应对效果进行评估。

党政响应

“党政响应”，又称官方响应，是指党政机构对突发公共事件和热点话题发表看法、采取行动，是高层决策者对于突发公共事件和热点话题的响应（主体言行）情况，包含响应速度、应对态度和响应层级等。

重大突发公共事件，根据行政区域与职能管辖权限划分响应的责任，不同层级、不同性质、不同事态和不同发展阶段，需要有相应层级的部门介入。从突发公共事件应对效果来看，合理运用党政响应，在科学适当的响应层级上进行应对，效用明显。

舆情事件发生以后，我们首先要考察在行政职能和法治层面，各级党政职能部门能否及时发挥重要作用，如党委、政府办、卫生局、劳动局、公检法系统和宣传部门。各级政府部门，特别是党政主要领导人的重视和及时响应，迅速调集有关组织和部门，对事件进行有效应对也具有重大的意义。其次，考察现行相关法律法规和预案是否严格执行，如《中华人民共和国突发事件应对法》《国家突发公共事件总体应急预案》《公安机关处置群体性治安事件规定》和国务院《特别重大、重大突发公共事件分级标准》等。

在党政响应的运用过程中，在基层或较低层级部门出现以下情况时，有必要提高响应层级：（1）舆情应对出现明显或重大失误，相关责任人不能有效处置危机；（2）舆情事态迅速扩大和升级，超出基层辖区范围或部门职能范围；（3）负面舆论压力逐步上升，舆情不断升级，已引起中央和省级部门重视；（4）借助高层级党政机构更权威的公信力和应对能力，能及时化解矛盾；（5）借提高响应层级发挥领导人优势，拉近党群关系，实现转机；（6）因对特殊的突发事件处置欠缺经验，为加强统一领导、统一口径和部门协调联动，需提升响应层级。

党政响应运用与处置效果总体上呈现正相关趋势。由于响应层级高，提供了更高的职权，调配了更丰富的资源和舆论关注，增加了体制内监督和体制外监督，提升了事件处置的公正性与透明度，客观上更有利于事件处置和预期效果的实现。

党政响应主要有以下方式：（1）领导批示、讲话、作出重要指示；（2）组织成立事故处理或调查工作领导小组并担任重要职务；（3）领导赶赴现场指导救灾、表态或应急处置；（4）领导看望基层群众、当事人、受害者及其家属，参加专门纪念活动和发言；（5）主持或出席事件处置与调查的专门会议；（6）出席新闻发布会（接受媒体访谈）并回答记者（主持人）提问；（7）发布文件、撰写工作报告或公开发表指导性文章；（8）在部门、地区或外交活动中争取外部支持或援助，发表指导性工作建议。

信息发布

“信息发布”或“舆情回应”，即政府的新闻发布、官方媒体报道情况，以及对外向媒体表明态度或回应社会关切等。信息发布或回应舆情作为重要的舆情应对指标的同时，还是平息舆情危机最有效的举措，其中主要原因在于信息发布可以帮助政府机关迅速取得舆论的话语权，并及时树立阳光负责的公众形象，防止复杂背景下网上出现各种不利的猜测、质疑和炒作，最大化地压缩流言形成和大肆传播的空间，最终有效化解社会恐慌和平息舆情危机。另外，信息发布还是现代政治文明不可或缺的要素。公众应该能通过易于和乐于接受的大众传媒，及时获知政府部门所掌握的涉及公众利益的信息。

《中华人民共和国政府信息公开条例》自 2008 年 5 月 1 日起施行，于 2019 年 5 月 15 日实施修订版，信息公开已经成为公众衡量政府公信力的习惯性经验，对各级政府应对舆情能力的提高发挥积极作用。信息发布逐渐成为各级政府部门政务公开的工作常态。在发达的信息时代，信息发布和网络技巧紧密相连。除了在舆情危机应对中灵活运用多种媒体手段能够取得实效以外，政务新媒体信息发布及回应、网上问政等方式方法，促进政府信息透明，这也是与时俱进的务实体现。这些方面有利于化解舆情危机、增强公信力，是信息发布评估指标的重要参照。

政府公信力

“政府公信力”，即突发公共事件和热点话题发酵前后对政府的信任度、满意度，以及由此引发的对政府形象的综合影响。政府公信力是政务舆情应对的核心指标，政府公信力的维护和修复也是党政部门舆情应对措施紧紧围绕的核心目标。

在多数舆情事件中，政府公信力常常受到负面事件影响，之后经过舆情回应不断得以修复。在积极正面的舆情事件中，政府公信力则呈现单线上扬的趋势，积极的民意肯定有助于提升政府形象，构建和谐的政民关系。由于政府公信力是以媒体和网民等主体形成的社会舆论对于政府的肯定和支持，反映民意支持度，因此在舆情研判中，我们主要是划定地域、事件和时间范围，在抽样分析媒体报道评论和网民言论倾向性的基础上，得出政府公信力增长或减弱的变化。

如果地方政府长期不重视公信力的维护，社会矛盾日积月累，现实中产生的大量民生诉求长期得不到及时解决或疏导，必将会产生巨大的社会危害性和不稳定因素，酿成严重的后果。突出政府公信力的评估考察，加强特定时段的舆情倾向性分析，能够协助政府提高公信力和执政能力。

事故调查

“事故调查”是舆情工作的重要一环，指召集领导、专家与相关方成立调查组，细致高效地查清事件原因、责任等，上报调查报告及建议，公布调查结论等。上级参与、权责分明和方法科学是推动事件解决的三个要件。有时，网民还会自发进行“人肉搜索”和“拼图式调查”，客观上加速了官方调查的进展。

重大舆情热点事件发生后，如果官方及时启动事件调查，主动推动事态向前发展，一方面有利于疏解社会焦虑，另一方面有助于设置下一步议题和社会期待，即事件调查结果公布或线下处置，主动引导社会注意力，不至于导致事态失序。

动态反应

“动态反应”，即政府随着舆情的发酵、矛盾的激化或转移，迅速调整立场、更换手法。结合前文所述，网络舆情传播遵循一定的客观规律，一般社会热点舆情事件基本可以分为舆情发生期、舆情发酵期、舆情发展期、舆情高涨期、舆情回落期、舆情反馈期这 6 个阶段。动态反应要求舆情应对首先要判断舆情走势所处的不同发展阶段，并根据其结论制定不同的应对原则。

一般情况下，在舆情发生期的“黄金 4 小时”，全面做好舆情分析，组织人员和专家做好舆情研判：弄清事实真相，找准新闻五要素，预见事件可能的发展脉络，并对可能造成的后果进行评估；同时，主体部门要善于在舆情危机中发现机遇，积极主动，在第一时间争取舆论话语权，不回避、不失语、不妄语，“速报事实，慎报原因”，做到在第一时间成为事件的“定义者”，防止舆论话语权旁落。

在舆情发酵期要防止事态扩大，迅速准确研判网络舆论形势，统一对外口径，引入第三方媒体，紧抓第一落点进行信息发布，在舆情发酵期及时遏制流言产生的可能性空间，防止网络言论扩大化，对于网上不断兴起的猜测和质疑，进行有针对性的疏导。

在舆情发展期会出现负面情绪“溢出”效应，任何一个独立的事件都有可能被网友或媒体实施“有罪推定”，激化成带有普遍性的社会对立情绪，如仇官、仇富和反腐败等。此时，企业要延续以往有效应对举措，重在疏导舆论。

在舆情高涨期，要谨防应对失当引起的舆情反弹。不少案例舆情应对过程一波三折，比如在重要的新闻发布场合和紧要的舆情转折点，很可能由于个别公职人员的不当言行，导致矛盾再度激化。

而在舆情回落期和反馈期，则需要形象修复，转移淡化，亡羊补牢，同时进行事件总结、人员培训和制度建设。

过去由于地方政府舆情应对能力低、社会责任意识不到位和经验不足等各种复杂的原因，各地都出现了社会突发公共事件中政府部门“动态反应”能力差的问题，要么是“眉毛胡子一把抓”，要么陷入“怕、躲、捂、压、堵”的怪圈。在近年大量的舆情热点事件中，动态反应能力较高的案例开始逐年上升。在社会舆论不断变化的信息环境中，政府部门只有在平时加强舆情工作意识和能力的培养，善于运用“动态反应”，做好各种突发预案，面对自身短板“对症下药”，才能将风险降到最低。

行政问责

“行政问责”，即对舆论关注的事件处置不力、不作为的官员，甚至贪污腐败、违法乱纪的官员做出的处理，广义上还应包括对于对事件后果负有责任的相关政府工作人员、企业人员和社会人员等的依法处置。很多案例表明，如果在舆情应对中没有及时进行行政问责，无论在舆论疏导上下了多大工夫，始终无法有效地平息舆论。

行政问责的巨大作用，一是作为处置要件，有关部门调查处理的效率也与舆论平息的效果有很大关系；二是进行责任切割，对内以儆效尤，对外修复公信力。行政问责工作往往有规可循、有法可依，其更重大的意义在于吸取经验教训，提高政府公信力。

互联网有记忆效应。近年来，被问责人员避开舆论热点后又旋即上马引发的舆情时有发生，问责的严肃性和实际效果容易引发公众的质疑。面对网络舆论评价，对问题官员的重新任用要谨慎，务必做好舆情评估。

网络技巧

“网络技巧”，即党政机构、企业或个人积极、主动、及时、熟练地运用官方网站、媒体网站、政务新媒体、融媒体平台等，进行信息发布和意见沟通的舆情应对指标。

熟悉网络宣传规律、互联网技术和网络舆论引导的技巧，积极建立健全网上政务的体制机制，及时倾听民意、疏导民怨、吸纳民智，有利于化解矛盾，也有助于提升政府公信力。

作为重要的舆情应对指标，网络技巧本身就树立了党政机关阳光积极的形象。另外，在现代社会，充分利用便捷先进的互联网技术手段，还能大大减少行政成本，一方面节省了人力、物力、财力等社会资源，另一方面节省了政府和民众的精力和时间，提高了效率，同时也增加了阳光透明的多元化监督通道，是多赢的公共治理方式，值得提倡。

在突发公共事件舆情应对中，利用网络发布信息、引导舆论，就能直达网民，达到事半功倍的效果。随着5G时代的来临，网上突发公共事件舆情发酵的周期越来越短、越来越快，已经演变成“黄金2小时”甚至“黄金1小时”，因此，政府要找准回应网民关切、化解网络舆情的最短路径。网络互动是舆情工作的重要内容，要求相关主体平等自然地融入网络，答疑释惑、化解矛盾、引导舆论。所以加强网络互动队伍的建设至关重要。比如，2011年9月27日，上海地铁10号线发生追尾事故，有关部门安排了多人参与官方微博的信息发布，还派出多位微博通讯员赶赴多个停运车站，实地了解公交短驳配套预案实施情况，并连续通过63条微博及时发布重要信息。由于信息及时公开，杜绝了谣言的产生和传播。上海地铁微博负责人称：“网络时代，瞒不住什么东西，没有必要遮遮掩掩。”

心理救助

“心理救助”，即为部分事故受害者提供心理服务，特别是在紧急情况下，救治严重的心理损伤患者，为遭受心理打击的人提供心理救援，帮助其稳定情绪，防止心理灾害和消极失范行为的发生。心理救助主要应用于造成了人员伤亡的重大自然灾害、事故灾难和群体性安全事件，主要是对突发事件受害者和弱势群体，如伤者及遇难者家属进行心理辅导与救助，并进一步预防各种恐慌、愤怒、绝望、轻生等消极心理的蔓延。

突发公共事件发生后，要积极动用专业心理医生和专家力量，针对受灾群众、遇难者家属和各相关工作人员等特殊群体，建立起较为完备的心理辅导与救助机制，修复灾难事故受害者的心理创伤，配合各项善后处理举措，预防次生心理灾害的发生。

2013年，雅安芦山地震发生后，相关部门吸取了汶川地震灾害应对的经验与教训，在迅速开展救援的同时，后方心理辅导与救助工作也很快启动。中国科学院心理研究所、四川华西医院心理健康和危机干预救援队等专业机构先后组队赶赴灾区，四川省卫生厅也在地震发生后不久就成立了“4·20”芦山7.0级地震心理卫生服务和医疗康复工作领导小组，统筹开展地震灾区灾后心理救援工作。2012年，国家减灾委员会制定下发了《关于加强自然灾害社会心理援助工作的指导意见》，在此次抗震救灾工作中得到具体落实。从结果来看，芦山地震心理救援取得了相当大的进步。

在一些突发公共事件中，面对新闻媒体的追踪报道，有专家提出，新闻报道应该兼顾受害者隐私及其家属的心理感受，避免还原犯罪心理细节，以免对社会造成不必要的二次创伤。建设系统化、专业化的社会心理救助体系意义重大。

善后修复

“善后修复”，即妥善处理突发事件发生后的各种遗留问题，如责任追究依法执行、灾后重建等，还包括合理处理死者的安葬、家属的抚恤、赔偿等工作。

一般情况下，突发事件发生后，为尽快恢复正常社会秩序，就必须适时协调运用善后处理机制，弥补舆情危机所造成的损害。凡是引起社会注意力高度关注的事件，善后处理结果更为舆论所关注，这种情况不再仅仅是“讨个说法”，而是要“求个结果”。

善后工作的涵盖面很广泛，任何一个环节处理不好，都有可能造成舆情反弹。善后工作要严格依法执行，与信息发布相配合，能够“一锤定音”。在企业案例中，善后工作是通过对企业态度、赔偿金额、及时性、响应层级、透明度、公平性和舆论认可度等方面来考察的。触犯法律和造成生命财产损失的，相关责任人还要承担相应的责任。

对企业来说，善后工作在短期看来，虽然给企业造成了一定的经济负担，但从长远考虑，修复受损的品牌美誉度，维护企业核心竞争力和社会责任更为重要，能够促进企业长远和健康地发展。善后工作的全面性要求企业在道歉、赔偿和行政司法配合义务等方面兼顾，经济补偿和道义责任不可替代。

"亡羊补牢，犹未为晚。"善后总结反思是指采取实质性举措，促成负面问题的有效解决，杜绝隐患，避免问题的再次出现，给公众一个新面貌和新期待。同时，应积极创造条件，将突发事件应对的经验教训上升为相关部门或国家意志，逐步建立法律章程，弥补法律制度的漏洞，建立科学的制度。

企业舆情危机手册

近年来，国内外环境和政策发生重大变化。世界面临百年未有之大变局，有关全球经济下行压力、全球化和贸易保护主义抬头等状况相互交织。而国内构建"双循环"的新发展格局和经济新旧动能转换，加强区域协调发展、改善营商环境和加强关键核心技术创新引领，坚决打好防范化解重大风险、精准脱贫、污染防治的三大攻坚战等，都成为国家和区域经济发展政策的热点，大量涉及企业经营、政商关系的热点层出不穷。

中国企业舆情进入高发期。网络舆论兴起，政府、企业、媒体、意见领袖和自媒体讨论热度不减。互联网言论发达，不仅成为影响国家政策、社会生活和民众情绪的重要因素，也成为影响企业形象和长远发展的重要因素。[①] 不少企业仍在舆论风险识别方面缺乏精准辨别。据不完全统计，以互联网为舆论源头，在网络平台完成意见酝酿和交换，并最终形成舆论的涉企舆情事件越来越多。网络的舆论功能也逐渐受到越来越多企业的重视。

一些企业对网民特征的认识也不够。网民言论的风格和手段多样，部分负面言论和情绪化的宣泄带着深层的利益诉求，也存在一些网络水军浑

① 刘鹏飞．企业面对互联网舆情应做什么[J]．国家电网，2012年（10）．

水摸鱼、借机炒作、攻击竞争者的情况。还有企业疏于内部管理，劳资矛盾紧张，数据安全薄弱，在面对舆情危机的时候，更难以对外统一口径，企业人员的不当言论还易于引发新的舆情反弹，导致事态扩大化。

企业话题构成越来越多样化：产品、服务质量和社会责任危机比重最大，市场竞争、利益冲突行为紧随其后，法律纠纷、领导形象和内部管理等有所上升。另外，在涉及民生的产品和服务领域，企业应该建立舆情应急预案与处置机制，维护品牌声誉。

守正创新

社会注意力爆炸的互联网时代，企业要做好传播，方法和手段很多，而现实的诱惑和歧途也很多，只有守正创新，才能“条条大路通罗马”。

从企业舆情应对效果来看，情况并不乐观。企业遇到网络谣言或舆情争议，以发声明、发公函、发律师函等方式沟通，通过规范途径解决问题，受到法律保护。有很多企业借用网络水军，但其观点斧凿痕迹明显，很可能帮倒忙。企业“病急乱投医”的现象大量存在，甚至靠封堵、沉降而游走在违法边缘。

对企业来说，丛林法则、权力崇拜要不得，要避免一些饮鸩止渴的做法。权力崇拜是走捷径的侥幸心理，过分依赖强力部门而非虔诚沟通，过分依赖公关而非提升产品服务质量和尊重消费者权益，这种缘木求鱼的做法反而会弄巧成拙，成为惯例后会恶化整体的口碑环境。

积极主动

在突发事件出现以后，最常见的风险是观念陈旧。比如，对快速变换的新媒体环境不了解、使用不熟练、规律不清楚，舆情应对经验和工作基础薄弱，面对突发事件不知所措，新闻沟通能力不强，没有建立一套畅通高效的管理机制，甚至陷入“怕、躲、捂、压、盖、删、糊”的恶性循环。在信息发达的网络时代，掩耳盗铃的观念必须要转变。

很多企业由于种种原因，在舆情危机应对中，信息不透明，甚至出现对重大舆情瞒报、迟报的现象，往往错失危机处置的最佳时机，容易导致网上各种猜测和质疑满天飞。甚至还有一些企业缺乏媒体沟通能力，“防火、防盗、防记者”的现象普遍存在，只知拥堵，不知疏导，导致大量流言猜测四起，给形象带来巨大的伤害。

网络是把双刃剑。企业要善于在危机应对中发现机遇，积极主动，在第一时间争取舆论话语权，不回避、不失语、不妄语，速报事实，慎报原因，避免话语权旁落，及时遏制流言产生的空间，防止舆情扩大化。在事发后的“黄金 4 小时”里，需要判断舆情危机所处的阶段，并根据其结论制定不同的应对举措，在舆情发酵期要防止事态扩大，编发通稿，指定有经验的发言人负责内外传播。

有些企业出现了舆情危机，没有统一协调，各种采访说法不一、自相矛盾。也有企业往往以沉默的方式逃避，而各类视频、文件截图或录音在网上四处流传。比如，某地化学品泄漏事故中，民众上网发帖，媒体主动报道，政府就事故表态，而当事企业则显得极其被动。

关键诀窍

在启动新闻发言人和网络发言人机制的同时，引入第三方权威机构十分有必要，如政府机构、媒体、工会、行业协会或社会独立调查机构等。回应内容方面，不要顾左右而言他或道德绑架，而是要针对网络质疑和社会关切说清事实和专业难点，这一点往往是企业容易疏忽的。

在舆情发展期，往往会出现负面情绪“溢出”效应，企业重在疏导舆论，打好信息攻坚战的同时要谨防舆情反弹。在重要的新闻发布场合和紧要的舆情转折点，要防止工作人员言行不当导致矛盾再度激化。而在舆情回落期，则需要转移淡化枝节问题，同时进行总结和企业形象修复。

系统思维

一些企业没有建立和疏通舆情监测的常规工作机制，工作人员缺乏培训，每当遇到舆情危机，部门协作效率极低。企业舆情危机应对是系统工程，需要建立舆情监测、研判和处置一体化的管理体系，不可能单靠宣传或公关部门孤立地解决问题，需要事件处置部门和新闻宣传部门的有效沟通和通力配合。

舆情机制健全和高效的企业，都设有舆情监测与上报机制。高层领导要重视，直接分管专门的舆情工作办公室或专门小组。舆情部门及时发现和通报问题，赢得危机处置时间。企业应制定舆情工作规章制度，基层部门重大舆情上报机制，建立舆情工作奖惩机制，保证内部信息通畅，防止出现瞒报、迟报现象。定期召开企业舆情联席会议，以防为主，防治结合，使职能部门、宣传部门、公关部门和第三方权威机构等协调一致。

有利有节

在动态响应上，企业高层对于网络舆情的重视与否，将直接影响舆情应对效果，且对内对外情形不同。公司内部响应层级越高，越有利于处理危机。但就外部环境来看，要根据事件的舆论波及范围与责任归属，决定是由总公司出面还是由分公司公开出面表态，或者由官方发言人通过新闻发布会形成稳定的回应机制，发挥最大化作用，也值得企业根据自身情况作出决策。

行政问责和善后处理是企业舆情应对中最基础和带有实质性的环节。一是彻底处置事件，犹如釜底抽薪；二是对内以儆效尤，对外修复公信力。企业应该不偏不倚，面对消费者一视同仁，也不宜有过激的承诺或反应。

调查处理有规可循、有法可依，其速度效率也与舆论平息的实效有很大关系。调查处理除了有利于企业舆情危机应对以外，更重大的意义在于让企业吸取经验教训，在改革创新发展道路上取得更大的进步。

制度先进

在互联网环境下，企业舆情应对不能有“临时抱佛脚”的想法。设置网络发言人和制定企业新媒体发布制度值得提倡。网络发言人面对网友时态度谦虚、诚恳、有耐心，是修复企业美誉度的良策。同时，企业要把应对舆情重大举措、细节和改进措施等说清楚，自身困难和原因说透彻。

新闻发言人、网络发言人和企业新媒体运营专职化，要加强舆情监测，保持与媒体和网友的良性互动。特别是注意做好网络现场传播要素管理，在社交媒体、群组和朋友圈的发言也是现场，同样要严谨。注意规避网上负情绪宣泄，做好真诚、理性、负责的疏导，是能够避免企业舆情危机的有效途径。

近年来，随着舆情素养的提升，多数企业较善于运用传统媒体进行危机公关，在新媒体手段和网络技巧上进步迅速，很好地运用网络等新媒体进行信息发布和意见沟通，熟悉网络宣传和引导技巧。

在社会舆论格局发生重大转变的时代条件下，官员和企业家的公共形象，应对舆情危机的实际能力和技巧，面对重大舆情端倪的敏感力、判断力和执行力，都有可能成为事件发展的转折点。而做好企业舆情监测与应对，让网络舆论变成企业改革发展的动力而非阻力，对进入新时代的现代企业来说，将具有重大的现实意义。

参考文献

1. [加]马歇尔·麦克卢汉：《理解媒介：论人的延伸》，何道宽译，译林出版社，2019 年。

2. [加]埃里克·麦克卢汉、弗兰克·秦格龙编：《麦克卢汉精粹》，何道宽译，南京大学出版社，2000 年。

3. [美]托马斯·弗里德曼：《世界是平的：21 世纪简史》，何帆、肖莹莹、郝正非译，湖南科学技术出版社，2016 年。

4. [美] 尼古拉·尼葛洛庞帝：《数字化生存》，胡泳、范海燕译，电子工业出版社，2021 年。

5. [丹麦] 克劳斯·布鲁恩·延森：《媒介融合：网络传播、大众传播和人际传播的三重维度》，刘君译，复旦大学出版社，2020 年。

6. 喻国明、丁汉青、支庭荣、陈瑞、曲慧编著：传媒经济学教程（第二版），中国人民大学出版社，2019 年。

7. 李良荣主编：《网络与新媒体概论（第二版）》，高等教育出版社，2019 年。

8. [美]罗伯特·斯考伯、谢尔·伊斯雷尔：《即将到来的场景时代》，赵乾坤、周宝曜译，北京联合出版公司，2014 年。

9. [英]维克托·迈尔-舍恩伯格、肯尼思·库克耶：《大数据时代：生活、工作与思维的大变革》，盛杨燕、周涛译，浙江人民出版社，2013 年。

10. [法]古斯塔夫·勒庞：《乌合之众：大众心理研究》，夏小正译，天津人民出版社，2017 年。

11. [德]乌尔里希·贝克：《风险社会：新的现代性之路》，张文杰、何博闻译，译林出版社，2018 年。

12. [法]米歇尔·福柯：《规训与惩罚》，刘北成、杨远婴译，生活·读书·新知三联书店，2003 年。

13. [法]塞奇·莫斯科维奇：《群氓的时代》，许列民、薛丹云、李继红译，江苏人民出版社，2003年。

14. [德]黑格尔：《法哲学原理》，范扬、张企泰译，商务印书馆，1961年。

15. 陈力丹：《精神交往论：马克思恩格斯的传播观（修订版）》，中国人民大学出版社，2016年。

16. 马利：《互联网：治国理政新平台》，人民日报出版社，2012年。

17. [英]赫克托·麦克唐纳：《后真相时代：当真相被操纵、利用，我们该如何看、如何听、如何思考》，刘清山译，民主与建设出版社，2019年。

18. 任贤良：《舆论引导艺术：领导干部如何面对媒体》，人民日报出版社，2019年。

19. 李良荣：《新闻学概论（第七版）》，复旦大学出版社，2021年。

20. [美]库尔特·考夫卡：《格式塔心理学原理》，李维译，北京大学出版社，2010年。

21. [法]让-诺埃尔·卡普费雷：《谣言：世界最古老的传媒》，郑若麟译，上海人民出版社，2020年。

22. [德]哈贝马斯：《公共领域的结构转型》，曹卫东等译，学林出版社，1999年。

23. [美]尼尔·波兹曼：《娱乐至死》，章艳译，中信出版社，2015年。

24. [美]沃尔特·李普曼：《舆论》，常江、肖寒译，北京大学出版社，2018年。

25. 唐绪军主编：《新媒体蓝皮书：中国新媒体发展报告No.6（2015）》，社会科学文献出版社，2015年。

26. [美]赫伯特·阿特休尔：《权力的媒介》，黄煜、裘志康译，华夏出版社，1999年。

27. 郭庆光：《传播学教程（第二版）》，中国人民大学出版社，2011年。

28. 刘建明、纪忠慧、王莉丽：《舆论学概论》，中国传媒大学出版社，2009年。

29. 唐绪军、黄楚新主编：《新媒体蓝皮书：中国新媒体发展报告No.11（2020）》，社会科学文献出版社，2020年。

30. 李良荣：《新闻学概论（第七版）》，复旦大学出版社，2021年。

31. [美]纳西姆·尼古拉斯·塔勒布：《黑天鹅：如何应对不可预知的未来》，万丹、刘宁译，中信出版社，2019年。

32. [美]米歇尔·沃克：《灰犀牛：如何应对大概率危机》，王丽云译，中信出版社，2017年。

33. 吴穹：《安全管理学（第 2 版）》，煤炭工业出版社，2016 年。
34. 邹振东：《弱传播：舆论世界的哲学》，国家行政学院出版社，2018 年。
35. 刘毅：《网络舆情研究概论》，天津人民出版社，2007 年。
36. 唐绪军主编：《新媒体蓝皮书：中国新媒体发展报告 No. 5（2014）》，社会科学文献出版社，2014 年。
37. 官建文：《突发公共事件舆情应对研究》，中国社会科学出版社，2016 年。
38. [法]古斯塔夫·勒庞：《群氓心理学》，陈璞君译，北京师范大学出版社，2018 年。
39. [德]伊丽莎白·诺尔-诺依曼：《沉默的螺旋：舆论——我们的社会皮肤》，董璐译，北京大学出版社，2013 年。

后　记

2008年，我开始从事互联网舆论观察和网络舆情分析工作。那一年发生了南方冰雪灾害、汶川地震、北京奥运、全球金融危机……和以往不同的是，这些大事件都是发生在一个互联网舆论兴起的时代。

在参与互联网信息研究项目后，我很快从门外汉成为专业分析师。2009年，我写了第一篇有关网络舆情分析方法的文章。2010年，我开始着手把研究的初步成果整理成国内首部舆情分析师的工作手册，培养新的人才。在那些年的工作实践中，我开始尝试从网络热点、舆论走向中抽丝剥茧，对互联网舆情逐渐理出一些头绪。

2011年，对中国互联网的发展来说，可看作是一个分水岭。国家互联网信息办公室成立以后，我去互联网新闻研究中心开了一次有关互联网的研判会，结识了中国社会科学院的专家。我当时对社交媒体、舆论场和网络舆情的研究非常热衷，向专家们提出撰写年度研究报告的建议，这项工作我坚持了十年。也是在2011年，我开始参与突发公共事件舆情案例库和应对策略研究等方面的国家社科基金重大项目，后来出版书籍，继而深入研究这一领域。

从业十年来，我零零散散写了很多有关互联网、新媒体、社会舆论和网络舆情等方面的文章和报告。随着国内外各方面发展形势快速变化，很多课题相互交织，研究范围逐渐扩展，问题探讨逐步加深，我隐约感到需要寻找一个新的研究角度和切口，做一些融会贯通的思考。这个想法的发酵和萌芽很早就有了，但很多发现稍纵即逝，近两三年才有了更多的灵感和体会，并逐渐形成体系。

2020年，因为新冠肺炎疫情在全球迅速蔓延，是很多人记忆中“最不平凡的一年”。2020年春节虽然在家闭门不出，但我从新春第一天就开始联合高校开展有关疫情防控政策和社会心理的线上问卷调查，真是一个从未有过的过年体验。为了摸清突如其来的新冠肺炎疫情形势，了解各地政府企业的疫情防控政策和效果，我每天都在高度关注空前的社会注意力风向变化和舆论反馈。

四五月份的时候，我的研究设想竟意外有了新思路。“社会注意力”可能是一把适合的钥匙，可以将我这些年来的部分研究内容做一点融会贯通的梳理。因为不平凡的2020年，在疫情期间工作和外出调研不便的情况下，我反倒可以坐到书桌和电脑前彻底整理研究思路。

在写作过程中，我做了一点理论上的大胆尝试。其实前人已经有一些这方面的研究，主要分散于新闻学、传播学、传媒经济学、广告学、舆论学、心理学等学科。如何能结合专业领域，将常用的理论、模型和方法论打通，我颇花了一些时间考证、阅读和思索。如同开建一栋大厦，我尝试从新概念的构建出发，结合形势与环境的变化，探讨不同理论假设和模型的规律表现，并力图勾画社会注意力风险的宏观、中观和微观的多层图景，进而给现实场景下的应用寻找思路。

这种尝试让我常常感到吃力，深感理论和知识储备不足，实践经验还有不少缺失，甚至某些领域的延伸还难以驾驭，恐贻笑大方。但从另一个角度来说，形势瞬息万变，研究紧追实践，我也发现不少理论上和实践中尚未开发的领域，尚待各界同仁共同开拓。

在研究经历方面，我多年来参与中国社会科学院新媒体蓝皮书撰稿工作；在智库建设方面，我参与了中国社会科学评价研究院、光明智库、南京大学中国智库研究与评价中心、中联部“一带一路智库合作联盟”等的活动与交流。多年的报告撰写和会议交流也帮助我提高了写作和沟通能力，得到了专业锻炼，扩展了视野。

我从不少领导、专家、好友和同事那里学习到很多。我在工作、会议和拜访等过程中，与不少高校教授和业界人士有过一些接触和交流，他们的很多研究成果和发言对我有很大的启发。我母校的老师一直关心我的工作和研究。在写作过程中，我阅读前人的著作，获益匪浅。这些年来，我常常拜读很多同事和业内好友的文章，并从中取经，在此一并感谢他们。

回顾这十年，我始终坚持日拱一卒，笔耕不辍。2016 年，在中国人民大学舆论研究所成立三十年纪念研讨会发布的《新闻传播学视域下的中国舆论学研究 30 年发展报告》中，我以论文数量和引用情况排名国内核心研究者第 11 位。这时候我才发现在不知不觉中我的学术研究数量已经上了规模，很多朋友慕名与我切磋交流。我也努力让研究成果能够发挥更大的社会价值。2018 年，在中国社会科学评价研究院主办的“第一届中国智库建设与评价高峰论坛”上，我荣获了中国智库资政建言“国策奖”。

非常感谢中国工人出版社编辑孟阳。这几年她一直与我交流研究方面的话题，常常赠书给我这位爱书如命的人，鼓励我梳理一些研究热点，有时候也让我茅塞顿开。没有这些支持和鼓励，我还担心创作勇气、时间精力和理论修养不足，难以按时拿出成果。

当然，由于理论知识、研究能力、时间精力和文献考证等各方面的不足，本书中难免存在一些错讹、疏忽之处，望读者批评指正。

那年，在北京的夏天，我陪着四岁的女儿果果席地观看电影《风之谷》。这本书也送给我的女儿，感谢这种陪伴和成长中的点点滴滴，留下不断前行的脚印。